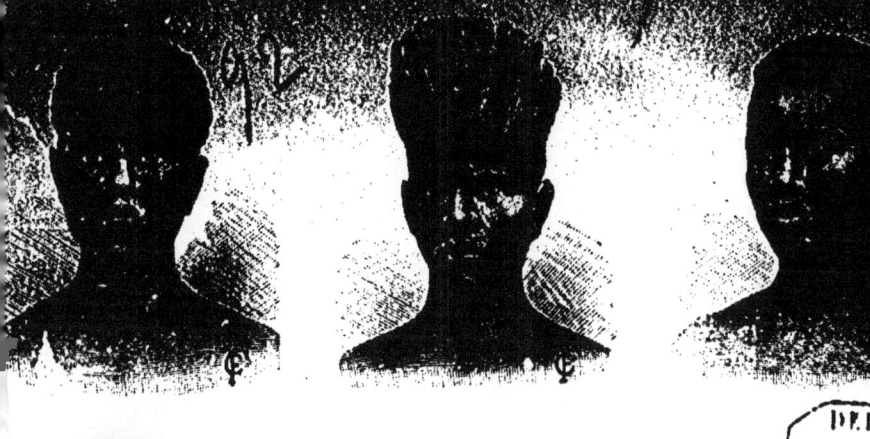
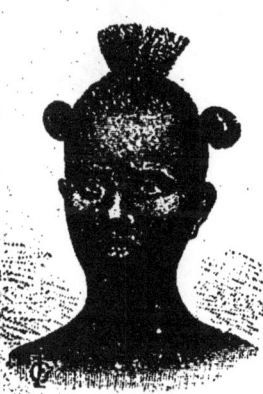

LA FRANCE
AU
Pays noir

PAR

Louis D'ESTAMPES

PARIS

BLOUD ET BARRAL, ÉDITEURS

4, rue Madame et rue de Rennes, 59

LA FRANCE
AU PAYS NOIR

PROPRIÉTÉ DES ÉDITEURS

DROITS DE REPRODUCTION RÉSERVÉS

LA FRANCE

AU

Pays noir

PAR

Louis d'ESTAMPES

PARIS
BLOUD & BARRAL, ÉDITEURS
4, RUE MADAME, ET RUE DE RENNES, 59

BESANÇON. — IMPR. ET STÉRÉOTYP. PAUL JACQUIN.

LA FRANCE AU PAYS NOIR

PROLOGUE

Un soir, on causait gaiement dans la demeure de M. d'Arminel. Le dîner avait été très animé ; de nombreux invités s'étaient joints aux habitants de la maison pour célébrer Saint-Louis, fête du troisième fils de cette famille, qui gardait précieusement les grandes traditions du patriotisme et de la foi.

M. d'Arminel était un ancien officier qui, durant l'expédition de Crimée, avait bravement fait son devoir. Au moment de la déclaration de guerre, il était fiancé à une charmante jeune fille, et à Miélan, — chef-lieu de canton du Gers, qui rappelle avec quelque fierté qu'il fut autrefois une ville libre, — aucune mauvaise langue ne s'était avisée de décrier les projets d'une union merveilleusement assortie.

C'est que c'était un beau cavalier que M. d'Arminel, portant avec fierté, mais sans morgue, un nom consacré depuis des siècles par l'héroïsme et la vertu. Grand, brun, à la forte stature, il personnifiait exactement cette race gasconne qui allie la mâle vigueur du montagnard pyrénéen à l'allure dégagée de la population béarnaise, dont Henri IV incarna la vaillance et l'humeur enjouée. Dès sa plus tendre jeunesse, il avait, après ses études faites au petit séminaire d'Auch, affronté heureusement l'examen de Saint-Cyr, et, à sa sortie de l'École militaire, il s'était trouvé officier de chasseurs. La vie s'ouvrait devant lui riante et belle, et cependant un observateur attentif eût pu remarquer parfois sur son visage la trace de quelque mélancolie. C'est que ce jeune homme avait compris et médité le mot prononcé par Dieu après la création d'Adam : « Il n'est pas bon que l'homme soit seul. » Or, M. d'Arminel était orphelin, et lorsqu'il revenait, par instants, visiter le vieux château du Tuco, il sentait que son cœur ressemblait aux grandes salles du manoir paternel, où la mort avait fait le silence et le vide.

Un jour, le curé du village, qui l'avait accompagné au pèlerinage à la tombe de ses parents, lui dit :

— Mon cher lieutenant, il faut vous marier. Vous donnerez votre démission, vous vous fixerez au milieu de nous, et vous serez utile à notre pauvre pays, qui a grand besoin que les gens de cœur n'aillent pas tous porter à la ville leur activité et leurs mérites.

— Me marier ! Je suis bien jeune encore : vingt-quatre ans; mais à qui? Le gentilhomme pauvre est de placement difficile. Et puis, voyez-vous, quitter l'armée, cela me serait impossible. J'aime mon métier, ce noble métier des armes, comme on disait autrefois.

— Et votre village, et votre château, et vos tombes, ne les aimez-vous donc pas?

— De toute mon âme, monsieur le curé. Cependant, je ne me sens pas la force de ne plus marcher au drapeau. Qui sait? Peut-être bientôt marcherons-nous au canon !

— Dans ce cas, mon ami, vous partiriez, car ce serait votre devoir. Défendre la France, c'est encore servir Dieu.

— Avez-vous donc un parti à me proposer, monsieur le curé ?

— A tout autre, je dirais non. A vous, je réponds oui. Je vous nomme, sans hésiter, la jeune fille que je voudrais voir baronne d'Arminel : présentement elle s'appelle : Béatrix de Cazaux.

— De quel pays ?

— Du vôtre, du nôtre, mon cher lieutenant. C'est la nièce de la comtesse de Fréchède, qui fut la meilleure amie de votre respectable mère. Mais vous la connaissez.

— Il y a quelques années, dans une courte visite, j'entrevis une blonde enfant auprès de Mme de Fréchède ; j'allais entrer à Saint-Cyr, et j'avais en tête bien d'autres choses que des projets de mariage.

— Tout vient à point à qui sait attendre. Mais il se fait tard ; je vous quitte. Nous en causerons demain.

On causa tant et si bien que M. d'Arminel promit sa foi à Mlle Béatrix, qui accueillit sans déplaisir le futur mari proposé. Les apprêts étaient en pleine voie d'exécution, le vieux château, restauré, rajeuni, avait pris un aspect de circonstance. Sur les murs noircis du dehors, les grenadiers, étalant leurs fleurs rouges, masquaient les injures du temps, et dans l'antique chapelle, devenue l'église de la paroisse, on avait rafraîchi les couleurs un peu effacées du blason patrimonial.

Mais soudain, comme un coup de tonnerre, éclata la déclaration de guerre contre la Russie, et, après des adieux faits à la hâte, l'officier rejoignit son régiment.

Ce serait une banalité offensante pour notre armée d'ajouter que M. d'Arminel se conduisit bravement. Est-ce que le courage n'est pas comme la doublure de l'uniforme français ?

Est-ce que du modeste soldat au maréchal de France l'héroïsme ne court pas les rangs de nos régiments? Les couleurs du drapeau ont pu changer, mais, aujourd'hui comme autrefois, la valeur guerrière de nos troupes impose, même quand elles sont vaincues, le respect à l'ennemi.

M. d'Arminel était à cette charge de l'Alma qui gardera dans l'histoire un renom immortel. Il poussait de l'avant, comme les camarades, lorsqu'un éclat d'obus lui brisa la jambe droite. Relevé parmi les blessés, il fut transporté à l'ambulance. Un chirurgien pratiqua l'amputation. La guérison fut longue, et pendant qu'il gémissait sur son lit de douleur, il était, par une incompréhensible inadvertance, compté comme mort. Son ordonnance, qui avait échappé à la tuerie, l'avait vu tomber dans le tourbillon de fer et de feu.

Il y eut une messe mortuaire dans la chapelle du Tuco; les armes avaient été voilées d'une bande de crêpe; lorsque Mme de Fréchède et Mlle de Cazaux entrèrent dans l'église, elles virent qu'elles pouvaient pleurer librement, car les larmes coulaient de tous les yeux. Le curé représentait le deuil. Il avait prié un de ses confrères de célébrer le service, sentant qu'il ne serait pas assez maître de son émotion.

Cependant, si tristes que soient les jours, ils passent avec rapidité; l'armistice venait d'être conclu, et la paix de Paris allait suivre la prise de Sébastopol.

Une lettre parvint au pasteur de la paroisse qui, en voyant la suscription, poussa un cri de joie: Il vit! et tomba à genoux pour remercier la Providence.

Le digne prêtre brisa l'enveloppe d'une main tremblante et lut ce qui suit:

« Mon cher monsieur le Curé,

» Grâce à Dieu, je suis encore vivant, mais je reviens de

loin, et j'ai quelque mérite, car je n'ai plus qu'une jambe. L'autre est restée à la bataille. Je m'en console aisément en songeant aux triomphes de la patrie. Je ne suis plus qu'un estropié. Je rentrerai au pays dans quelques jours, par le prochain transport. Mais je voudrais bien vous prier d'aller, avant mon retour, rendre sa parole à M{llo} de Cazaux. Elle avait été assez bonne pour agréer mes hommages et mes promesses, je maintiens ceux-là, quant à celles-ci, elles ne sauraient l'engager, car ce n'était pas un invalide qu'elle devait épouser.

» Je n'ai pas besoin d'ajouter que mes regrets sont grands, et, à vous seul, je dirai qu'on perd moins gaiement une fiancée qu'une jambe.

» A bientôt et avec mon affectueux respect.

» D'ARMINEL. »

Le curé lut et relut la lettre.

— Estropié! En vérité, c'est dommage. Mais il faut que je m'acquitte au plus tôt de ma commission.

— Marianne, vite, ma canne et mon chapeau. Donnez-moi aussi mon bréviaire. Je le lirai en route.

— Monsieur le curé n'y songe pas. C'est bientôt l'heure de dîner.

— Oh! il s'agit bien de dîner. M. d'Arminel est vivant, et je vais l'annoncer à Mme de Fréchède. Malheureusement, notre lieutenant a été amputé.

— Jésus! mon Dieu! le pauvre homme! Voilà donc la guerre! Quelle horreur!

Nous ne raconterons pas l'entrevue du curé avec la fiancée de M. d'Arminel. Disons seulement que Mlle Béatrix déclara qu'elle ne reprenait pas sa parole et ne dégageait pas le lieutenant de ses promesses.

— Ce serait indigne d'une Française, conclut-elle, de rougir d'une blessure faite à son fiancé par l'ennemi. Et, murmura-t-elle, j'aime mieux M. d'Arminel aujourd'hui que le jour où il m'a remis sa bague. Je l'épouserai donc, à moins que la gloire ne l'ait rendu inconstant.

A quelque temps de là, le mariage eut lieu, et ce fut un sermon à inscrire dans les annales de la chapelle du Tuco que l'allocution vibrante du curé, qui, cette fois, ne se fit pas remplacer.

Quand M. d'Arminel sortit de l'église, trainant sa jambe de bois, et s'appuyant au bras de l'éblouissante jeune fille qui venait de s'unir à lui, les applaudissements et les acclamations enthousiastes saluèrent l'heureux couple. Comme une goutte de sang versé sur le champ de bataille, le ruban de la Légion d'honneur ressortait sur le dolman de l'officier, qui avait tenu, disait-il, à se marier sous les armes.

Le souhait du bon curé s'était réalisé. Dans le château repeuplé, des voix d'enfants retentissaient à travers les vastes corridors rayonnant de jeunesse et de soleil.

Or, le jour où commence ce récit, la table de famille était au grand complet, et les enfants avaient toute liberté de parole.

— Que veux-tu être ? demanda M. d'Arminel à son fils aîné, Charles, un joli brun à la figure décidée.

— Soldat, mon père.

— Et toi, Victor ?

Le blond, à qui s'adressait la question, répondit :

— Marin, papa.

— Et toi, Louis ?

— Moi, dit le troisième fils, dont la chevelure tournait au rouge, et qui portait déjà l'empreinte d'une volonté tenace, moi, je serai explorateur.

— Et où iras-tu ?

— Si je puis satisfaire mes goûts, je visiterai le grand continent noir où a péri Livingstone. Il y a là tout un pays inconnu, et les récits que j'ai lus me donnent le désir d'en connaître davantage.

— Et vous, Jean? interrogea avec bonté Mme d'Arminel, en se tournant vers un adolescent dont la physionomie avenante reflétait la modestie.

— Oh ! Madame, moi, avec la grâce de Dieu, je serai prêtre. Et si je le puis, j'irai évangéliser les sauvages.

— Lesquels? s'écria M. d'Arminel. Il y en a un peu partout.

— Je n'ai pas de prédilection. Qu'ils soient noirs, rouges ou jaunes, ce sont tous des hommes, des frères.

Jean Rival était le fils d'un paysan du bourg ; le curé du Tuco avait remarqué sa précoce intelligence en même temps que sa piété exemplaire. Aussi se l'était-il attaché comme enfant de chœur, et lui donnait-il des leçons de latin, afin de « *l'avancer* pour son séminaire, » dont une bourse diocésaine devait payer les frais. C'était encore un enfant, presque un jeune homme par sa gravité, et M. et Mme d'Arminel avaient été heureux de lui prodiguer des marques d'estime et de bonté. Il avait au château ses grandes entrées ; dans la paroisse, on l'appelait déjà M. l'abbé.

— Un soldat, un marin, un explorateur, voilà qui est très bien, fit observer M. d'Arminel, mais qu'est-ce qui nous restera ?

— Moi, murmura la gentille voix d'une gracieuse fillette, dont les bras s'enlacèrent autour du cou de son père.

— Merci, ma chère Nadèje.

— Et l'ancien officier embrassa tendrement la câline enfant, qui transmit avec usure les baisers paternels sur les joues de sa mère.

Le curé poursuivit et compléta la pensée de son hôte :

— Un soldat pour combattre à terre, un marin pour défendre le pavillon sur tous les rivages, un explorateur pour enrichir la science de ses découvertes, pour tracer au commerce des routes nouvelles, un prêtre pour bénir ces entreprises et pour faire de la croix la hampe du drapeau ; en vérité, c'est le génie de la France qui est représenté par ces chers enfants, de la France grande par son courage, par sa bonté, par ses lumières et par sa foi.

— Bravo ! Bravo ! notre cher pasteur, dit à son tour la châtelaine.

— Je n'ai pas fini mon sermon, Madame. J'ajoute qu'il restera ici, honneur et joie de ses parents, Mlle Nadèje, déjà si fidèle aux exemples et aux leçons de la charité.

Et qui sait, le jour viendra peut-être où, tous encore réunis à cette table hospitalière, nous lèverons nos verres en l'honneur de saint Louis, ce grand roi qui fut un grand saint. Votre pauvre curé sera très vieux, si Dieu, toutefois, lui prête vie jusque-là. Mais, moi aussi, j'ai un héritier. N'est-ce pas, Jean ? Il est beau de songer aux noirs, aux rouges, aux jaunes. Il serait mal de ne plus penser aux blancs, au moins dans nos prières.

— Dans mes prières et partout, monsieur le curé, votre souvenir me suivra, répondit Jean avec un accent ému.

— J'en suis sûr, mon garçon. Et maintenant, pour commencer à me prouver que tes actes valent tes discours, tu vas faire route avec moi jusqu'au presbytère, en bon voisin que tu es.

— Nous allons tous vous accompagner, monsieur le curé, dit Nadèje, car c'est votre fête à vous aussi, aujourd'hui.

— Et nous qui n'en savions rien ! s'écrièrent M. et Mme d'Arminel.

— Au fait, c'est vrai, Mademoiselle, et c'est bien aimable à vous de me le rappeler. Mais comment avez-vous connu mon prénom ?

— Oh ! la chose est très simple. C'est la pauvre vieille des *Coustères* qui m'a dit ce matin, lorsque je suis allée la visiter :

— Mademoiselle, priez bien pour moi saint Louis. C'est le patron de M. le curé. Et je l'ai fait de bon cœur.

— Charmante enfant, balbutia le prêtre aux oreilles de Mme d'Arminel.

— Mais, tout d'un coup, des cris joyeux éclatèrent, et de vacillantes lueurs éclairèrent l'avenue. C'étaient Charles, Victor et Louis qui, balançant avec grâce des lanternes vénitiennes, se formaient en escorte autour du pasteur.

— Tiens, Jean, toi aussi, tu es du cortège, et l'aîné remit à son compagnon un des porte-flambeaux coloriés.

— Vive M. le curé ! crièrent tous les enfants. Et l'écho sonore répercuta au loin leurs acclamations.

I.

En route pour le Sénégal.

Le Sénégal est aujourd'hui presque aussi connu que l'Algérie. L'œuvre du général Faidherbe a été continuée avec fruit et succès, et c'est vers le Soudan que se dirigent les efforts de la pénétration française, soit par le nord, soit par l'ouest, soit par le sud-ouest, soit par le sud-est. Ici, nous rencontrons les Pères Blancs, ou missionnaires d'Afrique, qui poussent leur pointe courageuse à travers le Sahara, en même temps que par le Tanganika et le Nyanza; là, nous trouvons les Pères des missions lyonnaises d'Afrique, les Pères du Saint-Esprit, les Jésuites, les Frères et les Sœurs, ceignant les côtes orientales et occidentales. Au Congo avec Brazza et au Dahomey, sur les territoires de Kotonou et de Porto-Novo, l'action pacifique ou militaire accroît l'influence française, et soit par des conquêtes utiles, soit par des traités opportunément passés, nos possessions se relient, sur la carte, de Brazzaville à Saint-Louis, en passant par le Soudan, où nos soldats se fraient chaque jour de nouvelles routes jalonnées par des victoires.

Il nous a semblé intéressant de présenter le tableau restreint, mais exact, de ce mouvement colonisateur et de tracer le récit sommaire des gestes de Dieu accomplis par les enfants de la France, soldats, prêtres, voyageurs, sur ce sol dont les

FAIDHERBE

nations européennes ont fait un partage arbitraire, et qui sera certainement revisé.

Nous tracerons ce récit et nous présenterons ce tableau en suivant les quatre jeunes hommes que nous avons aperçus jouant, avec l'heureuse insouciance de leur âge, dans le château du Tuco, et qui ont tous tenu leurs promesses de vocation.

Charles, Victor et Louis d'Arminel s'embarquaient à Rochefort le même jour, sur le *Faidherbe*. L'un allait se mettre, comme sous-lieutenant d'infanterie de marine, à la disposition du gouverneur du Sénégal; le second était enseigne de vaisseau à bord de l'aviso; le troisième avait pensé que pour les débuts de son premier voyage d'exploration il ne pouvait mieux choisir que la compagnie de ses frères. Le *Faidherbe* était bon marcheur, et les vents se montrant favorables, il mouillait le neuvième jour en rade de Dakar. Au passage, on avait salué le banc d'Arguin, sur lequel se perdit la *Méduse* corps et biens. La *Méduse!* ce nom rappelle un des plus douloureux sinistres maritimes. Qui ne connaît les horribles épisodes du radeau, où des scènes de cannibalisme montrèrent à quelles cruautés l'homme poussé par la faim peut se livrer !

Dakar n'est plus ce que nous l'avions vu en 1860. Alors, le rivage était à peine pourvu de quelques cases espacées, et nous rîmes de bon cœur lorsque, recevant l'*Illustration*, nous contemplâmes la gravure représentant le maire remettant, à titre d'hommage, les clefs de la ville au commandant de la *Danaé*, qui avait bombardé la cité. L'image était mouvementée, mais il n'y avait pas eu de maisons à détruire, puisqu'il n'en existait point; quant au maire, il ne dit point son nom, et ne fit pas voir le bout de son nez d'ébène. La poudre ne gronda pas.

Nous descendîmes à terre les mains dans nos poches ; l'officier chargé de prendre possession du territoire arbora au bout de sa canne plantée dans le sable un pavillon tricolore, salué d'une salve de mousqueterie comme cela se pratique à bord chaque fois qu'on « envoie les couleurs, » c'est-à-dire qu'on hisse au lever du soleil ou que l'on amène à la nuit tombante le drapeau flottant à la brigantine.

Comme trophée, nous ramenâmes un chien indigène, qui fut nommé Dakar. Le joli petit animal ne mit aucune résistance à nous suivre. Un matelot lui ayant fait sentir un morceau de salé, — le corps expéditionnaire déjeuna sur la plage, — Dakar pensa que son pays devait être celui où l'on mangeait le mieux, et les bananes, le manioc, voire même le poisson séché, sont un piteux régal pour un chien.

Aujourd'hui, Dakar, avec son port garanti de la houle par une longue jetée, a supplanté Gorée comme point d'escale ; située sur les routes du cap de Bonne-Espérance, du bas Niger, du Congo, du Brésil et de la Plata, cette ville est destinée à prendre un très grand développement. Elle est bâtie en amphithéâtre sur une petite colline ; la batterie de Bel-Air domine les établissements de l'État, la gare, les casernes, les ateliers du port, etc. Le commerce en a fait son centre ; il y a établi des magasins de toutes sortes, et l'on y trouve des hôtels, des restaurants organisés à l'européenne, mais mal organisés. Il nous souvient que, nous étant un peu avancés dans les sables, nous assistâmes au départ d'une caravane. Les chameaux, encore assoupis, se levaient avec nonchalance, et nous admirâmes fort leur docilité. Aujourd'hui, c'est le sifflet strident de la locomotive qui retentit. Le pittoresque y a perdu ce que le confortable y a gagné. Déjà, lors de notre séjour, quelques infiltrations européennes s'étaient produites. C'est ainsi qu'ayant acheté, dans une des cases en bambous qui se trouvaient à deux ou trois kilomètres dans l'intérieur, un couteau *du pays*, nous aperçûmes sur la lame ce mot révélateur : Sheffield. C'était vraiment bien la peine de venir à Dakar pour se munir d'un article anglais !

Gorée, célèbre par ses maçons, était alors la reine de la côte. Nous possédons cette petite île depuis 1677, époque à laquelle elle nous fut cédée par les Hollandais. Sa superficie, qui comprend trente-six hectares, est tout entière occupée par la ville. Le château fort et les casernes absorbent plus du quart de son étendue. Les maisons, concentrées dans des rues étroites, comptaient plus de cafés, d'auberges que d'habitants. A chaque porte, on rencontrait aussi, — nous parlons de 1860, — des magasins où l'on s'approvisionnait en vue des campagnes de mer. Le crédit y était illimité. Un officier pouvait faire des acquisitions considérables ; il payait par délégations ou par traites sur la France. Il est très rare que les négociants éprouvent des pertes de ce chef, sauf en cas de mort dans les rivières du Sud, au Gabon ou au Congo.

Gorée n'est qu'à deux milles de Dakar, avec lequel elle correspond par un télégraphe optique. Il y a, du reste, un va-et-vient continuel entre l'île et la terre ferme, mais malheur à qui tombe à l'eau ; des légions de requins escortent les embarcations. Pendant que la *Danaé* était à l'ancre, un de nos matelots, ayant eu la mauvaise idée de laisser pendre ses pieds en dehors de l'embarcation dont il avait la garde, s'aperçut tout d'un coup que l'eau devenait rouge. Instinctivement, il voulut se relever. Son pied droit manquait à l'appel. L'ablation avait été faite sans douleur. Un requin, sollicité par la chair blanche, était venu rôder autour du canot, puis se renversant avec dextérité sur le dos afin de pouvoir saisir sa proie — on sait que ces squales ont la mâchoire inférieure plus courte que la supérieure, — il avait, de ses dents triangulaires, plus fines et plus tranchantes que des lames de rasoir, coupé le pied du pauvre marin.

Nous nous vengeâmes quelques jours plus tard de cette agression en prenant à la ligne de traîne un des frères du coupable. Nous dépeçâmes sa mâchoire avec soin ; elle est aujourd'hui dans un musée de province. Quant à son épine dorsale, bien grattée, bien frottée, munie à l'intérieur d'une baguette de fer, elle est devenue notre canne préférée.

La chair du requin est détestable ; néanmoins, il est de tradition qu'on doit y goûter, à titre de représailles. On n'y manqua pas sur la *Danaé;* du commandant en chef au dernier des mousses, chacun eut sa grillade. Nous ne recommandons ce plat à personne.

A l'est de Dakar se trouve Rufisque, bâtie sur un fond marécageux. Ses cases et baraquements, — car il n'y a guère de maisons, — sont éclairés à l'électricité, tout comme Saint-Louis, où nous allons nous rendre !

Les Portugais, en appelant *Rio Fresco* (Rufisque) ce point de convergence de diverses routes avec celles du Cayor, ont eu l'ironie cruelle. On y vend beaucoup d'arachides, mais on y meurt comme des mouches. On peut déjà y méditer le proverbe que personne n'ignore au Sénégal : « La chute des feuilles du baobab (la saison sèche), c'est la mort des noirs ; la pousse des feuilles (la saison des pluies), c'est la mort des blancs. » Il y a à Rufisque trop d'eau et pas assez ; les marais abondent, mais pour toute eau potable, on est réduit à celle des puits creusés dans un *nyage*, c'est-à-dire un lac desséché, sur la vase duquel poussent des plantes et arbres aquatiques.

A Saint-Louis.

Il n'est, dit-on, si bonne compagnie qui ne se quitte. Le surlendemain de leur arrivée à Dakar, les trois frères d'Arminel durent se séparer. Avec le *Faidherbe*, Victor partit pour, selon l'expression consacrée, faire la côte, où nous le retrouverons. Charles prit le chemin de fer en destination de Saint-Louis, et Louis monta dans le même wagon.

— A la grâce de Dieu ! s'écrièrent les trois frères en s'embrassant.

Nous ne suivrons pas le train remontant vers la capitale de nos possessions, et nous aimons mieux nous transporter à Saint-Louis, où viennent d'arriver nos deux amis. Nous empruntons aux notices officielles la description suivante du comptoir fondé en 1626, c'est-à-dire trois siècles après l'apparition des marins dieppois, trafiquant en 1364 sur la côte occidentale d'Afrique :

La ville de Saint-Louis (ou N'Dar en ouolof) est située sur une île placée au milieu du fleuve Sénégal, entre l'île de Sor et la langue de Barbarie. Cette île, qui a environ 2,200 mètres de long sur 400 à 410 mètres de large, coupe le fleuve en deux parties, dont l'une est le grand bras (560 mètres de large) du côté de l'est, et le petit bras (145 mètres) vers la langue de Barbarie.

Le centre de cette île est occupé par le palais et la place du Gouvernement, au nord et au sud de laquelle sont bâtis les quartiers européens, qui ne s'étendent pas tout à fait jusqu'aux extrémités de l'île. Sur la langue de Barbarie, des constructions européennes commencent à s'élever au milieu des deux villages de N'Dar Toute et de Guet N'Dar.

Dans l'île, le quartier européen est appelé par les indigènes quartier *chrétian* (chrétien). Les rues en sont bien bâties, les maisons bien alignées; la plupart de ces dernières, qui ne dépassent pas un étage, sont construites en briques et chaux, couvertes de terrasses dites *armagasses*, et ont une cour intérieure, sorte de patio semblable à ceux de nos habitations d'Algérie, au milieu de laquelle est un jardin entouré de galeries intérieures.

L'hôtel du gouverneur a sa façade tournée vers l'ouest; un jardin, où ont été plantées les principales espèces d'arbres ou de plantes qui poussent dans la contrée, est contigu à l'hôtel, en face duquel est située une belle esplanade qui sert de place d'armes et se trouve bornée au nord et au sud par les casernes d'infanterie de marine dites casernes Rogniat.

Le quartier du sud est traversé, dans le sens de la longueur de l'île, par trois voies principales, coupées elles-mêmes perpendiculairement par une quinzaine de rues transversales. La pointe méridionale de l'île est occupée par un certain nombre de cases indigènes qui avoisinent l'hospice civil.

Au nord de la place du Gouvernement, le quartier européen comprend quatre rues longitudinales, une douzaine de rues transversales et se termine, vers le nord, par un groupe de paillottes, comme le quartier sud.

Le nombre de ces paillottes diminue peu à peu; tous les cinq ans, en raison des nombreux incendies dont elles sont l'objet, on délimite une zone d'où elles doivent complètement disparaître. Les nègres qui les habitent vont alors se fixer de l'autre côté du fleuve, à Bouëtville ou sur la langue de Barbarie.

Au delà de ces paillottes et à l'extrémité septentrionale de l'île, sont groupés divers bâtiments militaires, tels que les ateliers du Soudan français, la caserne du train des équipages, les baraquements de spahis et le dépôt des artifices.

Les principaux édifices de la ville sont : l'hôtel du gouvernement, les casernes Rogniat, le palais de justice, le palais du conseil général (celui-ci sur le bord même du grand bras, dans une situation pittoresque), la direction du port, le magasin général, l'église catholique (avec ses deux tours carrées entre lesquelles se dresse une grande croix), l'hôpital militaire, l'hospice civil, la direction et la caserne de l'artillerie, la prison, la mosquée, l'hôtel de ville et les quartiers de cavalerie et du train.

Les quais de la ville sont bien construits et pourvus de petits appontements en certains endroits. Jadis le mouvement maritime avait lieu dans le petit bras du fleuve, maintenant il s'est porté dans le grand bras, où la navigation est plus facile. Le petit bras s'envase, en effet, de plus en plus et devient d'un accès tellement difficile qu'il a même été question de le barrer complètement au nord, entre l'extrémité du camp des tirailleurs et la pointe de l'île.

Saint-Louis est relié à la langue de Barbarie par trois ponts sur pilotis et de longueur variable. Au nord, l'extrémité de l'île communique avec le camp des tirailleurs au moyen d'une passerelle étroite, longue de cent quinze mètres et appelée Passerelle du train. Un peu en aval se trouve un pont de cent quarante-cinq mètres de long, dit pont de la Geôle, enfin devant la place du Gouvernement est le pont de Guet N'Dar (147 mètres), qui rattache Saint-Louis à ses deux faubourgs, Guet N'Dar et N'Dar Toute.

Au bout du pont de Guet N'Dar, sur la langue de Barbarie, se trouve une superbe allée ombragée par des cocotiers et nommée avenue Servatius. Au centre de l'allée est un kiosque où l'on joue de la musique le dimanche : c'est la promenade de Saint-Louis. Au sud de l'avenue est le village nègre de Guet N'Dar (Jardin de N'Dar) et au nord celui de N'Dar Toute (Petit N'Dar).

Guet N'Dar n'est composé que de paillottes, presque toutes habitées par de hardis pêcheurs, qui vont chaque jour en mer chercher le poisson qu'ils vendent en ville; beaucoup d'entre eux deviennent laptots (matelots). Au centre du village est une batterie fortifiée qui commande la mer, et, à son extrémité méridionale, se trouve le cimetière des noirs, qui présente l'aspect d'une vaste forêt de perches et de bâtons.

N'Dar Toute, qui est un peu moins important comme population, commence à être envahi par les habitations européennes. L'avenue qui suit le petit bras du fleuve se garnit peu à peu d'une rangée de jolies villas, entourées de jardins, et d'une suite de petits magasins. C'est à N'Dar Toute que les habitants riches ou aisés de Saint-Louis se retirent pendant la saison chaude, pour y jouir de la fraîcheur apportée par la brise de l'ouest et y prendre les bains de mer.

Le long du quai du petit bras se trouvent, en partant du pont de la Geôle, le magasin à fourrages, puis la machine à faire de la glace, enfin, non loin du pont de Guet N'Dar, le marché.

Rien n'est plus pittoresque que ce marché dans toute son animation, c'est-à-dire vers six heures du matin. Au milieu des petites baraques à toits en brique rouge qui abritent les bouchers et les autres commerçants, grouille une multitude de gens de toute origine, entremêlés les uns aux autres; on trouve là des individus appartenant aux diverses parties de la colonie : des Maures, des Sérères, des Peulhs, des Ouolofs, des Toucouleurs, etc. On y vend de tout, depuis l'or du Bambouk jusqu'à des poissons séchés, depuis l'ambre et le musc jusqu'à des herbes de toutes sortes et du bois à brûler. Au milieu de tout ce monde de marchands et d'acheteurs circulent les caporaux d'ordinaire de la garnison et les cuisiniers des maisons bourgeoises. Au bord du quai, une quantité d'embarcations à voiles ou à rames ; plus loin, une troupe de chameaux amenée par des Maures ; enfin, d'un autre côté, une suite de petits ânes semblables aux bourriquets d'Algérie et chargés, comme eux, outre mesure.

La ligne des brisants qui défend la côte et, d'autre part, la difficulté de franchir la barre sans pilote, garantissent Saint-Louis contre un coup de main.

C'est au sud de Guet N'Dar, sur la plage, que se tiennent en permanence des nègres dont le principal métier est de faire communiquer avec Saint-Louis les bâtiments qui s'arrêtent en vue de la ville ou se disposent à y entrer. L'apparition d'un navire est signalée par le sémaphore placé au sommet de l'hôtel du Gouvernement au moyen d'un pavillon de couleurs différentes, selon que le navire est un voilier ou un vapeur.

Les nègres lancent alors leurs pirogues à la mer, pagayant debout et chavirant quelquefois. Si cet accident arrive, ils redressent leurs pirogues, remontent dedans et reprennent leur route. Dès qu'ils ont accosté le navire, on leur passe les lettres et la patente de santé, le tout enfermé dans un étui de fer-blanc étanche, qui est aussitôt porté à l'hôtel du Gouvernement. Le bâtiment attend alors que le passage de la barre lui soit permis et qu'on lui envoie un pilote. Des mesures sanitaires sont prises en vue d'éviter, autant que possible, l'importation de la fièvre jaune ; des défauts de mise en quarantaine ont parfois occasionné à Gorée et à Saint-Louis de terribles épidémies.

De l'autre côté de Saint-Louis, derrière l'hôtel du Gouvernement, se trouve un pont de bateaux de cinq cents mètres de long, appelé le pont Faidherbe, qui fait communiquer la ville avec l'île de Sor, où s'élèvent les deux villages de Sor et de Bouëtville. C'est à Bouëtville qu'est située la tête de ligne du chemin de fer entre Saint-Louis et Dakar. La gare est construite au milieu d'un groupe de maisons assez pittoresques, à côté d'un café en terrasse qui est, au moment de l'arrivée des trains, un point de rendez-vous pour les promeneurs de Saint-Louis. On voit aussi à Bouëtville plusieurs magasins européens, quelques villas, un magnifique établissement créé par les Frères de Ploërmel, qui comprend une maison de campagne entourée d'un vaste potager, enfin de nombreux jardins militaires. Tout ce pays est d'un aspect riant et gai.

Dans la banlieue de Saint-Louis défendue par quelques fortins, nous citerons Gandiole, à cause de ses salines séparées de la mer par une bande de terre d'environ mille mètres.

La pénétration française. — Hygiène. — Les deux frères sous la véranda.

Les deux jeunes d'Arminel étaient à peine depuis quelques jours à Saint-Louis qu'ils avaient déjà une connaissance suffisamment approfondie de l'histoire militaire et des mœurs du pays. Dans la journée, ils se mettaient, chacun de leur côté, à la recherche des documents et des témoins ; le soir venu, assis sous la véranda de leur habitation, ils se communiquaient le résultat de leur enquête respective. Souvent la conversation tournait à la controverse. L'un trouvait le Sénégal un pays de piteux aspect ; l'autre répondait, en montrant l'Orient, que les richesses se dérobaient ici, mais qu'elles étaient là-bas, et il comparait volontiers le fleuve à un avare qui dissimule sous les apparences d'une maison délabrée les trésors de sa cassette. Mais il était un point sur lequel l'accord était parfait : la nécessité de l'expansion française sur la route tracée par les grands fleuves venant de l'est : Sénégal et Niger.

Il serait superflu de répéter ici ces entretiens, dont il semble que se soit inspiré M. Onésime Reclus dans son beau travail sur *Nos colonies*.

C'est la France, dit le savant géographe, qui, la première, s'établit à demeure, aux environs de l'an 1650, près de la barre du fleuve Sénégal (le fleuve de l'Or, le Rio de Auro des Portugais), séparée de l'océan par une étroite dune en des lieux sans beauté, sans charme, sans fraîcheur, mais qui se défendent d'eux-mêmes contre le Maure du Sahara, contre le nègre du Soudan, par les deux bras de l'eau tantôt salée, tantôt saumâtre, tantôt douce.

D'où vient le nom de Sénégal ? Probablement de la nation berbère des Zenagas, qui avaient en ces parages des avant-postes. Il se passa deux cents ans, même un peu plus, avant qu'on tirât de ce village, dans cette île, le grand Soudan français, né brusquement entre 1854 et 1883. De 1650 à 1758, ce ne fut pas la France qui gouverna directement le Sénégal, ce furent, l'une après l'autre, des compagnies de commerce. Etant de commerce, elles n'avaient qu'un but : l'argent, dont elles ne se laissèrent point détourner, mais elles n'en ramassaient guère. Le pays, d'énervante chaleur pour nous, était peuplé d'hommes que cette chaleur n'énervait point, parce que c'est elle qui les avait formés : au nord du fleuve erraient des Arabes Berbères tannés par le Sahara ; au sud, des nègres énergiques, bravant aussi bien l'astre d'incendie que les typhons tropicaux, semaient, voyaient hâtivement mûrir et récoltaient en chantant après la décrue du fleuve.

Les compagnies représentant la France n'osèrent pas af-

fronter ces fils bruns, cuivrés ou noirs, de l'indomptable
soleil ; ils gardèrent leur Saint-Louis, leur îlot de Gorée, vis-
à-vis du Cap Vert, leurs deux ou trois postes du bas fleuve ;
ils achetèrent de la gomme, des dents d'éléphant, surtout
des esclaves, — ceci était alors la plus riche des marchandises, se transportant d'elle-même comme le bétail et vendue
dix fois ce qu'on l'avait achetée.

Nous perdîmes le Sénégal en 1758, soit un an avant que
nous fût enlevé le Canada ; il resta chose anglaise pendant
vingt et un ans, redevint chose française en 1779 jusqu'à
1809, époque à laquelle il passa de nouveau entre les mains
britanniques, qui ne lâchèrent leur proie qu'à la paix de
1815.

De cette date à 1854, notre possession languit. Il faut
cependant noter, sous Louis-Philippe, la fondation de
Sedhiou sur le fleuve estuaire de la Cazamance. En 1854, le
plan conçu par l'un des gouverneurs du Sénégal, l'amiral
Bouët-Willaumez, allait enfin recevoir son exécution, et
Faidherbe, arrivé comme capitaine dans la colonie, va le
réaliser et l'agrandir avec cette ténacité qui fut sa force et
ce dévouement qui demeurera son honneur. Les comptoirs
et les fortins vont être établis comme des jalons sur le bord
du fleuve, les races diverses vont être refoulées ou soumises, et le drapeau tricolore engagera, contre l'islamisme et
l'idolâtrie des peuplades africaines, la grande lutte inaugurée
par les missionnaires et préparée par les explorateurs.

Il fallait, pour régner sur le Sénégal, puis sur le haut
Niger, briser deux pouvoirs : celui des Maures, celui des
Foulahs Toucouleurs

Nous relaterons plus loin l'histoire militaire de la colonie.
Auparavant, nous devons imposer à nos lecteurs un petit
cours d'ethnographie, sans lequel il leur serait difficile de se

rendre un compte exact des travaux accomplis et de l'importance progressive de la conquête.

MM. d'Arminel n'avaient pas tardé à ressentir la mauvaise influence du climat. Ils étaient arrivés à la fin de l'hivernage, c'est-à-dire durant la grande saison des pluies avec accompagnement de tornades, auprès desquelles nos bourrasques d'été ne sont que des orages minuscules. Le thermomètre marquait 30 degrés à l'ombre, et la température, très lourde, était fortement chargée d'électricité. Le vent d'est, *harmattan*, venant du désert, après avoir traversé les immenses nappes de sables brûlants durant la saison sèche, est moins énervant, bien qu'il pousse le thermomètre jusqu'à 45 degrés, que l'humidité de la saison des pluies, qui fait ressembler l'air ambiant à celui que l'on respire au-dessus d'une baignoire prête à recevoir son hôte.

— Il fait *caumas*, disait Louis à son frère. Et ce mot, dans notre belle langue gasconne, exprime très bien la touffeur sénégalaise.

— Mon cher, je ne sais ce que je puis avoir, mais je suis brisé, rompu. J'ai la tête en compote.

— Il faut prendre de la quinine.

— C'est ce que m'a recommandé le docteur. Il m'a prescrit aussi d'éviter toute boisson alcoolique, de manger des aliments à base de lait, des légumes verts, de faire usage de thé et de café. Or, j'ai eu le tort d'aller, avec mes camarades, absorber un soda glacé.

— Est-ce qu'il approuve notre habitude de faire la sieste sous la véranda ?

— Oh ! nullement. C'est un usage détestable, même lorsqu'on aurait le soin de se servir de gilets et de ceintures de flanelle.

— Eh bien ! rentrons. D'ailleurs, faut-il que nous jetions

un coup d'œil sur nos bouquins afin de nous reconnaître à travers tous les types divers qu'on rencontre à chaque pas.

— Avons-nous les livres suffisants pour cette étude ?

— Oui, mon cher ; j'ai recueilli toute une bibliothèque, et je puis aller avec mes compagnons reliés jusqu'en plein Soudan. Les marins ne s'embarquent pas sans biscuit, et les explorateurs ne doivent partir ni sans boussole ni sans ouvrages spéciaux. Qu'est-ce que l'expérience, sinon la science des autres ?

— Et leur science remonte ?....

— A 1792 avec le major Houghton, à 1805 avec Mungo-Park resté célèbre, à 1824 et 1826 avec Gray, Dochard, de Beaufort, Gordon-Laing, à 1827 avec René Caillié, qui entra dans Tombouctou, dont le premier aspect n'offre qu'un amas de maisons en terre mal construites, dans une plaine immense de sable mouvant. Caillié fut désenchanté. Ce n'était donc que ça, Tombouctou ! J'ai là aussi le Journal de Raffenel, parti en 1846 afin de traverser l'Afrique de l'ouest à l'est, en explorant le Soudan central, et qui, à la veille d'arriver au Niger, fut arrêté à quinze jours de marche de Tombouctou, fut dépouillé sur la frontière du Kaarta, gardé prisonnier durant huit mois, et étant parvenu à s'évader, ne réussit qu'au prix de mille fatigues et de mille périls à regagner Bakel. Raffenel avait beaucoup vu et beaucoup retenu. Le livre de Mage est plein d'intérêt. On peut dire que ce voyageur, qui, lui aussi, connut les duretés de la captivité avec son compagnon Quintin, a tracé la voie que nous suivrons avec Gallieni pour aller arborer les couleurs françaises à Bammako, sur les rives du grand fleuve des Noirs.

— Mais tu as donc tout un cabinet de lecture, mon cher frère ?

— Assurément, et j'arrête là ma nomenclature. Je pourrais cependant continuer aisément la série avec Soleillet, Pascal, Pietri, Sorin, Monteil, etc.

Les races diverses. — Les griots. — Mœurs et superstitions.

Les deux frères accédèrent, par la terrasse supérieure de leur habitation, dans leur chambre à coucher, située dans un pavillon isolé, et dans laquelle la température était à peu près supportable. Leur premier soin fut de se mettre à l'aise dans de larges chemises de soie (*tussors*) qui ne serraient pas leur cou, par-dessus ils revêtirent un léger bourgeron de laine, rejoignant un pantalon à coulisses, non sans quelque analogie avec celui des zouaves quant à la largeur.

— Et maintenant, à l'ouvrage ! s'écria Louis.

— Je t'écoute, répondit son frère.

— As-tu remarqué parmi tes tirailleurs de beaux hommes, aux cheveux plus ou moins lisses, au teint plus ou moins foncé, aux traits réguliers ?

— Oui. Mais certains ont les traits épatés et ressemblent beaucoup aux nègres, tandis que d'autres se rapprochent de la race blanche.

— Ce sont des Maures, mais le sang noir, chez beaucoup, ne s'est pas seulement mélangé, il domine, et de là viennent ces accidents.

Les Maures, à part la petite tribu des Dakalifa, qui est restée sur la rive gauche du Sénégal et reconnaît l'autorité de la France, sont tous sur la rive droite du fleuve. Autrefois, ces descendants des Berbères avaient fondé l'empire des Almoravides, et ils faisaient des incursions nombreuses

ALLÉE DES COCOTIERS
(Gravure extraite des colonies d'Afrique. — Quantin.)

dans les pays aujourd'hui soumis à notre domination. Ils se sont croisés avec des Arabes et vivent comme les Bédouins de l'Algérie. C'est un peuple pasteur qui va, selon les pâturages, du fleuve au Sahara et réciproquement, poussant devant lui ses troupeaux, composés de chevaux, chameaux, moutons et bœufs zébus (bœufs à bosse). Quand ils ont recueilli de la gomme, ils se rapprochent d'un de nos postes ou villages riverains et viennent s'aboucher avec les traitants. Musulmans, ils professent le fatalisme le plus absurde. Tout est écrit, pour eux ; tout, même le crime. Ils volent, ils pillent, prenant tout de la main d'Allah. Rigoureusement sobres, ils tombent, suivant l'occasion, dans les excès les plus dégradants. Leur nature orgueilleuse méprise les petits et se complaît dans les actes de cruauté. La femme et l'enfant trouvent cependant grâce devant leur sabre. Il y a deux catégories sociales bien distinctes : les marabouts, gens de religion, et les hassan, gens de cheval, forment la première et oppriment la seconde, celle des ahmé, composée des travailleurs. Chair d'ouvrier, chair d'esclave, le marabout ou le hassan n'en fait aucun cas. Les parias de l'Inde ne sont pas plus méprisés que les pauvres gens issus du vieux fond zénaga.

Les Maures sont divisés, en allant de l'Ouest à l'Est, en Trarzas, en Braknas et en Douaïchs. On peut dire que durant des siècles ils ont fait le désert sous les pas de leurs coursiers. De là, sans doute, les proverbes en cours parmi les nègres :

« Si tu rencontres en ton chemin le Maure et la vipère, tue le Maure. »

« Il y a quelqu'un d'honnête dans la tente du Maure, c'est le cheval. »

Très braves, très durs aux privations, ces nomades, malgré l'infériorité du nombre, auraient fini par être maîtres de toute la rive gauche, mais l'épée de la France les a rejetés sur le côté droit du fleuve, qu'ils ne peuvent plus passer en armes. Ils sont, du reste, indépendants dans les vastes contrées où ils campent.

— Ce sont, m'ont dit mes camarades, d'excellents soldats que les Porogues, comme on appelle les Maures métissés.

— Rien de surprenant à cela; ils ont conservé les instincts guerriers de la race, et possèdent, d'autre part, l'esprit de discipline que contractent très facilement les nègres. Mais au point de vue de la beauté physique, le mélange a donné des résultats désastreux. On prétend, il est vrai, qu'il ne faut discuter ni des goûts ni des couleurs; personne ne me fera trouver l'abbé tout noir que j'ai aperçu aujourd'hui aussi bien que notre cher curé du Tuco.

— Un prêtre noir ! Il y en a donc ?

— Et pourquoi pas ? Je n'aime pas beaucoup la nuance ébène sur la peau humaine, mais tu sais bien que notre père nous a toujours prémunis contre les préjugés sur lesquels s'est appuyé et s'appuie encore l'esclavage.

— Il y a, à Saint-Louis, un curé et trois vicaires ; à Gorée, un curé et un vicaire ; à Dakar, un curé ; à Rufisque, un curé. Les Pères du Saint-Esprit ont des établissements à Saint-Louis, à Joal, Sedhiou, Carabane et dans les rivières du Sud, au Gabon et au Congo.

Les sœurs de Saint-Joseph de Cluny desservent nos hôpitaux; on en compte 18 à Saint-Louis, 11 à Gorée, 6 à Dakar. Une école d'enseignement secondaire, des écoles primaires tenues par les frères de Ploërmel et les sœurs de Saint-Joseph et de l'Immaculée-Conception, existent à Saint-Louis, Gorée, Dakar et Rufisque.

Le service religieux est sous la direction d'un préfet apostolique. Les fruits de la propagande catholique sont lents à venir, mais déjà, cependant, on peut les apprécier. Ils seraient plus abondants sans l'élément musulman, qui est actif et qui confond parfois ses pratiques avec celles du fétichisme, afin de pénétrer plus facilement dans cette masse noire en proie aux plus grossières superstitions.

— Voilà qui nous ramène aux nègres.

— Absolument, mais je ne m'en étais pas éloigné puisque je notais en passant le travail de l'action catholique. J'ajouterai que les prêtres indigènes ont plus d'ascendant que leurs confrères français, car les noirs disent volontiers : « Ça bon pour les blancs, mais pas pour nous. » Je reviens à mon étude sommaire d'ethnographie. Les Maures avaient, avant la conquête par nos armes....

— Oh ! la conquête, cela me regarde.

— D'accord. Aussi te laisserai-je le soin de la raconter et l'ai-je négligée dans mes notes. Donc, les Maures ont pour voisins, ou plutôt pour vis-à-vis sur la rive gauche du fleuve, les Ouoloffs et les Toucouleurs.

Les Ouoloffs sont les plus beaux noirs de toute l'Afrique. De forte structure, de haute taille, ils n'ont presque pas de barbe. Leurs dents, d'un blanc à faire envie à la plus coquette Parisienne, tranchent sur leur peau foncée.

Les femmes portent le *piadale*, jupon qui s'enroule autour de la ceinture et des hanches ; un mouchoir de couleur, vulgairement appelé madras, enveloppe leurs cheveux.

Les hommes ont la tête rasée et ne se servent d'aucune coiffure. Leur *toubé*, pantalon à coulisses, ne va que jusqu'aux genoux ; par-dessus flotte le *boubou*, chemise descendant jusqu'aux mollets.

Les villages se composent de paillottes en forme de ruche,

groupées sans symétrie. Au milieu de la case se trouve le foyer, la fumée s'enfuit par un trou percé dans la toiture. Le mobilier, sauf dans les habitations aristocratiques, meublées à l'européenne, consiste en quelques ustensiles de ménage, en calebasses, coffres de bois, et en nattes, qui ne constituent pas des lits très moelleux.

Le couscous fait avec du mil, le poisson, sont les bases de l'alimentation, dans laquelle le lait, les oignons, les tomates, le riz et la viande, entrent aussi, mais en petite quantité.

— Tu parlais des demeures aristocratiques. Il y a donc des classes parmi ces sauvages? interrompit l'officier.

— Assurément. D'abord les gens libres, puis les gens de métier, ensuite les griots et enfin les esclaves.

— Les griots ne sont-ils pas quelque chose comme nos anciens troubadours? Mon capitaine me disait ce matin qu'ils servaient à exciter, par leur musique et par leurs chants, leurs compatriotes au combat.

— C'est exact. Mais leurs talents ne se bornent pas à cela. Ils exploitent la vanité des riches et la peur des pauvres. Tour à tour bouffons, forgerons ou féticheurs, ils tournent un compliment de fête, ils battent le fer ou vendent des gris-gris contre le mauvais sort. N'as-tu pas remarqué que les piroguiers et laptots qui sont sur les quais portent tous des colliers surchargés d'un tas d'objets bizarres?

— En effet, j'en ai vu qui avaient des dents d'animaux, des plumes, des brins de fer, etc.

— Ce sont des gris-gris. Il y en a contre les requins, contre le feu, contre les bêtes féroces, un peu pour tout, car le griot a l'esprit inventif.

— Après tout, la crédulité des noirs n'est pas plus surprenante que celle de nos compatriotes consultant les tireuses de cartes et les somnambules qui, avec leurs voitures, parcourent nos marchés. Les cartomanciennes qui tiennent ouvertement boutique d'oracles à Paris ne sont que des griots féminins.

— Oh! il y a aussi des griottes. Ce qui fait une forte concurrence aux *sorciers* noirs, ce sont les marabouts avec leurs amulettes. Les Ouoloffs, il est vrai, tout en devenant musulmans, ne renoncent pas à leurs croyances fétichistes. Ils cumulent les superstitions, voilà tout. Chaque roi, chaque chef, a un griot attaché à sa personne.

Chose singulière, les griots, si redoutés de leur vivant, sont l'objet de l'exécration publique dès qu'ils sont morts. On leur refuse la sépulture; leurs corps, introduits dans les troncs creux des gigantesques baobabs, deviennent la pâture des oiseaux de proie.

Notons que ce qui se passe chez les Ouoloffs a lieu également parmi toutes les peuplades africaines.

— Et les esclaves?

— Il y en a de deux sortes : les esclaves de case, qui sont traités comme les domestiques ordinaires, et les esclaves d'échange, qui se transmettent comme de la monnaie. Il y a aussi les esclaves de traite ; nous retrouverons ces malheureux sur les chemins désolés du Soudan. Les esclaves sont chargés des durs travaux, ainsi que les femmes, qui, dans toutes les conditions, restent en une sorte de servitude. Ce sont elles qui, au cas où les esclaves ne suffisent point à la besogne, transportent les fardeaux.

Les castes sont absolument distinctes comme dans l'Inde. Elles ne s'allient pas entre elles.

— Tu viens de me parler des esclaves. Il y en a donc sous notre drapeau ?

— Non. Dans le Oualo annexé à notre colonie, l'esclavage est aboli. Mais le *damel* du Cayor, le *teigne* du Baol, les *bours* du Sine et du Saloum sont des chefs indépendants ; ils vivent en bons rapports avec nous, sous la réserve qu'ils gouverneront à leur façon. La traite, par exemple, est interdite.

— *Damel, teigne, bours*, qu'est-ce que ces noms signifient ?

— Rois. L'étiquette varie, mais le pouvoir reste le même. Il y a une initiation à l'autorité souveraine. Ainsi, M. Louis Henrique raconte que, dans le Cayor, le damel, le jour de son élection, reçoit un vase contenant une poignée de graines de toutes les plantes qui croissent dans le pays, ce qui signifie que de lui dépend désormais la prospérité des cultures ; il doit, en outre, passer huit jours dans un bois sacré afin de se préparer à la haute mission qu'il va remplir.

— Puisque tu as déjà acquis des connaissances étendues sur les habitants du Sénégal, pourrais-tu me dire l'origine des Toucouleurs ? Il y en a à la caserne des tirailleurs, et on les distingue facilement du reste des noirs.

— Les Toucouleurs (on prétend que ce nom vient de Toukourol, ancien nom du Fouta, ou de Tekrouri, qui, en arabe, veut dire Soudanien musulman) sont des Peulhs, des Foulahs, Fellahs, mêlés à tous les éléments des pays occupés par leurs ancêtres. Mais que sont les Foulahs ?

Ils viennent de l'Est, la chose paraît sûre, et c'est là toute notre science de leurs origines, dit avec raison M. Onésime Reclus.

« Est-ce du Tell que, Berbères, ils descendirent pour se mêler à des Nigritiens dans le Soudan central, puis s'ébranler vers le Soudan d'Occident ? Sont-ils partis du Nil ou de l'Asie, dans laquelle d'aucuns leur ont cherché une patrie jusque chez les Indiens, voire chez les Malais ? Furent-ils parents des vieux Égyptiens, dont trente, quarante, soixante siècles nous ont transmis les traits, fort pareils à ceux des Foulahs ?

» Ce qu'on ne peut nier, c'est qu'il y eut parmi leurs ancêtres des hommes beaux, de la beauté arabe.

» Beauté qui revit sous nos yeux dans d'admirables visages du plus pur ovale, animés d'un charmant sourire. Les cheveux ne sont ni laineux, ni crépus, ni frisés par touffes; point de prognathisme, des lèvres minces, un nez droit ou busqué — on dirait des Blancs, de ceux qui sont superbes, n'était la couleur de la peau, qui varie entre le rouge sombre et le doré bronzé.

» Leur langue non plus, le foulfoudé, ne nous apprend rien du lieu de leur origine. D'une part, il semble évident que l'arabe n'a pas été sans action sur elle, soit aux temps antérieurs, soit modernement depuis que le Poula (Foulah) a passé de la boolâtrie, culte du bœuf et de la vache, à la religion du Dieu unique.

» C'est un splendide idiome, nous dit-on, puissamment original, prodigieusement riche en formes, extraordinairement soucieux de l'harmonie ; sa belle sonorité, la prédominance de la voyelle *i*, certains redoublements de consonne lui ont mérité le surnom d'italien du Soudan.

» En une chose, il est probablement unique au monde : il n'a pas divisé ses noms en masculins et en féminins ; il a préféré mettre en face le genre « humain » et le genre « brute, » qui comprend les animaux et les choses.

» Quand les Foulahs créèrent leur langue, en pleine inconscience (car un jeune peuple est comme un enfant, il ne sait ce qu'il fait), pourquoi divisèrent-ils la nature entre la « brutalité » et « l'humanité, » tandis que nous l'avons partagée entre l'homme et la femme ? La chose peut d'autant plus surprendre qu'ils ont une passion profonde pour ces animaux qu'ils mirent au même rang que l'inanimé. Aucun peuple n'aime plus ses bêtes de service. Nation pastorale, ils ne se sont faits agriculteurs qu'en de rares pays, et à cela, contraints par le temps, le lieu, le milieu.

» En menant d'herbes en herbes leurs bœufs bossus, dont il semble qu'ils voient en eux des frères et non point des esclaves, ils ont traversé l'Afrique de l'orient à l'occident, à travers Haoussas, Souraïs, Bambaras, Mandingues, laissant çà et là des tribus de leur race, tribus qui ont fondé de vastes dominations, tôt élevées, tôt effondrées. Telle est la loi des empires, mais ceux des Foulahs tombent encore plus vite que les autres.

» Conquérants trop peu nombreux, ils s'absorbent parmi les conquis. C'est une race itinérante, étirée, dispersée. Il lui manque une mère patrie bien vaste, bien compacte, bien peuplée, très essaimante, d'où les colons lui viendraient en grand nombre pour compléter l'œuvre des hommes d'armes. Aucune immigration ne les avive dans les royaumes qu'ils ont établis; ils y restent quelque temps caste supérieure, puis ils se mêlent et disparaissent lentement dans les nègres qu'ils ont amenés à la loi du prophète.

» Peu de nations, en effet, sont aussi peu ramassées que celle de ces *noirs* qui ne sont pas noirs, qui sont (nous ne parlons pas des métis) à peine cuivrés. Immense est l'aire de leur dissémination parmi les Soudaniens vraiment obscurs de peau qui, s'ils leur sont très inférieurs en beauté de visage, leur sont généralement supérieurs en hauteur de taille, en envergure d'épaules, en capacité de thorax.

» Il y en a sur mille lieues de long (de l'orient à l'occident) et sur deux cent cinquante de large (du nord au sud) dans les bassins du lac Tzade, du grand fleuve Niger et du moyen fleuve Sénégal, au milieu de quatre ou cinq grands peuples allophyles et allophones vis-à-vis desquels ils ne sont, tous réunis, qu'une petite minorité.

» Le même siècle aura vu leur grandeur, leur décadence, et ce siècle est le nôtre.... »

— Voilà, certes, mon cher frère, interrompit Charles, une très intéressante page, mais, si nous allions nous coucher ?

— Volontiers, d'autant mieux que je dois demain faire une excursion.

— Une excursion durant l'hivernage ?

— La chose n'a rien d'impossible, et je tiens à jouir de la luxuriante végétation activée par les pluies.

Sur le fleuve.

L'homme propose et Dieu dispose. Le sous-lieutenant d'Arminel reçut la mission confidentielle de visiter les postes échelonnés le long du fleuve, et il l'accueillit avec joie. Louis, de son côté, obtenait de se joindre au capitaine Gallieni, chargé d'étudier le pays entre Médine et le Niger, d'examiner les ressources locales, et de conclure avec les chefs indigènes des traités permettant le passage d'une voie ferrée. Les deux frères allaient se séparer.

L'officier était accompagné d'un tirailleur qui comptait déjà plusieurs chevrons. On l'avait surnommé *Yolof*, parce qu'il représentait avec exactitude la physionomie de cette race, et *Yolof* était un crâne. Il s'était battu contre les Maures, il avait fait toutes les campagnes de Faidherbe conquérant le Oualo, le Cayor et le Djolof, et pourchassant l'ennemi jusqu'en plein Sahara.

— Bizarre fortune ! s'écria Charles en montant sur le bateau à vapeur, bizarre fortune ! C'est moi, mon cher frère, qui suis l'explorateur....

— Oh ! les régions où tu vas sont déjà en notre pouvoir, répondit Louis, et il n'y a rien à découvrir.

— Un peu plus qu'à Saint-Louis, cependant. Mais dans quelques jours tu me rejoindras et tu me dépasseras. Qui sait, d'ailleurs, si le Soudan ne nous verra pas réunis ?

— Tu crois à une prochaine expédition ?

— Tout bas, je te dirai même que je suis certain qu'elle aura lieu.

— Et ta mission ?

— Chut ! C'est le secret professionnel.

Le sifflet retentit.

— Allons voilà qu'on démarre, adieu et à bientôt !

Les deux frères se serrèrent la main, et Louis regarda s'éloigner le vapeur, dont le panache de fumée ne tarda pas à se perdre dans le feuillage des arbres de la rive du fleuve qui, de son embouchure à sa formation par le Bakoy (rivière blanche) et le Baffing (rivière noire), mesure 1,700 kilomètres de parcours.

La nuit tombe rapidement en ces régions où il n'y a pas de crépuscule. Mais rien n'est plus pittoresque que la fin du jour à bord. « On aperçoit les campements maures, et autour des tentes, quelques chameaux profilant leur silhouette sur les sables de la rive droite dorés par le soleil couchant. Sur la rive gauche, les pâtres, conduisant de grands troupeaux de bœufs qui vont boire à la rivière, poussent des cris pour effrayer les caïmans qui semblent dormir sur le bord ou dans les hautes herbes. Tandis que les pélicans, plongeant dans les eaux du fleuve pour chercher leur repas du soir, se croisent avec les marabouts au brillant plumage, on entend les perroquets qui jasent et les singes qui sifflent avant de s'endormir.

Des profondeurs de la forêts viennent aussi vers l'eau les fauves altérés. Voici une panthère qui saute, voilà le lion sans crinière, qui contemple d'un air furieux l'éléphant, le seul de tous les animaux qui ose engager avec lui des combats souvent victorieux. »

Il est nuit. Le bateau, parti à cinq heures du soir de Saint-Louis, trouble de ses fanaux dont les feux se jouent sur les ondes sinueuses, les lourds hippopotames, — ces chevaux de fleuve, — qui n'ont du cheval ni la grâce ni l'agilité. De temps en temps, on entend le bruit d'un plongeon, puis un peu plus loin, on distingue comme un petit îlot. En y regardant bien, on s'aperçoit que ce qu'on avait pris pour un dépôt d'alluvions est une tête, mais elle disparaît bientôt. Le jour est revenu. C'est le matin. Le bateau mouille devant un village ombragé de palmiers. Charles d'Arminel descend à terre, et pénètre dans un bouquet de verdure au-dessus duquel flottent les trois couleurs. C'est Richard-Toll, placé à l'extrémité de la pointe formée par le Sénégal et la rivière de la Taouey, qui sert de déversoir aux eaux du lac de Guier et du marigot de Bounoun. Le lac semble avoir été créé pour les pêcheurs et pour les chasseurs. Le poisson est abondant dans ces eaux qui, à la saison des pluies, s'étendent sur une largeur de 11 kilomètres, et dans l'île de Djeban ou sur les bords du lac le gibier foisonne, depuis le lièvre, plus petit que celui d'Europe, jusqu'aux bœufs sauvages et aux animaux féroces, depuis le passereau jusqu'à l'autruche, dont les plumes sont l'objet d'un actif commerce.

La végétation est très puissante aux alentours du marigot, et Charles d'Arminel ne manqua pas de s'asseoir à l'ombre du tamarinier de Bounoun qui peut, dit-on, abriter cinquante cavaliers rangés en bataille. C'est une légende facile à vérifier. Il suffit d'aller s'assurer par soi-même de son exactitude.

N'est-ce pas à ce tamarinier que fut pendu naguère le faux prophète Mohamed-Amar qui, battu ainsi que les Maures Trarzas venus à la conquête du pays, fut mis en fuite près de Dagana et poursuivi jusqu'à Richard-Toll?

La culture de l'indigo et du coton fut tentée dans l'île de Todd et sur les rives de la Taouey; elle ne donna que de médiocres résultats.

Richard-Toll est un lieu de plaisance, et son magnifique jardin contient de succulents légumes, mais l'air est malsain, la fièvre typhoïde y règne ainsi que les maladies de foie. La garnison de spahis, peu nombreuse, est renouvelée fréquemment. Les hommes qui ont pu résister, sans trop d'anémie, aux émanations pestilentielles des marigots, aiment ce séjour. Ils se font jardiniers et chasseurs. Le sanglier est une des ressources alimentaires du pays. M. Eugène Béchet raconte qu'un officier de ses amis « en tua plus de cent cinquante en six ou sept mois. » Admettons une petite erreur d'addition ; il restera encore assez de jambons à fumer.

Charles d'Arminel, ses notes prises au fort, dut remonter en bateau.

Le paysage est changé, les rives sont plus fertiles; des champs de mil ont remplacé la monotonie de la friche sénégalaise. Des enfants agitent des cordes garnies de grelots et de plumes dans l'espoir, souvent trompé, de défendre la récolte contre les oiseaux, aussi jolis que variés. Ainsi plus d'un de nos jeunes lecteurs a parfois essayé de protéger les belles cerises contre le bec des pies et des geais en plaçant au sommet de l'arbre fruitier une girouette munie de chiffons, ou tout simplement un mannequin habillé avec les vieilles défroques de famille et coiffé d'un chapeau à l'aspect lamentable. La précaution était excellente, mais ventre affamé n'a pas plus d'yeux que d'oreilles, et voilà pourquoi les cerises ne furent pas toujours respectées.

— Stop ! le bateau arrive à Dagana, poste des grandes escales, entrepôt de la traite des gommes. C'est un point de commerce important. Les signars (mulâtres) y représentent les maisons de Saint-Louis, et si les maris sont âpres au gain comme des juifs, leurs femmes se distinguent par leur beauté. Mais il faut plus d'une génération pour que disparaissent les traces désobligeantes du monde noir.

Le jour même où Charles d'Arminel était de passage à Dagana, arrivèrent les Maures porteurs de sacs de cuir. C'étaient les gommiers venant échanger leur récolte contre du mil, du riz, du maïs, du biscuit, des articles de cotonnade et des « gourdes, » c'est-à-dire des écus de cinq francs. Le marché se conclut le plus souvent au coup d'œil ; les traitants timides achètent au poids, mais les signars qui connaissent leur métier font leurs acquisitions par tas. La gomme est récoltée deux fois par an. Elle est fournie par des forêts, *kraba*, qui sont exclusivement exploitées par les Maures Trarzas, Braknas et Douaichs. Pour avoir voulu casser une branche dans ces forêts sacrées, un indigène fut en danger de mort. Il aurait été massacré s'il n'avait réussi à gagner le poste français.

C'est par l'exsudation que s'obtient la gomme. Une incision faite sur le tronc des acacias de la *kraba* la provoque. L'arbre souffre, la feuille tombe, mais l'amas gélatineux s'épaissit, et l'on évalue par pied la récolte annuelle à près d'un kilogramme. Or, dans tout le bassin du Sénégal, dans le pays des Maures et dans le Diourbokho (rive droite) ainsi que dans le Oualo, le Cayor et le Djolof (rive gauche), ces acacias à gomme se rencontrent par groupes sur de vastes étendues ; ils existent en quantité considérable dans le désert du Ferlo.

Il n'y a donc pas lieu d'être surpris que les esclaves qui viennent extraire la gomme avec leurs crochets de fer en ramassent au total trois millions de kilogrammes. Elle ne tiendrait pas toute dans les jolies poteries de Dagana; aussi les Maures se rendent-ils dans les escales diverses du fleuve, et le marché y est des plus animés, surtout à Podor.

Il fait très chaud, et il n'y a pas de glacière. Cependant, un verre d'eau bien fraîche est offert à l'officier qui demande à se désaltérer avant son départ et ne veut aucune boisson alcoolique.

— Oh! la bonne eau! s'écrie-t-il. On dirait qu'elle sort d'une carafe frappée.

Le chef du poste se met à rire, et lui montrant une gargoulette en terre poreuse exposée au soleil et entourée d'un linge mouillé :

— Voilà l'appareil, dit-il. Ces gargoulettes n'ont rien de commun avec les terres cuites que l'on vend en France après les avoir vernies et privées ainsi de toute efficacité évaporative.

En route pour Podor qui commande le pays des Braknas comme Dagana surveille les Trarzas. On aperçoit le lac Cayar, long de vingt kilomètres, et qui communique avec le fleuve par des marigots. Les rives du Sénégal s'abaissent et deviennent très boisées. Elles sont solitaires.

Voici l'île de Laménago, qu'on pourrait appeler la capitale des hippopotames, qui y vivent en troupes serrées. La chaleur est intolérable. Plus de doute, le soleil sert d'indicateur. Podor! tout le monde descend, excepté le thermomètre, qui monte à 45 degrés.

C'est à quatre kilomètres au nord de Podor que Faidherbe fit établir le camp de Koundy. Au mois de mai 1857, Mohammed-el-Habib, qu'il avait pourchassé sur la rive droite et qui s'était retiré dans le nord, reparut. Sa défaite sur les bords du lac Cayar et quelques engagements postérieurs amenèrent la soumission des Braknas, comme les combats de Dikten et de Dioubboudou avaient, deux ans auparavant, chassé les Trarzas et consommé la déchéance de la reine du Oualo. Les Ouolofs avaient cependant juré *par le nez de leur mère* de vaincre ou de mourir. Ils se réfugièrent dans le Cayor.

Charles d'Arminel a jusqu'ici voyagé comme un touriste. Mais le voilà reparti; au barrage de Mafou naissent les difficultés; les eaux commencent à baisser, et le bateau ne navigue plus qu'à la cordelle. Aux endroits où le niveau de l'eau est insuffisant, le capitaine fait mouiller le plus loin possible une ancre à jet (petite ancre) par un canot; l'équipage tire sur le câble de l'ancre, et ainsi on avance peu à peu. L'opération se répète à chaque instant, ce qui rend le voyage long et pénible, malgré les chants des griots, et peut-être à cause de cela.

L'île de Morfil (ivoire) — mais les éléphants ont disparu, — se trouve placée sur le marigot de Doué formé par le petit bras du Sénégal qui se sépare du grand bras près de Saldé. En face de l'île, sur la rive gauche du marigot, a été construit le poste d'Aéré. Au nord se dessinent les tours de Saldé et de Matam, postes destinés à contenir les Toucouleurs. Les rives du fleuve sont escarpées, et l'eau manque; néanmoins, voici Bakel. Douze cents kilomètres sont franchis. De Bakel à Kayes, la traversée est de plus en plus lente et laborieuse. Le Falémé, sorti des massifs du Fouta-Djallon, vient se jeter dans le Sénégal, rive gauche, tandis qu'à droite, entre Kayes et Médine, le Koulow, après avoir arrosé le Kaarta et le Diombokho, se déverse dans le fleuve, coulant dans une immense plaine, improprement appelée un désert.

Kayes est une station très animée. On y construit le chemin de fer de Bafoulabé et de Bammako, sur le Niger. La population est un ramassis de nègres de toutes sortes, d'Européens et même de Chinois; on se croirait, à part la diversité des races, sur un quai français, tant l'activité est grande. Des rectangles en terre pisée forment les habitations des em-

TOUCOULEURS
(Gravure extraite des colonies d'Afrique. — Quantin)

ployés. Tout ce monde cosmopolite est miné par la fièvre typhoïde au moment où Charles d'Arminel débarque. La brièveté du séjour ne garantit pas l'officier contre les atteintes de l'épidémie, et il est forcé d'entrer à l'hôpital. Un traitement énergique le remet sur pied; huit jours après il parvient, à demi convalescent, à Médine, qui est le terme de son voyage.

A Médine. — Les coutumes. — Habitations. — Les fourmis et les termites. — Mariages et funérailles.

Il avait des instructions secrètes et nous sommes, par conséquent, excusable de ne pas les révéler, mais on nous on voudrait de ne pas transcrire ici quelques extraits de sa correspondance.

« Médine, le....

» Mon cher frère,

» Me voici à Médine depuis quelques jours ; je profite du départ du bateau pour t'envoyer de mes nouvelles ; j'y joins quelques notes sur le pays et sur son histoire. Elles t'intéresseront, j'en suis sûr.

» Le cercle de Médine commande le Khasso, le Logo et le Natiaga. La ville est la résidence de Sambala, roi des Khassonkés. Elle a pris un grand développement et notre fort commande tout le pays protégé.

» Ah ! mon cher Louis, c'est ici que tu pourrais faire des études curieuses sur les mœurs et les coutumes ! Moi, je me suis surtout attaché aux souvenirs militaires. Cependant, j'ai pensé à toi, comme tu vas le voir.

» Les Khassonkés sont de beaux hommes. Ils ont, ainsi qu'on dit dans le Gers, un air crâne avec leur bonnet à deux pointes, collé sur l'oreille. Un boubou, couleur safran, leur sert de chemise et de blouse. Leur pantalon est d'une extrême ampleur et d'une longueur minuscule, quelque chose comme un caleçon de bain démesurément élargi.

» Les femmes sont jolies, mais des piqûres d'indigo sur les lèvres et aux gencives leur donnent une teinte violacée. Elles n'ont ni le nez épaté ni les grosses lèvres. Elles sont coiffées avec coquetterie. Les épouses des forgerons sont de vraies artistes capillaires. Les cheveux tressés et ramenés en arrière forment comme un casque surmonté de divers ornements, notamment de cauris. Ce menu coquillage sert de monnaie dans le Soudan ; mille valent 2 fr. 50. Tu vois que les Médinaises ne pourraient pas aisément porter leur fortune sur leur tête. Leurs vêtements sont ceux des femmes de Saint-Louis, mais en raccourci. A noter cependant que les jeunes filles se contentent souvent d'un morceau de calicot noué autour du cou comme une serviette en guise de boubou. Elles portent toutes le pagne.

» Trait distinctif : la propreté.

» Les ablutions sont fréquentes et combattent la mauvaise odeur de la race. Les cases, rondes, sont enduites de terre sur laquelle sont dessinés, à la bouse de vache, des mains, des pieds, des caïmans et autres animaux. Si tu franchis la porte d'entrée, faite de planches grossièrement assemblées, tu te trouves dans une cour autour de laquelle sont les cases composant l'ensemble de l'habitation, les greniers à mil, les cuisines et autres dépendances. Autant les abords des demeures sont sales, autant l'intérieur est irréprochable.

» Le mobilier est d'une simplicité qui ne nécessite le concours d'aucun tapissier.

» Quelques piquets reliés par des traverses de bambous forment le lit. Une natte remplace, peu avantageusement, le sommier. Au reste, les indigènes n'habitent leurs cases que durant l'hivernage ; ils n'y sont que très relativement à l'abri de la pluie, et quand vient une tornade, ils se voient parfois forcés de s'accroupir contre les murs intérieurs, dénudés de la couverture en paille, que le vent a emportée.

» Pendant la saison sèche, ils dorment à la belle étoile pour cause de chaleur. Dans la campagne, ils ont à redouter les fourmis noires, dont la piqûre est des plus cuisantes. Le chatouillement causé sur tout le corps par ces légions d'hyménoptères est intolérable. Serpents, lézards, scorpions, sont des hôtes indiscrets, car ils se glissent dans les lits ; j'en ai trouvé jusque dans ma couverture de voyage, mais qu'est-ce que cet inconvénient de voisinage auprès du supplice des moustiques et des fourmis qui dévorent jusqu'aux crapauds, dont chaque case possède une petite armée! Le crapaud fait la chasse avec vaillance, et, parfois, le régiment des assaillantes le cerne, l'envahit, le déchiquette vivant. La fourmi a dans les termites un ennemi redoutable ; des combats acharnés se livrent autour des forteresses de ces derniers. Forteresses est bien le mot qui convient pour désigner ces nids coniques de plusieurs mètres de hauteur, ayant des galeries, des créneaux, beaucoup mieux établis enfin que les *tatas* (fortins) des noirs. Les termites laissent les fourmis monter à l'assaut, puis ils font une sortie générale et de leurs mandibules taillent (c'est bien l'expression) leurs ennemies en pièces. J'ai assisté à une de ces batailles, et non sans émotion.

» Le Khassonké pratique l'agriculture avec habileté. Pour défricher, il incendie les broussailles durant la saison sèche. En juillet, c'est-à-dire au commencement des pluies, il gratte la terre avec une pioche et sème le mil, le maïs, le riz, l'arachide, dont les pistaches servent à la nourriture, à moins qu'on ne la vende pour faire de l'huile. Le tabac vient bien, cela se voit au nez des jeunes filles, qui prisent avec passion ; elles fument aussi comme le plus vieux marin. Pas de palabre sans fumée, pas de causerie le soir dans les cases, où l'on raconte les histoires de sorciers, sans accompagnement de tabagie. Ouné est le loup-garou des nègres. Personne ne l'a vu, et tout le monde lui prête les formes les plus bizarres, comme la puissance la plus malfaisante. Les griots ne manquent pas d'utiliser cette crédulité superstitieuse. On les trouve, du reste, partout ces jongleurs criards et impudents. Au combat, ils chantent, tout en se tenant à l'abri des coups ; ils passent du vainqueur au vaincu avec une absolue indifférence, ils semblent, comme l'âne de la fable, se dire qu'ils ne porteront jamais qu'un bât. Y a-t-il un mariage, on entend les griots louer, avec accompagnement d'une guitare peu harmonieuse, les vertus, les grâces de la fiancée, le courage du futur.

» Le mariage n'est ici, — est-ce ici seulement? — trop souvent qu'un marché. Le jeune homme traite avec les parents de la jeune fille qu'il a retenue, en versant des arrhes, dès 'enfance. Contrairement à nos usages français, c'est lui qui apporte une dot, représentée par un ou plusieurs esclaves, des animaux et des pièces d'étoffe.

» J'ai été témoin hier d'une noce khassonké. Voici le récit de la cérémonie :

» La jeune fille, la tête couverte d'un épais voile blanc, a été conduite au domicile conjugal. Un nombreux cortège l'accompagnait. Des femmes, voisines ou amies de la famille, portaient des corbeilles contenant des provisions de bouche et les divers articles de ménage : mortiers, pilons, paniers à couscous, bancs, nattes, jarres en terre cuite, calebasses, etc. C'étaient les cadeaux. Dès qu'elle est entrée dans la case, au son du tam-tam, la jeune fille, toujours sans lever son voile, reçoit les femmes du village venues pour la féliciter. Les hommes ne sont pas admis à cette réception ; ils congratulent le fiancé. Tout d'un coup, celui-ci s'élance dans la case, les chants retentissent, les décharges de mousqueterie, comme au sortir de l'église dans les noces de nos villages, éclatent avec fracas, le tam-tam devient de plus en plus bruyant. Au dedans et au dehors, c'est un effroyable vacarme. Le mariage est accompli. Aucune cérémonie religieuse ne l'a consacré.

» Les Khassonkés n'ont pas, comme beaucoup de peuples sauvages, le culte des morts. Cependant les notabilités sont enterrées avec un certain apparat. On tire quelques coups de fusil ; des pleureuses, aux yeux plus ou moins secs, font semblant de sangloter, les inévitables griots prononcent une oraison funèbre qui n'a rien de commun avec les chefs-d'œuvre de Bossuet, et le cadavre est descendu dans la fosse creusée autour de l'habitation ou en pleine cour.

» Pour les captifs, la sépulture n'existe pas. Leur corps est abandonné aux hyènes et aux vautours.

» Selon l'usage général en Afrique, c'est le plus âgé des frères qui hérite du défunt; les successions se répartissent par ligne collatérale; il en est de même du pouvoir.

» Je voudrais te dire que ce peuple est charmant, mais je ne suis pas de l'avis de la Fontaine :

A beau mentir qui vient de loin.

» J'aime mieux m'en tenir à la vérité, qui me force à reconnaître que les noirs paraissent avoir des notions précises sur la probité spartiate. Ils volent avec audace, et si on se plaint au roi, celui-ci est par complicité obligé de se montrer indulgent.

» Je ne te décris point Médine; à quoi bon ? Toutes les cases se ressemblent, et, quant aux constructions européennes, tu en trouveras le plan dans les bureaux du gouverneur à Saint-Louis. Mais je suis bien sûr que tu ne perdras pas ton temps à aller les consulter.

» Bientôt, du reste, tu vas quitter la capitale avec la mission à laquelle tu es attaché. Tu auras, je te l'assure, beaucoup d'observations curieuses à noter. Il me vient ici du Soudan oriental des échos qui excitent mon ardeur guerrière, et par ce que je vois, je pressens l'intérêt de la campagne dont tu seras un des héros, peut-être pas toujours pacifiques.

» Lorsque je rentrerai à Saint-Louis tu seras parti. J'espère qu'avant de te mettre en route tu m'expédieras les lettres de France. Etre sans nouvelles de ses parents, de son pays, constitue une dure épreuve.

» Et notre marin ? As-tu reçu quelques mots de lui ?

» Il fait, mon cher Louis, une chaleur étouffante. Toutefois, je constate que les faiseurs de thermomètre ne se sont pas piqués d'exactitude scientifique lorsqu'ils ont inscrit en face du cinquantième degré centigrade : température du Sénégal. Même à titre exceptionnel, la mention est exagérée. Mais l'air est lourd, la fièvre, quoique latente, n'en exerce pas moins ses ravages sur l'organisme, et je vois ici des cas terribles d'anémie. Hier, un soldat s'est blessé avec un couteau ; les linges dont on a entouré la plaie portaient à peine la trace d'une légère coloration. Le sang n'est plus rouge ; il devient blanc, il se décompose, et la pâleur des anémiques a d'étranges rapports avec la teinte cadavérique.

» Enfin, à la grâce de Dieu, mon cher frère, je t'embrasse du fond du cœur.   CHARLES. »

Les héros de Médine. — Faidherbe, Holle et Al-Hadji Omar.

Yolof était, en même temps qu'une ordonnance, un guide précieux pour l'officier. Il connaissait le pays, et ses souvenirs militaires remontaient à 1857.

Or, un jour, Charles d'Arminel était en train de lire l'épitaphe gravée sur la pierre qui rappelle la prise de Médine. Yolof se permit de lui adresser la parole :

— Moi connaître histoire de pierre ; moi étais là et m'être battu. Médine, alors pas comme aujourd'hui, cases bâties sur descente colline jusqu'à fleuve avec tata qui l'entourait, le fort au-dessus.

— Ah ! dit Charles d'Arminel, tu faisais partie de ces braves. Conte-moi donc ce que tu sais.

Yolof se mit en devoir d'obtempérer à l'ordre reçu, mais,

comme le respect de la couleur locale rendrait par instants le récit incompréhensible, nous allons transcrire celui-ci d'après les notes du lieutenant.

Les Khassonkés aimaient les blancs depuis qu'un Français, nommé Duranton et devenu le gendre du roi Awa Demba, les avait aidés à repousser les Bambaras qui razziaient fréquemment le village. Duranton était doué d'une grande force musculaire, et il imposait beaucoup aux noirs. D'où venait-il, lorsqu'en 1830 il pénétra dans le Khasso? Il ne l'apprit jamais à personne, pas même à son épouse Sadioba, qu'il aimait beaucoup. Il travailla à garantir, avec ses faibles ressources, la sécurité des États de son beau-père, et ne négligea aucune occasion de représenter les Français, dont on commençait à parler le long du fleuve, comme des hommes très braves et très dévoués aux indigènes. Sambala, son beau-frère, qui avait succédé à Awa Demba, suivit les conseils de Duranton et entretint avec nous commerce d'amitié. Sans cesse exposé aux attaques du prophète Omar à la tête des Toucouleurs, le roi du Khasso comprenait l'utilité bienfaisante de notre alliance. Des traitants de Saint-Louis ayant été pillés à leur arrivée à Médine, et Omar ayant refusé toute restitution de marchandises, toute réparation, Sambala tourna les yeux vers l'ouest. Ce ne fut pas en vain; le général Faidherbe, alors colonel, remonta le fleuve jusqu'à Médine et dans vingt jours construisit un fort comme rempart contre les musulmans; il relia ensuite Bakel à Podor par les postes de Matam et de Saldé. C'était en 1855; l'année suivante se passa en continuels engagements entre les Toucouleurs et les Khassonkés appuyés par les garnisons de nos postes. Omar résolut de frapper un grand coup.

Qu'était-ce que ce prophète? — Un Phoul, né à Aloar, près de Podor, en 1797. Son père était un marabout qui lui apprit l'arabe et l'initia à l'étude du Coran. Omar parlait avec facilité et acquit promptement une grande réputation de vertu et de science. Il traversa l'Afrique, en passant par Tombouctou, et se rendit, non sans péril, à la Mecque. A titre de (Al-Hadji) pèlerin, il fut à son retour accueilli partout avec respect ; il demeura cinq ans au Haoussa, dont le roi lui donna sa fille en mariage. La vente des amulettes l'avait enrichi, et il possédait de nombreux esclaves qu'il amena avec lui sur les bords du Sénégal. Ils devinrent ses capitaines. Alors il prêcha la guerre sainte, souleva les populations du Fouta-Djallon au Kaarta et promena dans ces malheureux pays ses hordes barbares. Ce fut le massacre et la ruine. Les hautes herbes poussaient dans les villes où ce nouvel Attila avait établi son camp. Enhardi par ses effrayants succès, Omar travailla par ses émissaires la région qui s'étend de Saint-Louis à Bakel, qu'il menaça ainsi que Podor. La panique des habitants était extrême. En mai 1857, Kartoum, frère de Sambala et son héritier présomptif, avait été chassé de Médine, où il était devenu un artisan de discordes ; il gagna l'armée du prophète ; il dépeignit comme très précaire la situation de notre poste et celle de Sambala. Dès lors, l'attaque fut résolue.

Omar prit ses dernières dispositions, affirma que les canons français ne partiraient pas, car ainsi le voulait Allah, et confiant l'opération militaire à ses lieutenants, attendit le résultat à Sabouciré. L'armée se mit en marche ; elle comptait quinze mille hommes, mais femmes et esclaves formaient un long convoi. Les Toucouleurs marchaient sur deux colonnes, l'une dirigée contre le fort, l'autre contre le village ; une troisième colonne, qui devait opérer vers l'ouest, était composée des Khassonkés du traître Kartoum.

A Médine, lorsque l'on aperçut l'ennemi le 20 avril au lever du soleil, la panique fut extrême parmi les habitants du village. Vieillards, femmes, enfants, poussaient des cris d'effroi.

Deux mille guerriers de Sambala étaient préposés à la défense du village. Quant au poste, il était commandé par un signar de Saint-Louis, Paul Holle, dont la foi catholique exaltait le courage héroïque contre les musulmans. Au-dessous du drapeau français, il avait placé cette inscription : *Pour Dieu et la France ! Jésus ! Marie !*

Sept Européens, vingt-deux soldats noirs, trente laptots de Saint-Louis, voilà tout l'effectif de la garnison du fort, relié au village par un mur en terre blindé d'une palissade.

L'attaque fut impétueuse des trois côtés à la fois ; un instant l'étendard du prophète flotta sur le rempart ; et par les échelles de bambou l'ennemi monta courageusement à l'assaut. Mais les canons du fort se joignaient à la mousqueterie et faisaient des ravages considérables. Le porte-drapeau fut tué, et après cinq heures de lutte, les Toucouleurs durent se mettre en retraite sur Sabouciré, où Al-Hadji Omar, qui, seul, n'était pas découragé, chercha à réveiller leur fanatisme et leur prédit de futures victoires.

Médine, qui n'avait pu être enlevée de vive force, fut bloquée ; il y avait encore des vivres dans la ville, mais l'eau manquait, et les assiégés étaient obligés d'aller la puiser dans le Sénégal. Or, au milieu du fleuve, un îlot de sable commandait la rive. Pris par les Toucouleurs, il fut repris à la suite d'un combat acharné. A la fin de juin la famine commença ; on rationna les quelques provisions de mil et d'arachides qu'on ne pouvait plus cuire, faute de combustible. Chose encore plus grave : les munitions faisaient défaut ; Sambala en ayant demandé afin de pouvoir écarter par des décharges répétées les avant-postes des Toucouleurs, Paul Holle l'engagea à ménager ses provisions de guerre, et ajouta :

— J'en ai mes magasins remplis ; je t'en donnerai à discrétion le jour du combat.

Il écrivait, d'autre part, à Saint-Louis et à Bakel :

— Je n'ai plus que dix paquets de cartouches, et je vide mes vieux obus pour avoir de la poudre.

A quelque temps de là, on apprenait à Médine que le vapeur envoyé au secours de la ville s'était échoué à Tambokané et avait dû faire des prodiges de vaillance pour repousser les pillards Toucouleurs. Les indigènes n'osaient pas s'enrôler comme volontaires ; la terreur d'Omar avait gagné tout le pays.

Paul Holle épuisa ses dernières cartouches à repousser Omar qui, la nuit, avait tenté d'ouvrir une brèche dans le tata du village. On était au commencement de juillet. Plus de vivres, plus de munitions.

— Mes amis, dit le chef intrépide, l'heure est venue des suprêmes résolutions. Nous ne livrerons pas le drapeau de la France, nous ne subirons pas le joug des musulmans. Nous sauterons dès que l'ennemi sera maître du fort. A moi le soin de l'habitation ; à vous, sergent Desplats, la poudrière !

— Et Sambala ? dit un des laptots.

— Oh ! il tiendra jusqu'au bout. Il méprise Mahomet, et veut boire du vin, de l'eau-de-vie.

— Même un peu trop, fit observer Paul Holle, jetant ainsi la note gaie dans cette réunion d'hommes se disposant à mourir en braves.

Il n'y avait plus que pour quelques heures de vivres.

Dans le camp des Toucouleurs, on croyait tenir la proie.

Soudain, Paul Holle se dresse :

— Le canon ! Entendez-vous le canon ? Dieu soit loué, et vive la France!

Le canon tonnait en effet.

C'était Faidherbe qui arrivait, après une traversée contrariée par mille difficultés de navigation, et après avoir dû plusieurs fois aborder, l'épée au poing, l'ennemi. Aux Petites Cataractes, le *Basilic* fut arrêté, le 17 juillet, par la baisse des eaux ; il talonnait le fond.

— Forcez les feux, et en avant ! Il faut sauver Médine, s'écria le gouverneur.

Le lendemain, les rochers des Kippes qui surplombent à pic les rives du fleuve étaient attaqués avec vigueur et, après avoir culbuté les Toucouleurs étonnés de l'audace des assaillants, les Français accomplissaient une escalade qui semblait impossible.

Le *Basilic* secondait les compagnies de débarquement.

La colonne repassa sur la rive gauche, et Faidherbe, avec sa lunette, aperçut à quatre kilomètres le fort de Médine.

— C'est singulier, dit-il à son officier d'ordonnance, dans la plaine, les Toucouleurs s'agitent, et Médine ne donne pas signe de vie. Arriverions-nous trop tard ? La ville serait-elle prise ?

— Mon colonel, j'ai des yeux perçants, et je ne crois pas me tromper, c'est bien notre drapeau qui flotte sur le blockhaus.

— Oui, le drapeau, répéta Faidherbe avec émotion. Eh bien, courons au drapeau !

Et la colonne de secours (500 hommes dont 100 blancs) s'élança au pas de charge sur les positions ennemies. Les Toucouleurs, au nombre de 18,000, se défendirent avec fureur. Ils voyaient leur échapper l'honneur du triomphe et le profit du butin. Ils durent, après de grandes pertes, se retirer à distance respectueuse. Paul Holle, à la tête de ses compagnons, avait fait sa sortie, et des cris d'allégresse saluaient Faidherbe et ses soldats.

Le gouverneur embrassa ces héros. Lorsqu'il pénétra dans le village et qu'il vit la population hâve, amaigrie, croupissant au milieu d'immondices, il comprit mieux encore les souffrances endurées pour conserver à la France une position importante.

Les Toucouleurs, ayant reçu quelques renforts, essayèrent les jours suivants de changer leur défaite en victoire, mais Faidherbe les battit, et voulant faire place nette, les chassa du Khasso. Le prophète se vengea de sa déroute en ravageant le Bélédougou, le Ségou et le Macina. Tombouctou même n'échappa point à cette invasion. Les victimes de sa fureur se lassèrent enfin, et se révoltèrent. Après deux ans de guerre, Omar, assiégé dans Hamdallahi, qui fut prise d'assaut, s'assit sur un tonneau de poudre auquel il ordonna à un de ses serviteurs de mettre le feu, le Coran défendant au croyant de se donner la mort de ses propres mains. N'était-ce pas, après avoir abusé de la force, exagérer la subtilité ?

Réponse à une lettre intéressante. La mission Galliéni. — Un voyage en chameau.

Lorsque Louis d'Arminel reçut la lettre de son frère, il venait d'aller prendre les ordres du capitaine Galliéni en vue du départ.

— Ah! les précieux renseignements, se dit-il, en lisant soigneusement la missive. Je vais les transmettre à mon père. Ce sera comme la préface de mon prochain récit de voyage. La lettre de Charles comblera une lacune, car jusqu'à Bakel, nous ne nous arrêterons guère. A partir de ce point, nous nous engagerons dans le Fouladougou. Alors, mes notes iront leur train.

Charles a bien raison. C'est dur, très dur, de rester sans nouvelles de sa famille. Je comprends son impatience affectueuse. Allons ! mettons sous enveloppe sa part du courrier. Le bateau part ce soir ; il est temps de faire le paquet. Mais je ne puis cependant pas me dispenser d'un mot d'envoi.

Et Louis se mit à sa table de travail sous la véranda.

« Mon cher frère,

» Ta lettre m'a ravi. Non, assurément, tu n'es pas un égoïste, et tes notes sont du plus grand intérêt. Je les fais partir pour la France. Nous les retrouverons plus tard ; en attendant, elles feront les délices de Nadège, et je suis sûr que papa et maman les liront aussi avec plaisir. Le 30 janvier, je me mettrai en route ; la mission est bien organisée. Le capitaine Galliéni amène avec lui des officiers de premier mérite, notamment les lieutenants Piétri et Vallière, et deux médecins, MM. Bayol et Tautin. Pourvu que les deux docteurs soient d'accord ! Le cortège est très nombreux ; il forme une petite armée : trente spahis et tirailleurs, des laptots qui seront les matelots de nos canots sur le Niger, cent âniers ou domestiques chargés du convoi, qui comprend trois cents ânes. Et je ne compte pas les femmes des tirailleurs, qui s'en vont en famille. On me raconte que les épouses portent sur leur tête tous leurs instruments de ménage, tandis que les enfants, attachés à califourchon sur le dos de leurs mères, se cramponnent à leurs pagnes. Cela est très original. Le colonel Faidherbe a dit au capitaine Galliéni :

« Votre mission est d'étudier le pays situé entre Médine et un point sur le Niger, d'examiner les ressources de la région et de conclure avec les indigènes des traités d'amitié. »

» Le programme est aussi étendu que vague. On verra beaucoup, et l'on retiendra le plus possible. C'est ainsi que moi, qui ne suis qu'un amateur, je traduis les instructions officielles.

» J'ai reçu, mon cher Charles, de bonnes et longues lettres de « chez nous. » Tout le monde est bien et désire que leurs présentes nous trouvent de même. Il est question pour Nadège d'un brillant mariage. Le futur est un de nos amis de collège, Jacques de Sauriac. Te souviens-tu d'un grand garçon qui nous épargna beaucoup de brimades ? Ce doux blond avait une poigne solide, et tu sais qu'il était un excellent élève. Avocat distingué, il a déjà une lucrative situation.

» C'est notre bon curé qui veut marier la fille comme il a marié le père. Les cheveux blanchissent, mais l'ardeur du pasteur reste la même.

» — Que dit Nadège ? me demanderas-tu. Notre chère sœur répond toujours qu'elle a le temps d'entrer en ménage ; la vérité est qu'elle tient à ne pas laisser seuls papa et maman. Nous sommes tous partis, et la pauvre maisonnée est bien vide. Nadège nous vaut tous, à elle seule, et si elle s'en va au bras de l'époux, quelle solitude dans notre cher Tuco !

» Je n'ai reçu de notre enseigne qu'un petit mot, daté de Grand-Bassam. Il me promet beaucoup de renseignements, mais il m'en donne fort peu. Enfin, il est en bonne santé, et c'est l'essentiel.

» D'ici, je n'ai rien à te signaler. Saint-Louis m'ennuie depuis que tu n'y es plus. Ce métissage d'usages français et de mœurs africaines me déplaît, me choque à chaque instant. Cependant on trouve, par-ci par-là, avec qui causer même dans les milieux indigènes. Grâce à l'un de ces créoles colorés, j'ai pu lier des relations avec les Maures, je suis allé de l'autre côté du fleuve, et je t'assure que mon excursion ne manquait pas de charmes. Je me suis avancé à travers les sables ; on m'avait donné un chameau de choix. Je ne puis mieux te décrire mon *mehari*, comme disent les Algériens, qu'en empruntant la plume de M. Hugues le Roux, un touriste fantaisiste du Sahara. Tu trouveras cette citation en post-scriptum.

» Quand nous reverrons-nous, mon cher frère ?

» Impossible de fixer une date prochaine. Aussi le mieux est-il de ne pas trop penser à un plaisir encore lointain. Mais, j'y songe, donnons-nous rendez-vous aux noces, cependant incertaines, de notre chère sœur.

» Je t'embrasse bien tendrement.

» Ton frère qui t'aime,

» Louis d'Arminel.

» *P. S.* — Voici la description promise. Je reviens à mon chameau.

» Le chameau de bât, le djemel, qu'on rencontre dans toute la région du nord, surprend nos yeux d'Européens par le cabossage de ses formes, et il faut quelque acclimatation pour s'habituer à son dos caricatural, à la prétention de son port de cou, à la gaucherie de toutes ses allures.

» Le méhari s'impose du premier coup comme un animal noble. Il est aussi différent du djemel par la taille, les formes, toutes les proportions, qu'un cheval de course d'un cheval de fiacre. Un proverbe arabe dit « qu'il a les oreilles de la gazelle, l'encolure de l'autruche, le ventre du sloughi. » La tête est sèche, attachée à un cou si souple que, dans la colère et la révolte, il emprunte des ondulations de serpent. Les yeux à fleur de tête, très noirs, sont voilés de cils saillants, qui leur donnent une profondeur pensive. Le museau effilé n'est guère plus gros que celui d'un fort bélier. La bosse du djemel a fondu sur le dos du méhari, tandis que cette partie antérieure de la poitrine, sur qui le poids de l'animal porte dans l'accroupissement, avance en éperon de navire. Des pieds étroits, des jambes sèches, un jarret musclé, indiquent

KONAKRY
(Gravure extraite des Colonies d'Afrique. — Quantin)

les soins donnés depuis des siècles à la reproduction de cette race. Encore aujourd'hui, au moment même de la naissance, on emmaillote avec une large ceinture les intestins du jeune méhari pour que leur paquet ne prenne point un développement trop volumineux. De là l'évidement du ventre à l'âge adulte dans une forme de lévrier. Ces chameaux, remontés du pays touareg, sont tout blancs ou de robe fauve, avec des basanes blanches et des crinières de lions noirs.

» Quand le cavalier s'approche d'eux, il les trouve agenouillés sur les jambes de devant, accroupis sur les jambes de derrière. Le harnachement est à la mode touareg. La selle en bois se creuse comme une assiette ; le dossier monte en pointe jusqu'à la troisième ou quatrième vertèbre du cavalier. A la place du pommeau, une petite croix de même hauteur. On vous avertit tout d'abord de ne jamais toucher à cette pièce, qu'on serait parfois tenté de saisir à pleines mains. Elle est supportée pas un os de gazelle, fragile comme du cristal. Pour monter en selle, tandis que le chamelier se tient à la tête du méhari et le rassure par la parole, il faut poser le pied sur l'encolure, et s'asseoir légèrement dans le creux de l'assiette avec la petite croix du pommeau dressée entre les cuisses. On installe alors ses pieds, placés l'un derrière l'autre, sur l'encolure même du chameau, et, saisissant les guides, on l'oblige à lever la tête, de façon à trouver un point d'appui un peu solide sur le cou. Alors, le chamelier agite son bras : c'est le geste qui commande de se dresser. L'animal, qui rugit presque aussi violemment que le lion, lève brusquement son train de derrière. Ce mouvement sans nuance lance en avant le cavalier inexpérimenté. Avant qu'on ait pu reprendre l'équilibre, un choc tout aussi robuste vous rejette en arrière. C'est que le méhari vient de se lever sur les pieds de devant. Le troisième mouvement, le plus périlleux pour les novices, se produit encore une fois d'arrière en avant, quand le chameau se dresse sur ses jarrets. Dans cette secousse, on joue sur la selle le rôle d'une pierre dans une fronde. Il fait bon se cramponner, car on est alors porté par ces animaux gigantesques à deux mètres cinquante ou trois mètres du sol. Et les histoires sont fréquentes de cavaliers assoupis dans une marche de nuit, qui se sont tués en tombant de leur monture.

» L'équitation du méhari est sûrement une vocation. Il y a des hommes de cheval qui n'entreront jamais dans les allures du chameau et qui resteront crispés à la selle. Il y en a d'autres avec qui les saccades s'assouplissent et qui finissent par obtenir de leur monture des airs de manège, du trot, du galop, du passage.

» L'usage des pieds comme aides joue un rôle important dans la modération des allures. La principale difficulté demeure pourtant la position de la tête et le doigté des rênes. Elles s'attachent à un anneau de fer rivé dans la narine droite du méhari, et passant de droite à gauche, elles viennent se réunir sur le garrot avec la longe du licou qui s'appuie de gauche à droite. Le plus léger mouvement sur la rêne de narine cause à l'animal une douleur très vive. Il cède, il prend sa droite ou sa gauche, et il avance. Il oblique, il modifie son allure. Le meilleur moyen de définir la légèreté de main ici nécessaire est peut-être obscur : « Il faut tenir le méhari sans le tenir, tout en le tenant. »

» On raconte dans le Tell que les méhara font en un jour dix fois la marche d'une caravane, soit cent lieues. Mais les meilleurs et les mieux dressés, du soleil à la nuit, ne vont pas au delà de trente à quarante lieues. Pour nous, notre entraînement n'a jamais dépassé quatre-vingts kilomètres par jour en deux étapes. Et après cette expérience, je suis tout à fait de l'avis du général Daumas, qui dit dans son *Grand Désert* : « Si les méhara pouvaient courir cent lieues, pas un de ceux qui les montent ne résisterait à la fatigue de deux courses. » C'est, en effet, dans cette fatigue du cavalier que gît l'obstacle.

» Ceux qui parlent du mal de mer dont on souffre sur les chameaux prouvent par là qu'ils n'y sont jamais montés, ou, tout ou moins, qu'on les a fait voyager en *bassour*, dans le palanquin des femmes. Un homme à califourchon sur sa selle, assez assoupli pour ne pas résister avec raideur au léger tangage de l'amble que les méhara marchent même au pas, n'a rien à redouter de leurs balancements. Mais dès que l'animal prend le trot, qui est son allure ordinaire, qu'il exécute, la jambe tendue, sans jamais plier les genoux, la souffrance est certainement assez vive pour des Européens. Nos Chaamba se soutenaient par deux ceintures très serrées, l'une autour des reins et du ventre, l'autre sous les aisselles. Pour avoir négligé de les imiter, j'ai passé par une courbature effroyable, car les poumons, le foie, tous les organes battent ici contre les côtes. Cela produit une multitude de points de côté qui vous font à la longue une ceinture de douleur. On n'en meurt point. Le galop est la grande épreuve : les foulées de la bête atteignent vingt mètres. On a, en l'air avant la secousse de la chute, la sensation délicieuse du vol. Lorsque le méhari succombe à la fatigue, on le saigne soit par une estafilade qui ouvre l'animal de la croupe à l'épaule jusqu'aux côtes, soit en crevant une veine du front. Le sang est arrêté à l'aide d'un bourrelet de crottin. Les méhara supportent ces incisions sans se plaindre.

» .... Honnête et sûr, malgré des révoltes passagères et des rages léonines, pour l'agenouillement et la montée en selle du cavalier, le méhari ne connaît point la peur. Il passe par des pentes de torrents où l'on ne se risquerait à pied qu'avec crainte sur les pierres roulantes.

» Le méhari ne commet l'écart que lorsqu'il rencontre sur sa route le squelette d'un de ses frères à moitié ensablé. Il vient flairer les os dispersés par les chacals et les hyènes, et souvent il prend un de ces débris dans sa mâchoire. C'est un spectacle fréquent au désert. »

La mission Galliéni. — A Kita. — Nama, le sorcier. — L'ânesse sacrée. — La photographie et les noirs. — Le palabre de Louis d'Arminel.

Le capitaine Galliéni avait déjà exploré la région vers laquelle il se dirigeait jusqu'à Bafoulabé, où, par ses soins, un poste avait été établi.

Lorsqu'il y arriva, le 1ᵉʳ avril 1880, avec sa mission, une imposante cérémonie avait lieu. Les officiers et les soldats, qui habitaient encore dans des paillottes, posaient la première pierre du fort.

Louis d'Arminel apprit que son frère était passé quelques jours auparavant, se rendant à Saint-Louis. Il voyageait avec une escorte par la voie de terre, car il avait reçu l'ordre de visiter le Bondou et de ne rejoindre le fleuve qu'à Bakel.

Dans toute la région du Bakhoy, les habitants, ruinés par les razzias incessantes des Toucouleurs de la rive droite, étaient disposés à accepter avec gratitude l'alliance des Français. Les Malinkés avaient, sous Omar, préféré la mort à l'esclavage, et ces souvenirs étaient rappelés avec fierté. Le massacre de Fangala avait laissé dans les cœurs une haine toujours vivace. La mission fut donc bien accueillie et, le 22 avril, elle parvint à Kita, après avoir visité Badumbé, où ne poussaient pas alors comme aujourd'hui tous les légumes d'Europe, pommes de terre, choux-fleurs, oignons, melons, carottes, radis, etc.

Kita, bâtie sur des rochers élevés, domine une vaste plaine garnie de nombreux villages.

Elle commande les routes conduisant tant au Kaarta qu'au Ségou et au Macina. La ville n'était pas ce qu'elle est maintenant avec son fort bien construit et sa garnison.

Lorsque le capitaine Galliéni pénétra à Kita, il fut reçu par Tokonta, parent du roi qui avait, en fait, abdiqué entre ses mains. Le vieux souverain aimait passionnément le dolo, bière très capiteuse faite avec du mil ou du maïs. Il était retiré à quelque distance de la ville, et quand un visiteur venait le surprendre, il le trouvait dans un état d'abrutissement complet. C'était Tokonta qui gouvernait. C'est en son nom qu'étaient administrés les coups de corde aux noirs récalcitrants.

Le marché de Kita était, dès le temps de ce récit, très animé. On y voyait, rangés le long de la place, des marchands de toute sorte, ceux-ci troquant contre de l'or, de la poudre, des armes, du mil, des barres de sel de Tichit, des bêches, des bouleaux, de fabrication locale, des pagnes venant de Ségou. Les femmes du marabout, qui loge les traitants musulmans, font les cours de ce marché. Les habitations, bâties en terre pisée et défendues par des palissades de branchages, sont plus remarquables par leurs écuries que par leur mobilier. De nombreuses vaches donnent un lait peu abondant, mais très succulent, et contribuent ainsi puissamment à l'alimentation d'un pays pauvre, d'ailleurs, en légumes et en fruits. Les caravanes des Dioulas étaient fréquemment pillées par les esclaves et les sujets de Tokonta, qui ne ménageait que les Toucouleurs afin de s'assurer un appui contre les Bambaras du Kaarta. Cependant, le chef réel de Kita avait refusé d'embrasser la religion musulmane. La raison de ses résistances, il fallait la chercher au fond des jarres de *dolo*.

Tokonta avait, comme le roi, pour cette boisson un goût immodéré, et lorsqu'il recevait ses voisins ou allait chez eux, avec sa famille et ses griots, sa raison s'évanouissait promptement; au nombre des calebasses vidées, on pouvait s'expliquer facilement la lourde ivresse du noir. Est-ce dans un de ces moments où il contemplait d'un œil appesanti les ébats des danseuses, massées au son des tam-tams et des *balafons* sur les touches desquels s'abaissait un marteau de bois, et dont le son se mêlait à celui de harpes pincées avec des griffes de lion; est-ce sous l'influence de cette musique étrange que Tokonta concéda, en 1868, à d'anciens habitants du Birgo le droit de résidence sur le territoire de Goubanko ? Nous l'ignorons; toujours est-il que cette largesse lui coûta cher. Il avait, selon l'expression populaire, mis les loups dans la bergerie. Peu à peu les protestations de fidélité et de soumission diminuèrent, et, un beau jour, les nouveaux venus, qui avaient eu le soin de fortifier leur village, parlèrent en maîtres. C'en était fait de la tranquillité de Kita. Les déprédations quotidiennes troublèrent la quiétude de ce calme pays. Même secondé par les Toucouleurs, Tokonta, qui avait assiégé Goubanko, ne put prendre le tata et dut battre en retraite. Il était donc bien disposé à recevoir les Français, mais la mission Galliéni lui paraissait trop peu importante, et, avec la prudence familière aux nègres, il ne voulait être ni pour ni contre nous. Il redoutait les Toucouleurs et tremblait devant Goubanko. Le capitaine Galliéni avait hâte de poursuivre sa route avant l'hivernage. Feignant de vouloir traiter avec Goubanko, il obtint, par cette ruse, une convention d'amitié avec Tokonta, et le vieux roi sanctionna ce sommaire instrument diplomatique. Les cadeaux avaient été abondants, et l'entente fut complète lorsque le chef de la mission française eut mené à bien les négociations entre Kita et Goubanko. La paix était éphémère, mais on rendit de part et d'autre les femmes et les bœufs volés. Cela suffit pour réjouir les cœurs.

Une circonstance particulière vint, du reste, mettre le comble aux bonnes dispositions de Tokonta à notre égard. Louis d'Arminel, muni d'un appareil photographique, s'était mis à parcourir les environs de Kita afin de prendre des vues du pays. Il remarqua un énorme baobab, autour duquel s'agitaient des noirs gesticulant et criant à l'envi. S'étant approché avec l'interprète, il aperçut un homme dans le tronc creux de l'arbre. On lui apprit que c'était un *nama*, sorcier. Vite, il braqua son instrument, et quelques minutes après, il présentait à la foule ébahie la reproduction de la scène à laquelle il venait d'assister. Les Malinkés, ravis, stupéfaits, en se reconnaissant sur la plaque photographique, entourèrent l'explorateur, et lui dirent en leur idiome :

— Toi, plus grand que le *nama*, toi valoir ânesse sacrée.

Et ils lui montrèrent un animal bien en graisse qui daignait tondre de la prairie où elle se trouvait plus que la largeur de sa langue. Cette ânesse, un jour, avait mangé une partie du mil destiné au *nama*; elle avait, depuis lors, été considérée comme sacrée, et était adorée par ces malheureux fétichistes, qui avaient aussi le culte des branches du baobab. C'est une chose singulière que la facilité avec laquelle les païens improvisent des divinités. Tant il est vrai de dire que si l'homme peut vivre sans pain, il ne peut pas vivre sans foi.

Louis d'Arminel fut ramené en triomphe, et conduit auprès de Tokonta, qui voulut avoir son portrait. Le vieux roi eut le même désir, auquel il fut fait droit, et lorsque le capitaine Galliéni vit ainsi son compatriote en pleines fonctions de Nadar africain, il ne put s'empêcher de sourire.

— Et que nous donneras-tu ? demanda-t-il à Tokonta.

— Ce que tu voudras, répondit celui-ci.

— Eh bien, ton amitié ; et le capitaine tendit la main au noir.

Le lendemain eut lieu un grand palabre, et des discours dont on n'a pas conservé la copie furent prononcés. Nous savons, toutefois, qu'il y fut dit beaucoup de choses aimables pour la France.

— La France ! s'écria d'Arminel, elle a des braves comme Galliéni, et un Dieu qui soutient les petits.

— Et tu l'appelles, ton Dieu ?

— Jésus-Christ.

— A-t-il des *namas ?*

— Non, il a des prêtres, c'est-à-dire des hommes qui font aimer ses préceptes et se dévouent pour le bien de tous ceux qui souffrent.

— Des marabouts ?

— Oh ! mieux que cela. Ils aiment le peuple, le consolent dans ses douleurs, lui enseignent à bien vivre et à bien mourir, et au delà de la vie lui assurent le bonheur.

— Ils ont des gris-gris ?

— Leur gri-gri, c'est la Croix sur laquelle est mort leur Maître pour racheter de son sang l'humanité, les noirs comme les blancs.

— Eh bien ! pourquoi ne viennent-ils pas ici ?

— Tu auras bientôt leur visite. Ils se présenteront sans armes, seuls, et tu devras les bien recevoir, si tu tiens à l'affection de la France.

Louis d'Arminel annonçait ainsi la fondation religieuse qui devait s'accomplir quelques années après par les soins des Pères du Saint-Esprit.

Route pénible. — Le guet-apens de Dio.

La mission s'était remise en route. Dix jours après, ayant traversé sans encombre, mais non sans fatigue, des pays arides, contemplé les ruines de Bangassi détruite en 1860 par les hordes d'Al-Hadj-Omar, elle arriva à Koundou. Elle vainquit toutes les défiances avec un bidon d'eau-de-vie qui fit merveille. Après une halte de vingt-quatre heures, elle repartit et pénétra dans le Bélédougou. Le lieutenant Piétri avait pris les devants pour éclairer la route, tandis que le lieutenant Vallière étudiait avec trois tirailleurs les régions du sud. Tout semblait aller pour le mieux. Cependant, une grande agitation régnait dans la contrée. Les habitants de Daba avaient résolu de traiter les Français comme une caravane ; n'osant les attaquer en face, ils eurent recours à un guet-apens. Avaient-ils deviné les instructions du capitaine Galliéni, qui devait couronner son voyage par une entente avec le roi de Segou, leur ennemi ? Cela paraît peu probable, mais ils convoitaient les armes, les munitions, les marchandises de la colonne. Le vol était le mobile, la politique servait seulement de prétexte. Toujours est-il qu'à Guinina le capitaine Galliéni, reçu avec difficultés, organisa son campement sur le pied de guerre, fit former le carré, aux angles duquel il braqua ses espingoles. Au dehors du village, tout était calme, mais dans l'intérieur, on parlait d'exterminer les *toubabs* (Français) et l'on se préparait à combattre. En présence de l'attitude de la mission, la tactique changea. Le chef de Guinina offrit même guides et porteurs ; mais à deux kilomètres de Dio, les cavaliers envoyés en reconnaissance tournèrent bride, et le capitaine apprit que, dans les broussailles, des bandes armées se disposaient à l'attaque.

— C'est singulier, disait-il à un de ses compagnons, je suis sans nouvelles de Piétri qui, jusqu'ici, a été si exact. La situation devient très grave, notre convoi perd ses derniers animaux, et nous marchons au milieu d'ennemis. Je vais écrire au lieutenant. Peut-être pourra-t-il nous venir en aide, à moins qu'il ne lui soit arrivé malheur.

Un vieux malinké, dont la fidélité était éprouvée, partit dans la direction de Bammako. C'était un homme familier avec le désert, et aussi brave que prudent. Disons tout de suite qu'il ne parvint pas à destination. Le soir même de son départ, il avait été massacré.

Le capitaine Galliéni avait conservé son attitude menaçante. Le chef de Guinina renouvela ses offres de guides et de porteurs et jura sur la poudre et le fusil que la mission ne serait pas attaquée jusqu'à Dio, c'est-à-dire tant qu'elle serait dans les limites du territoire dont il avait la garde. Serment de Bambara ne fut jamais trahi, mais il y a des accommodements avec la conscience. A Dio, la réception fut cordiale. Toutefois elle eut lieu en dehors du village où, tandis qu'à l'extérieur on se confondait en démonstrations affectueuses, les guerriers s'assemblaient en grand nombre. Le capitaine se tenait sur ses gardes. Le lendemain il leva le camp, en faisant précéder la colonne par des spahis. La colonne venait, par une erreur voulue d'un guide, de s'engager dans une gorge étroite et encaissée entre des monticules escarpés. Au moment où le capitaine Galliéni ordonnait au guide de remettre le convoi sur la vraie route, une décharge éclata, et de toutes parts retentit avec force ce hurlement sinistre : hou ! hou ! qui est le signal de l'attaque. M. Piétri raconte ainsi, d'après les notes de son chef, cette odieuse agression dans son excellent livre : *Les Français au Niger* :

« Ils tirent à coups précipités sur les voyageurs, se ruent sur eux et sur le convoi qui les suit, et une mêlée confuse se produit. Mais au milieu des cris et des coups de fusil on entend le son du clairon, auquel se rallient les tirailleurs et les spahis. Nos soldats repoussent avec peine le premier assaut des Bambaras, à cause du désordre inévitable du commencement. Puis, lorsque le capitaine Galliéni a réuni tous ses hommes, il bouscule autour de lui les ennemis qu'il rencontre; il a même de la peine à contenir ses soldats surexcités par le bruit du combat. Enfin il parvient jusqu'aux ruines d'un ancien village, où il s'établit solidement.

» Quant au convoi, il avait été perdu dès le commencement de la lutte. Les âniers s'étaient dispersés, avaient tâché de rejoindre la tête, pendant que les pillards se précipitaient sur les ânes tout effarés et immobiles au milieu de ce tumulte, et les tiraient à deux mains par les oreilles en dehors du sentier.

» La fusillade à l'arrière-garde avait éclaté presque en même temps qu'à la tête du convoi. Le docteur Tautin avait été surpris par l'attaque avant de traverser le ruisseau. Le danger y était encore plus grand qu'en tête, à cause de la nature du terrain : les Bambaras, cachés au milieu de l'épaisse végétation, où l'on ne voyait que les canons de leurs fusils, faisaient feu presque à coup sûr, de très près, sur l'arrière-garde qui s'approchait. Bientôt les mulets se renversent dans le lit du marigot, leurs conducteurs sont tués pendant qu'ils essaient de les relever, le passage semble devenu impossible. Heureusement le jeune docteur (auprès duquel était M. d'Arminel) possède un sang-froid magnifique, et les braves gens qui l'entourent font preuve du plus grand courage. Les tirailleurs se jettent en avant comme à l'assaut; les laptots ouloffs résistent solidement au bord du ruisseau. Un de ces derniers,

Saër, atteint de plusieurs blessures, ne pouvant plus se tenir debout, continue, tout assis, à faire le coup de feu, et ses camarades sont obligés de l'entraîner pour qu'il ne reste pas aux mains de l'ennemi.

» Enfin, on aborde le ruisseau, on le franchit péniblement au milieu du feu ; sur l'autre bord, on entendait le clairon des tirailleurs qui s'avançait. Alors, profitant d'une éclaircie, l'interprète Alassam, le seul qui fût encore à cheval, fait saisir le docteur Tautin par un de nos robustes indigènes, le met en croupe derrière lui, et tous deux, suivis des combattants qui restaient, se précipitent au pas de course sur les Bambaras qui leur barraient le passage dans la direction où l'on entendait toujours le clairon plus rapproché. Quelques minutes après, les deux troupes se rejoignent et reprennent ensemble le chemin des ruines, dont on s'empare encore et où les combattants peuvent avoir un moment de répit.

» On commença par se compter.

» Moment douloureux, car parmi les plus braves et les plus aimés plusieurs manquaient.....

» Maintenant on songeait à la retraite ; les Bambaras entouraient toujours les débris de la mission, cachés dans les broussailles, et leur feu, quoique ralenti, n'était pas interrrompu. Il fallait s'ouvrir un passage au milieu d'eux, et l'embarras était grand : on n'avait plus de guides, il était impossible de suivre les sentiers frayés, et le capitaine voulait à tout prix emporter ses blessés. Le dévouement des indigènes avait été entier et sans faiblesse ; leur courage, ils l'avaient prouvé d'une manière brillante ; un dernier trait montra aux Européens à quel point on pouvait encore leur demander des sacrifices. L'interprète Alassam, qui avait déjà arraché le docteur Tautin du ruisseau de Dio, proposa au chef de la mission, une fois qu'on se serait dégagé, de rester en arrière avec quelques combattants pour tenir tête à l'ennemi, pendant que son chef et ses deux compagnons, suivis des tirailleurs restants et du convoi, gagneraient plus sûrement le Niger et Bammako.

» — Nous deviendrons ce que nous pourrons, ajouta l'interprète ; vous, au moins, vous serez sauvés.

» — Je te remercie, répondit le capitaine Galliéni ; mais c'est moi qui vous ai amenés ici ; je ne vous abandonnerai pas au milieu du danger.

» On jeta à terre toutes les cantines, même celles des médicaments ; on se partagea les sacs d'argent qui n'étaient pas perdus ; les mulets et les chevaux qui restaient servirent au transport des blessés. Puis on se mit en marche au milieu des broussailles vers le sud-est. Cette fois, l'ennemi ne fit pas de résistance ; le cercle qu'il formait s'ouvrit ; mais il poursuivit la mission en retraite, mettant à profit les accidents de terrain, se cachant dans les broussailles épaisses pour ralentir sa marche et lui tuer des hommes. Les fugitifs marchaient lentement, avec circonspection, répondant à peine à ces coups de fusil. Ils n'avaient plus maintenant qu'un but : arriver au Niger et de là à Bammako où, peut-être, on les recevrait encore en amis. Ils allaient devant eux, évitant les villages, dont les murs se garnissaient de fusils à leur approche, franchissant les marigots profonds et vaseux, non sans pertes, escaladant les hauteurs escarpées, roulant quelquefois avec des pierres au bord des précipices, et toujours harcelés par les Bambaras acharnés. Enfin, la poursuite cessa, la marche au Niger continua plus tranquille.

» Vers minuit tout le monde était exténué ; la fatigue et la faim avaient abattu tout le courage des indigènes, que l'ardeur de la lutte ne soutenait plus. Par une réaction très naturelle chez ces hommes, après toutes les émotions de la journée ils ne demandèrent plus que le repos ; ils se jetaient par terre pour se relever ensuite avec effort et continuer péniblement leur marche, lorsque le capitaine Galliéni, revenant à eux, les encourageait, leur donnait l'exemple de l'énergie et du sang-froid, car il les guidait lui-même, à pied comme eux, réglant sa route d'après les étoiles. Enfin, il fallut s'arrêter. Le ciel s'était couvert, une tempête de vent et de pluie menaçait et vint bientôt les assaillir. Ils étaient sur un plateau découvert, et tous s'étendirent, harassés, sur le sol, pour dormir malgré l'orage, pendant que les Européens, veillant à côté de leurs chevaux, le mousqueton à la main, essayaient de percer l'obscurité de la nuit, de crainte de surprise.

» Le matin, à trois heures, on put repartir ; la tempête avait cessé, le ciel était devenu plus clair. Au jour, on était sur une hauteur d'où l'on dominait une plaine brumeuse, celle du Niger. En arrière, vers la droite, une troupe nombreuse de Bambaras s'avançait pour continuer la poursuite. La mission descendit dans la plaine qui s'ouvrait devant elle ; elle se trouvait à quelques centaines de mètres d'un village inconnu. A son approche, quelques bergers qui gardaient le bétail s'enfuirent sans rien vouloir écouter. Elle s'avança quand même vers le village. Le capitaine Galliéni espérait se trouver maintenant sur le territoire de Bammako. S'il en était ainsi, le village ne serait peut-être pas hostile, et il se trouverait enfin à l'abri de toute poursuite. Une troupe de guerriers étaient assis autour de l'enceinte, le fusil entre les jambes, qui regardaient curieusement les étrangers. N'être pas accueillis à coups de fusil, c'était déjà beaucoup, et l'on pouvait espérer mieux.

» Le capitaine s'avança seul avec un interprète vers le groupe qui l'observait et fit le salut d'usage. Il apprit ensuite qu'il se trouvait en effet sur le territoire de Bammako et que le village était habité par des esclaves des Maures de ce pays. Ils savaient déjà qu'un Français était arrivé chez leurs maîtres et qu'il était leur ami. Lorsqu'ils connurent l'attaque des Bambaras, le pillage et la poursuite, ils dirent au chef de la mission qu'il pouvait se reposer en sécurité chez eux et qu'ils lui donneraient des guides pour aller trouver leurs maîtres. Leur premier soin fut de fournir quelques vivres bien nécessaires à ces hommes après tant de fatigues. »

La jonction. — A Bammako. — Sur le Niger. — Captivité de la mission à Nango. — Curieuse fête militaire.

Le capitaine Galliéni vit venir à fond de train des cavaliers. Il les reconnut bientôt. C'étaient les lieutenants Vallière et Piétri.

— Vive la France ! s'écrièrent-ils en l'embrassant.

Le premier moment d'émotion passé, on causa des motifs et de la gravité du désastre.

— J'avais partout été bien reçu, dit le lieutenant Piétri, et à la fin de chaque palabre, — un par village, — je vous en ai avisé.

— Je n'ai rien reçu.

Les courriers avaient été arrêtés. En voyant le papier, les Maures avaient redouté quelque maléfice.

— Comment n'êtes-vous pas revenu sur vos pas à mon appel que vous a transmis un de nos vieux émissaires ?

— Mon capitaine, personne n'est venu ; je n'ai vu aucun envoyé.

On sait que celui-ci avait été massacré presque aussitôt sa mise en route.

— Nous sommes en piteux état, poursuivit le capitaine Galliéni. Plus de vivres, plus de médicaments. Qu'importe ! Il faut continuer sur Ségou ; sans cela, notre défaite de la veille détruirait tout notre prestige pour le lendemain. Mais quel accueil nous va-t-il être fait à Bammako ?

— Excellent. Je n'ai même pas eu, répondit le lieutenant

GUERRIER DE NUNEZ
(Gravure extraite des Colonies d'Afrique. — Quantin.)

Piétri, la moindre difficulté à combattre. On m'a solennellement promis amitié pour les Français, et, en guise de billet de logement, offert une résidence superbe à mon choix. Et tenez, mon capitaine, la sécurité est si grande que j'étais assis à l'ombre d'un figuier magnifique devant la porte ouest de Bammako, lorsque j'ai senti que quelqu'un me touchait l'épaule. Je me suis retourné et j'ai vu....

— Moi, interrompit le lieutenant Vallière. J'arrivais tout joyeux de mon exploration du Birgo et du Manding, — une vraie partie de plaisir. Quelques instants plus tard, la débâcle nous était signalée par quelques âniers fugitifs qui nous annonçaient votre présence ici. Nous sommes venus, nous avons vu, mais c'est vous qui avez vaincu.

— Eh bien, à Bammako ! vous dirai-je comme en nous séparant à Kita.

On se mit en route.

L'accueil fut très froid.

— Décidément, mon cher lieutenant, je porte la guigne, fit remarquer le capitaine Galliéni après son entrevue avec le chef du village.

L'échec de Dio avait eu son contre-coup à Bammako, et les bonnes dispositions avaient fait place à une réserve qui pouvait devenir de l'hostilité.

Après deux jours employés à se reposer et à se réapprovisionner, la colonne se dirigea vers le Niger, par Nafadié. Elle avait à peine quitté Bammako depuis quelques heures que les Bambaras y arrivaient à leur poursuite. Le plus léger retard aurait pu causer un désastre complet.

Parvenu au bord du Niger, à Dialiba, le capitaine Galliéni confia au docteur Bayol les notes et observations qu'il avait recueillies, et lui donna l'ordre de reprendre, avec soixante âniers, à travers le Manding, la route de Kita pour gagner de là Saint-Louis. Puis, sur des pirogues indigènes, il passa le fleuve avec son escorte. La mission avait maigre apparence, et elle ne possédait plus aucun des cadeaux destinés au roi de Ségou. Elle n'avait pas de médicaments, ses vivres étaient en petite quantité, mais l'humeur restait vaillante.

— Que pensez-vous, monsieur d'Arminel, de ce voyage scientifique ?

— Je le trouve plein d'attraits, mon capitaine, et j'ai bon espoir. Écoutez ces « *Bissimillahi* ».

— En effet, on nous acclame à Tourella. Les Toucouleurs nous dédommagent des Bambaras. Ah ! ceux-là ! si jamais je les repince ! De par Dieu, ils passeront un mauvais quart d'heure.

Le capitaine Galliéni ne se fiait qu'à demi aux assurances d'amitié qui lui furent données. Il avait lu le récit de Mage, et il savait que la franchise des Toucouleurs valait la foi punique. Il repartit le lendemain ; chemin faisant, il eut à compter avec le mauvais vouloir de villages où il ne trouva à qui parler, car, soit peur, soit calcul, les habitants avaient décampé, emportant avec eux toutes les provisions. Plus d'une fois, il dut méditer la locution vulgaire : « se serrer le ventre. »

A Sanankoro, un courrier du roi de Ségou vint interdire à la colonne d'aller plus loin, mais aucun compte ne fut tenu de cette injonction, et le 1er juin, le capitaine Galliéni arrivait à Nango, village situé à l'ouest de Ségou, dont il est distant de 40 kilomètres. Deux nouveaux envoyés d'Ahmadou lui intimèrent l'ordre de s'arrêter. Les vivres manquaient ; dans son dénuement la mission parlementa. Les jours se passèrent sans amener aucune modification à la situation. Et comme on allait entrer dans l'hivernage, il fallut songer à s'abriter contre les pluies en construisant à la hâte quelques cases et à y établir des *tara* (sorte de lit de bambou).

Ahmadou, en échange des mille francs, en beaux écus sonnants, que le capitaine Galliéni lui avait fait remettre, expédia à Nango un officier chargé ostensiblement d'assurer la subsistance des Français, et, en secret, de les surveiller. Plus d'un chef toucouleur conseillait de couper la tête des étrangers.

Le mauvais temps était venu, et l'eau ruisselait à travers le toit en terre qui servait d'abri aux demeures des Français. Ceux-ci trompaient leur ennui en prenant des notes sur le pays où le caprice d'un tyran nègre les retenait prisonniers et leur mesurait la nourriture avec une parcimonie extrême.

La population, de mœurs douces, était pleine d'égards pour eux. Ces Bambaras, courbés sous la dure oppression des Toucouleurs, pressentaient des libérateurs en ces blancs qui supportaient gaillardement la misère. Ils les invitaient à leurs conciliabules sous les grands figuiers du village, à leurs libations de dolo, à partager leur couscous.

Il y avait six mois que la mission était captive et qu'elle demandait inutilement à se rendre à Segou, lorsqu'un jour le ministre Seydou Djeylia arriva à Nango avec une escorte considérable de hauts personnages, parmi lesquels Baffi, portant, au nombre de ses amulettes, un baril de cantinière recouvert d'étoffes bariolées.

Le capitaine Galliéni a ainsi raconté la réception à laquelle il fut convié avec ses compagnons :

« Nous allâmes attendre Seydou à l'entrée du village, sous un baobab, placé au centre d'une large avenue, pratiquée pour l'occasion au milieu des ronces et des cultures. Marico (l'officier des *Soufas* envoyé pour épier les Français) était en grande tenue de guerre ; il portait sur l'épaule un carquois rempli de flèches, et, à la main, un arc dont la corde était faite d'une mince baguette de bambou ; de l'autre, une sorte de fouet à manche très court avec lequel il éloignait les curieux qui voulaient empiéter sur l'espace libre laissé devant nous. Les griots du village étaient rangés, prêts à accueillir de leurs chants discordants le beau cortège qui s'avançait.

» Nous vîmes d'abord paraître les *Talibés* à cheval. Ces guerriers portaient le costume sévère des adeptes de l'Islam : un grand boubou flottant, large pantalon bleu, vaste turban autour du petit bonnet blanc toucouleur, ceinture chargée de gris-gris, de la poire à poudre, du sachet à balles. Ils s'avançaient au grand galop de leurs chevaux, qu'ils arrêtaient brusquement vis-à-vis de nous.

» Les Talibés se rangèrent à gauche de l'avenue. Après vint la compagnie de Baffi, l'un des chefs captifs d'Ahmadou. Elle comprenait les Bambaras du Kaarta soumis au sultan. En tête marchaient les joueurs de tam-tam et de corne bambaras, les joueurs de flûte et les chanteurs. Derrière ce groupe venait Baffi, en grand costume, tout chamarré de gris-gris et une belle hache en cuivre sur l'épaule (il n'avait pas encore son parapluie rouge). Il s'avançait tantôt dansant, tantôt se dandinant, tournant autour de lui-même, se baissant et rasant la terre, puis se redressant. Plusieurs griots, les uns avec des clochettes, les autres criant simplement, le suivaient dans tous ses mouvements.

» En arrière de Baffi et marchant immédiatement sur ses pas, venait la compagnie des Soufas, armés de fusils et formés sur huit rangs, sur un front de trente hommes environ, très serrés les uns contre les autres. Arrivé à près de cinquante mètres de nous, Baffi mit subitement un genou à terre, en nous tournant le dos ; ses hommes imitèrent ce mouvement. C'était, paraît-il, le salut militaire.

» Puis la danse commença : Baffi, toujours suivi de ses griots, exécuta pendant une demi-heure une sorte de danse, pendant laquelle on lui passait successivement des fusils qu'il déchargeait, soit en l'air, feignant de viser quelque ennemi, soit en dirigeant son canon vers la terre, paraissant tuer un adversaire renversé. Cette danse guerrière se termina par une décharge générale de tous les Soufas. Ensuite se présenta, raconte le lieutenant Piétri, également témoin oculaire, avec les mêmes cérémonies et les mêmes danses, une autre compagnie suivie d'un escadron à cheval des Phouls du Bakhounou, commandés par Sambourou. Ceux-ci s'avançaient en ligne, sombres et solennels, armés de leurs lances.

» Enfin parut après le cortège Seydou Djeylia à cheval, s'avançant à pas lents, au milieu d'une troupe de Talibés. Après le compliment de bienvenue, la fête se termina, les Européens rentrant chez eux, et les troupes avec leurs chefs se dispersant dans le village à la recherche d'une case où se loger. »

Le retour de la mission. — Rencontre des deux frères d'Arminel. — Leurs impressions. — Les projets de Louis.

Le lendemain, les palabres commencèrent et aboutirent, après quatre jours de discussion très serrée, à un traité qui nous accordait la libre navigation du Niger dans tous les pays soumis aux Toucouleurs.

Mais il fallait la ratification du roi. Celui-ci la fit attendre encore quatre mois, malgré les plus pressantes instances. Enfin, le capitaine Galliéni, ayant été informé que le lieutenant-colonel Borgnis-Desbordes occupait Kita et avait pris Goubanko, crut le moment favorable pour devenir plus pressant. Ahmadou céda et, le 10 mars, approuva le traité. Onze jours plus tard, la mission, munie des chevaux et des vivres nécessaires, quittait Nango.

— Je n'ai pas pu voir Ségou, comme Mage il y a dix-sept ans, s'écria en partant le capitaine Galliéni. Mais ce qui est différé n'est pas perdu, dit le proverbe, et je ne le ferai pas mentir.

A Kita, la colonne trouva le corps expéditionnaire, et Louis d'Arminel put embrasser son frère.

— Ah! mon cher Louis, je te revois enfin. J'avais bien craint de ne plus pouvoir te serrer dans mes bras.

— Grâce à Dieu, nous rentrons sains et saufs ; ah ! quelle exploration ! Je te raconterai toutes les péripéties de notre voyage. Mais, avant toutes choses, comment vont nos parents ?

— Très bien. Tu as là un paquet de lettres que j'ai ouvertes. Excuse-moi.

— De grand cœur.

— Le courrier de France a des charmes irrésistibles, et j'ai cédé au désir de lire ce qui était pour toi comme ce qui était pour moi.

— Et tu as bien fait. Que devient le mariage de Nadèje ?

— Toujours au même point. Notre sœur temporise. Elle ajourne la solution et prétend que ce serait à l'un de nous de *se sacrifier*. C'est le mot même qu'elle a employé.

— Le sacrifice a ses charmes, mais je ne me sens pas encore assez mûr. Il faut que je voie les Rivières du sud, le Gabon, le Congo, et ensuite, si j'en reviens, je ne dis pas que l'idée du repos calme de la famille ne me gagnera pas.

— Ainsi, tu veux, comme on dit ici, faire la côte ?

— Oui, mon cher ; j'ai vu le Sénégal, le Soudan ; je tiens à aller visiter le littoral ouest. Brazza me tente, et le bas Niger m'intéresse vivement.

— Et le Dahomey ?

— On ne peut pas tout voir à la fois, et ce sera, d'ailleurs, la part de notre marin. Moi, je rêve quelque chose de mieux, je voudrais traverser l'Afrique de l'occident au levant. C'est là le foyer de l'esclavage. Je désirerais juger *de visu* de l'étendue de la plaie honteuse, de ses douleurs affreuses.

— Tu te proposerais donc d'aboutir au Zambèze, où se trouvent les Pères jésuites. C'est encore l'action française.

— Non, je voudrais couper le continent plus haut. J'avais pensé d'abord à faire le tour par mer, à tourner le Cap, à pénétrer dans le Transwaal, à visiter les plaines du Zoulouland, où, sous la sagaie des sauvages, est tombé dans une embuscade le jeune prince français qui, vêtu de l'uniforme anglais, a fermé par une mort tragique le livre des Napoléons. A Natal, j'aurais trouvé les Oblats de Marie. Partout nos missionnaires vont porter la lumière de l'Évangile. Les Oblats de Saint-François de Sales sont dans le Namaqua ; les Mineurs Observantins au pays des Gallas, en Tunisie, en Tripolitaine et en Égypte; les Lazaristes en Abyssinie, les Franciscains au Maroc; les Jésuites sont aussi à Madagascar, et les Capucins convertissent les habitants des îles Seychelles. Après les Pères du Saint-Esprit qui tiennent la plus grande partie de l'ouest africain : la Sénégambie, Sierra-Leone, le Gabon, le Congo français, la Cimbébasie, le bas Congo, le bas Niger, et à l'est l'immense territoire de Zanguebar, je te citerai encore les Pères lyonnais des Missions africaines, qui ont pour royaume spirituel les pays compris entre le cap des Palmes et l'embouchure du Niger.

— Et les Pères blancs du cardinal Lavigerie?

— Oh ! je ne les oublie pas. C'est à eux que j'irai serrer la main si je parviens à traverser le continent noir. Aux lacs Nyanza et Tanganika nous avons des amis sûrs, et l'œuvre de pénétration s'opère avec succès.

— Qui sait si tu ne rencontreras pas sur ta route notre jeune abbé?

— Ce cher Jean Rival! Et moi qui ne te demandais pas de ses nouvelles !

— J'ai reçu une lettre de lui. Il est, en ce moment, à la veille de partir pour Zanzibar. Il est Père blanc.

Après quelques jours de repos, la mission Galliéni se dirigea sur Saint-Louis, où elle rentrait le 12 mai 1881. Il y avait dix-sept mois qu'elle avait quitté la capitale du Sénégal.

II.

Sur la côte occidentale d'Afrique. — Au bas Niger.

Louis d'Arminel apprena ultérieurement le retour à Médine de la colonne expéditionnaire dont son frère faisait partie.

D'un caractère audacieux, il traça lui-même l'itinéraire de son voyage d'exploration, et se mit en route. Il avait deux laptots pour compagnons, quelques pièces d'étoffe, de la verroterie et.... sa bonne humeur. Par où passa-t-il? Comment parvint-il à traverser sans encombre le Fouta-Djallon (qui n'avait pas encore conclu un traité d'amitié avec la France), comment put-il gagner Konakry, qui est devenu aujourd'hui la résidence du lieutenant-gouverneur des Rivières du sud? Comment put-il couper en ligne droite les États de Samory, qui avait voulu le retenir prisonnier, et après une heureuse évasion atteignit-il Kong et de là Grand-Bassam? Ses notes de voyage ne feraient que répéter le journal d'explorateurs plus connus, notamment du capitaine Binger qui, en 1889, devait placer les États de Kong sous notre protectorat, et relier ainsi nos possessions de la Côte d'Or à nos territoires du Soudan français.

Notons seulement que nous retrouvons notre voyageur dans le comptoir de Grand-Bassam, où nous avons tant de fois récriminé contre l'inflexible consigne qui nous interdisait de descendre à terre. Un jour, bravant la barre et ses requins, nous nous jetâmes à l'eau, et quelques minutes plus tard nous déjeunions au blockhaus, de bon appétit, malgré une accablante chaleur. Oh! les bonnes oranges! Leur peau était toute verte, et nous ne les supposions pas mûres. Elles l'étaient pourtant, et nous en mangeâmes une demi-douzaine, — histoire de faire connaissance.

Mais ce n'est pas de nous qu'il s'agit.

Louis d'Arminel savait que la station avait été acquise en 1842 à la France, par le capitaine de vaisseau Bouët-Willaumez. Placé à l'embouchure du Comoé, voie de communication avec l'intérieur et les Bambaras du haut Sénégal, Grand-Bassam est un point important pour le commerce, mais l'insalubrité du climat éloigne les Européens. La factorerie Verdier y représente les intérêts français. Les marais des lagunes du Potou et de l'Ébrié produisent en abondance l'huile de palmes, et on y trouve beaucoup d'or massif, de là le nom de Côte d'Or donné au littoral. Pour contenir la population turbulente des Bourbours, on avait construit un poste fortifié, aujourd'hui dégarni de soldats. A l'embouchure de la rivière Assinie se trouve le poste de Fort-Joinville, qui n'est plus occupé.

Tandis que Grand-Bassam, Assinie, Dabou, ne se ressentent guère de notre contact, Elmina, le Cap-Coast, Accra, sont de vraies villes anglaises. L'orfèvrerie locale est très achalandée et très artistique. Les bagues et bracelets en filigranes que nous y avons achetés figureraient avec honneur dans les vitrines des joailliers du Palais-Royal.

Nous voici à Porto-Seguro, qui fut sous le protectorat de la France, mais a été cédé à l'Allemagne, ainsi que Petit-Popo. A la bonne heure, Grand-Popo nous est resté. Le pavillon français flotte au-dessus de la dune. Dans les deux *Popos* le commerce est considérable, ainsi qu'à Whydah.

Nous aurons occasion de revenir au Dahomey. Présentement, il nous faut suivre M. Louis d'Arminel à Brass, dans ses excursions au bas Niger et sur les bords de la Bénoué.

Le Niger prend sa source sur le versant oriental du Fouta-Djallon, au mont Loma. Il se dirige vers le nord-est, arrose Bammako, Ségou, Sikoro, Cabra, le port de Tombouctou, longe le Sahara de l'ouest à l'est, oblique vers le sud-est jusqu'à Egga, puis, courant perpendiculairement à l'Équateur, va se jeter dans le golfe de Guinée par vingt branches formant un énorme delta. A 120 kilomètres dans l'intérieur, les eaux sont encore saumâtres. La largeur du fleuve est de 300 mètres aux environs du delta et de 2,000 à Onitcha. Les rives, bordées de palétuviers jusqu'à Abo, situé à 75 milles de la mer, sont pauvres et tristes. Des émanations produites par les détritus de toutes sortes forment des alluvions pestilentielles rendant le pays de Brass des plus dangereux pour les Européens. Il faut remonter le courant, qui est assez fort, pour gagner une région plus fertile et plus gaie, mais la navigation, difficile pendant la saison sèche, est périlleuse durant la saison des pluies, à cause des troncs d'arbres que charrient les eaux impétueuses et qui peuvent d'un seul coup causer au bateau à vapeur des avaries majeures.

M. d'Arminel avait rencontré à Brass le commandant Mattei, agent consulaire français et agent général de la Compagnie africaine, au service de laquelle le comte de Sémellé venait de mourir.

La présentation fut vite faite.

— Mon commandant, lui dit l'explorateur, j'arrive du Sénégal et même du Soudan. J'ai parcouru le pays de Kong et je me suis embarqué à Grand-Bassam. Je viens continuer ici mes explorations, mais, vous le voyez par mon escorte, je ne suis qu'un amateur, et j'ai grand besoin d'appui. J'ai deux frères officiers : l'un opère avec la colonne Borgnis-Desbordes ; l'autre est enseigne à bord du *Faidherbe*.

— Cher monsieur, répondit M. Mattei, en lui tendant la main, soyez le bienvenu. Si vous voulez me suivre dans mes tournées, peut-être votre carnet de notes y gagnera-t-il.

— Accepté de grand cœur et avec reconnaissance. Et s'il n'y a pas d'indiscrétion, où irons-nous ?

— A Abo, à Onitcha, à Ighibé, à Lokodja, à Egga, à Bidah, dans le Noupé, à 300 milles de la mer. Puis nous visiterons Loko, dans la Bénoué. M. le comte de Sémellé a fondé en ces endroits des factoreries françaises, il est mort à la peine. J'ai accepté l'honneur de continuer son œuvre et de l'étendre.

— Et quand comptez-vous partir ?

— Dès demain. Je viens d'installer mon comptable, et j'ai hâte de renouer les relations commerciales de mon prédécesseur, de conclure des traités, d'opposer partout l'influence française aux intrigues anglaises.

— Le dessein est noble, mais avez-vous les fonds nécessaires, — pardon de la question, — pour le réaliser ?

— A parler franchement, non. Mes crédits sont trop limités, et ici on ne fait rien sans argent. Le pot-de-vin est obligatoire.

— Mais, du moins, avez-vous pour auxiliaires des hommes sûrs comme énergie et comme dévouement ?

— Pour cela, j'en réponds. Ce sont d'anciens militaires, ne connaissant que le devoir.

— Comment voyagerez-vous ?

— Le plus possible par eau. J'ai mon bateau, le *Rapide*, qui mérite son nom. Vous verrez comme il file. Donc, à demain.

— A demain, et merci.

— Mais où allez-vous coucher?

— Oh! n'importe où.

— Pas à la belle étoile, sans doute! Permettez-moi de vous offrir l'hospitalité.

— Oh!....

— Je suis le consul ici; je commande.

— Il fallut céder. M. Louis d'Arminel se laissa faire cette douce violence; ses bagages furent transportés par les laptots, et le soir, avant d'aller prendre un repos nécessaire, on causa longtemps.

— Avez-vous remarqué qu'ici il n'y a aucun petit oiseau?

— Je n'ai pas fait cette observation, mais à quoi attribuez-vous cette absence?

— Au mauvais air. Le cheval, le mulet, l'âne, ne peuvent vivre. Il n'y a ni chameau ni dromadaire. J'ai importé des lapins, ils sont morts, et vous n'en trouverez aucun. Le lièvre n'existe pas en ces régions. Par contre, la panthère vient jusque dans les environs de Brass.

— Ces peaux que j'aperçois dans votre bureau représentent vos prises?

— Non. Veuillez remarquer que les griffes manquent, ce qui leur enlève beaucoup de valeur. Je les ai achetées à un indigène. Mais mon sergent, lui, a la spécialité de cette chasse. Bombonnel II, comme je l'appelle, en est déjà à sa douzaine. Maintenant, il ne se contente pas de tuer les félins, il les prend vivants. Il y a quelques jours, ayant remarqué un endroit où les panthères allaient exercer leurs déprédations, il plaça sous du feuillage deux énormes cages de fer. Dans chacune d'elles il mit une chèvre. Le lendemain matin, les chèvres avaient été croquées, et les panthères se trouvaient enfermées dans les pièges. Devant elles les portes s'étaient ouvertes, pour se refermer aussitôt après leur entrée.

— Qu'avez-vous fait de ces animaux?

—Actuellement, ils sont en route pour le Jardin des plantes de Marseille.

Louis d'Arminel poussa tout à coup un léger cri, et se mit à se gratter avec fureur.

— Quelque moustique, sans doute.

— Oh! les moustiques, il y en a tant ici qu'on les avale. Mais l'enflure de votre main augmente. Vous aurez probablement été mordu par une chique.

— Quel est cet animal?

— Un insecte qui pénètre sous la peau et dépose ses œufs dans notre chair.

— Me voilà donc en train de couver des.... chiques! Et que peut-il en résulter?

— Des désordres graves, car l'éclosion de tous ces petits animaux vous causerait d'insupportables démangeaisons, interrompues seulement par des piqûres aiguës. Heureusement qu'il y a un sûr moyen de faire manquer la couvée.

— Il consiste?

— Oh! il est d'une extrême simplicité.

Ce disant, le commandant prit une aiguille et procéda à un travail pareil aux recherches intercutanées que l'on entreprend lorsqu'en cueillant une rose on s'est introduit quelque épine dans les doigts.

— Il y a ici des caïmans, à ce qu'assurent les rares voyageurs venus en ces parages?

— Des régiments, mon cher, le fleuve en est rempli, et les marigots leur servent de cuvette.

— Et les serpents?

— Des pythons rampant dans nos forêts.

— J'ai vu en débarquant beaucoup d'ivoire.

—Oui, il vient des marchés de l'intérieur; l'éléphant

dédaigne nos parages. Ainsi je n'ai jamais pu me procurer une peau de ces pachydermes. On m'a affirmé que les naturels mangent les morceaux qu'ils ne parviennent pas à utiliser pour leurs chaussures et leurs selles.

— Et le tigre ?

— Il n'existe en Afrique que sur le tableau envoyé naguère au Salon de peinture par un artiste ultra-fantaisiste. Nous avons le lion, par exemple, et le rhinocéros, sans compter l'hyène, le lynx et les ruminants antilopes, tels que le daim, le chevreuil, le buffle. Bien entendu, je vous donne la faune de toute la vaste contrée que nous allons parcourir ; mes indications ne se limitent pas à Brass. Ainsi, dans le Noupé, il y a des tortues dont vous confondriez la chair avec celle du veau le plus délicat.

— Que fait-on de l'écaille ?

— Rien encore, mais certainement elle sera utilisée, car elle est fort belle.

— Et le gibier de plume ?

— Il abonde. Voici le héron, le marabout, l'ibis, l'aigrette blanche, le pélican, le courlis, la bécassine, les pluviers, les buses, etc. Mais ni perdrix ni cailles.

— Et comme oiseaux de basse-cour ?

— Poules, dindons, pintades.

— J'ai cru entendre tout à l'heure le chant plaintif dans sa monotonie des tourterelles.

— Vous ne vous êtes pas trompé. J'en ai dans ma volière, et les pigeons habitent un petit pavillon réservé.

— Mais c'est un pays de cocagne !

— L'Afrique, mon cher, est riche en surprises. C'est le continent sur lequel s'exerceront les compétitions des peuples civilisés. Vous verrez que plus on s'enfonce dans les terres, plus la richesse est grande. Nos fleuves sont poisson-

FEMMES FOULANT DU CHABOTA

neux, les troncs des palétuviers se changent en bancs d'huîtres, et les crevettes de Brass valent celles de nos côtes bretonnes.

— Et les arbres ?

— Ils sont très variés. Les forêts de roniers alternent avec les forêts de bambous ; le baobab aux colossales dimensions qui chasse la fièvre, le kola du Noupé, du Sokoto, qui est vénéré parce que, selon la légende, Mahomet s'assit à son ombre et distribua à sa suite les amandes logées dans le fruit assez semblable à la noix de coco. Dans l'aristocratie nègre, on vous offre une poignée de ces amandes comme en France on vous présente des dragées. Malgré le prophète, je préfère le dernier de nos fruits d'Europe.

N'oublions pas le cocotier, le papayer, le cotonnier, l'indigotier, le santal, l'acajou, et arrivons au bananier, après avoir respiré les parfums des orangers, des citronniers, sans dédaigner notre ami d'Europe, le cognassier.

— Je réclame pour l'ananas ; vous m'en avez fait manger de délicieux tout à l'heure.

— Ceci nous fait passer des arbres aux arbustes et même aux légumes. Le café, la canne à sucre, les ignames, les patates douces, viennent très bien dans le Niger central. J'ai, du reste, ici, semé et obtenu des choux, tomates, radis, haricots, oignons, salade, persil, piment. Il n'y a que la pomme de terre que je n'ai pas pu acclimater. La vigne pousse avec vigueur, malheureusement elle s'en va toute en bois, et ne produit pas de raisins. Le riz, le maïs, le manioc, le mil, forment la base de la nourriture populaire. Mais il faut assaisonner les aliments. Or, nous n'avons ici que des chèvres, et le lait est rare. Si vous voulez bien me suivre, je vais vous montrer notre beurre.

— Du beurre ? Ne me disiez-vous pas que le lait est rare ici ?

— Si rare que pour un de mes hommes malades, j'ai eu beaucoup de mal à m'en procurer une tasse par jour. Vous allez voir que malgré cela nous ne sommes pas trop à plaindre. Au reste, avez-vous trouvé ma cuisine bonne ?

— Excellente.

— Eh bien, je n'ai pas de secrets pour vous, et je vous conduis à ma fabrique.

Des femmes, armées de longs bâtons, sont rangées autour de barriques et barattent vigoureusement la matière grasse déposée dans les récipients. Mais ce n'est là que l'opération finale. Au préalable, on a extrait d'un fruit gros comme un petit abricot — très bon à manger — une amande qu'on pile et qui, après avoir été séchée au soleil, jetée dans l'eau bouillante, constitue cette précieuse margarine végétale. L'arbre qui donne ce produit ressemble au chêne ; il pousse dans les régions centrales du Niger, et son fruit, transporté sur la côte, s'échange contre du sel. Il se nomme *Karité*, mais les Français l'appellent communément *Chabota;* le mot anglais *scheabutter*, signifiant arbre à beurre, en indique avec précision la nature et les propriétés. Le *Karité* peut très bien être utilisé pour la fabrication du savon et de la bougie, et son suc, recueilli par incision, forme une substance ressemblant beaucoup à la gutta-percha.

Le beurre, à la confection duquel M. Louis d'Arminel assista avec curiosité, se conserve très longtemps. Il est expédié par milliers de barils et sert à l'alimentation de tout le bas Niger.

En entrant dans l'habitation, le commandant Mattei offrit à son hôte une boisson rafraîchissante que celui-ci trouva exquise.

— Est-elle aussi du pays, cette bière délicieuse ?

— Certainement. C'est le *Pilo*, fabriqué avec le fruit du tamarinier.

— Puisque nous sommes en conversation friande, dites-moi donc, je vous prie, comment se nomme la salade que vous m'avez offerte.

— C'est un chou-palmiste. Vous avez dû en manger au Sénégal.

— J'ai bien goûté là-bas quelque chose de ce nom, mais cela ne ressemlait en rien à ces bandes de chair blanche qui ont un goût succulent de noisette.

— Probablement avait-on commis la faute de faire cuire le chou. Or, celui-ci doit être cueilli jeune et servi tout frais. Mais chaque chou coûte un arbre, car dès qu'on a enlevé le fruit qui est à la tête du palmier, ce dernier meurt. Ici, point n'est besoin d'y regarder. Par contre, nous n'avons pas une datte, et je le regrette. Mais on ne peut pas tout avoir en ce monde, sans quoi il y a longtemps que le genre humain serait mort de paresse et de satiété.

Et maintenant, mon cher ami, les singes se taisent, c'est le moment du repos. Bonne nuit ! Et rêvez que nous allons à la conquête de la gent noire. Conquête pacifique qui, j'en ai la crainte, sera tôt ou tard rendue très difficile par les menées britanniques. Les Anglais sont des rivaux redoutables. Ils étaient là avant nous qui avons débuté il y a cinq ou six ans seulement dans notre action civilisatrice. Et puis, ils ont des millions devant eux, et notre caisse est moins bien fournie. Or, vous rappeliez tout à l'heure le proverbe : « Pas d'argent, pas de Suisse. » Il ne perd rien de sa justesse à être ainsi modifié : « Pas de cadeaux, pas de traités. » Il faut, selon le dicton du pays, ouvrir les mains si l'on veut que rois et roitelets autorisent la création de factoreries. Et encore ce que l'on donne ne met pas à l'abri des vols, des extorsions, car le nègre n'a pas sur la propriété des idées d'une correction parfaite. Sa parole est loin de valoir un acte. Il change souvent d'avis, et toujours selon ses intérêts. Pour lui, chose promise n'est pas chose due. Il y a dans le souverain noir du forban plus encore que du diplomate. Sa cassette ne s'approvisionne que par les cadeaux et par les rapines.

Le voyage s'effectua heureusement. Les eaux étaient encore hautes, et aucun obstacle ne vint contrarier la marche du *Rapide*.

À Abo, Louis d'Arminel contempla avec attention la figure des hommes tatoués à chaque joue par des barres horizontales du plus disgracieux effet. La mode vient du Noupé. Quant aux femmes, un trait vertical, du milieu du nez à la lèvre supérieure, est loin de les embellir. Le fétichisme règne dans ces contrées comme dans tout le bas Niger. Il n'y a pas longtemps que nos missionnaires ont réussi à abolir la coutume qui consistait à immoler tous les ans, par la main du roi, une jeune fille sur un rocher situé en face de la ville. Les sorciers ont voix au chapitre pour élire le roi choisi dans l'aristocratie militaire de chaque village. La paresse est un des vices de ces populations qui vivent de fruits, de poissons fumés, de quelques ignames assaisonnées avec de l'huile de palme et de la potasse. N'allez jamais dîner chez eux et ne vous éloignez pas trop du centre de vos relations, car vous seriez mangé. Le cannibalisme est en vigueur.

Un jour, un missionnaire catéchisait un adolescent qui paraissait ne l'écouter que fort distraitement.

— A quoi penses-tu donc, mon ami? lui demanda le Père.

— Je me disais que tu es bien gras, bien à point, et que tes mains seraient excellentes!

Cette réponse montre bien que si la bête fauve, apprivoisée dès son jeune âge, revient par une circonstance fortuite à son instinct farouche, de même l'anthropophagie, assoupie par l'éducation religieuse et le contact avec les mœurs civilisées, a parfois des réminiscences subites dans l'estomac des nègres.

Les cannibales, du reste, ne croient pas mal faire. Ils trouvent tout naturels leurs horribles festins.

Nous relevons dans le carnet de voyage de notre explorateur le récit suivant d'un dîner de sauvages auquel il avait assisté.

A l'entrée de la cabane au toit en feuillage, deux grosses pierres largement espacées en supportaient une troisième plate et large posée sur les premières comme un chambranle de cheminée. Au-dessous flambaient les débris d'un arbre que l'on venait d'abattre. D'énormes morceaux de chair fumaient sur ce gril d'un nouveau genre. Autour du feu, suspendue à un bâton par une liane, tournait en pivotant une longue brochette de perroquets. Nous entrâmes dans la hutte au son du tam-tam et nous nous assîmes sans chercher des sièges absents. Le rôti de perroquet était plus appétissant que l'autre plat. Cependant, un de nos compagnons mangea des deux.

— Ça bon, dit le chef.

— Oui, très bon, répondit notre camarade. Il y a donc ici du veau ?

Le chef sourit.

— Moi montrer provisions.

Et il souleva une natte qui séparait la case en deux.

Nous poussâmes un cri d'effroi. Devant nous gisait le cadavre d'un nègre sur lequel on avait pratiqué un savant dépeçage.

— Li pris hier, li tué ce matin pour li faire honneur !

Ma foi, pourquoi ne l'avouerions-nous pas ? Nous nous levâmes et nous partîmes après avoir manifesté à notre hôte le dégoût qu'il nous inspirait.

A Abo, M. Louis d'Arminel aurait certainement résidé longtemps si l'itinéraire n'avait eu ses délais infranchissables. Il nota la construction des huttes en terre, couvertes avec des branches de palmier et garnies de têtes d'hippopotames, de dents de caïmans, d'idoles burlesques, autant de fétiches protecteurs. Au moment où le *Rapide* s'éloignait de la rive, l'écho apporta le son des guitares qui alternaient avec les fanfares d'un cor en ivoire. Oh ! la drôle de musique ! Nous ne sommes pas surpris qu'elle n'adoucisse point les mœurs. Le nègre recherche le bruit et non l'harmonie.

Le pavillon tricolore que nous apercevons indique Onitcha.

— A terre ! tout le monde à terre ! C'est l'heure de la réception accordée par le roi, et voici en quels termes M. le commandant Mattei a raconté cette audience :

« Lorsqu'on arrive chez le roi, on est reçu par un garçon de treize à quatorze ans, tout nu ; la loi l'oblige à rester nu tant qu'il servira le roi, à qui il sert de cuisinier, de valet de chambre, de messager et de chambellan. Cet enfant salue, comme tout le peuple du reste, en montrant le poing droit fermé, le bras ployé, le coude le long du corps et en faisant aller plusieurs fois le poing et l'avant-bras de l'avant à l'arrière. Si l'on n'était pas prévenu, on prendrait certainement ce mouvement pour des menaces.

» Après ce salut de bienvenue, le jeune chambellan nous fait entrer dans une cour à ciel ouvert. On y aperçoit au fond, à droite, contre le mur et y attenante, une banquette en terre battue, sur laquelle il y a une peau de panthère et au-dessus, contre la muraille, un rideau de soie rouge. C'est le trône du roi Enéozonou, sur lequel les visiteurs n'ont pas le droit de s'asseoir sous peine du crime de lèse-majesté.

» On leur offre, comme sièges, de simples caisses vides, de couleur verte, qui servent au transport du gin en bouteilles, dont on fait une consommation extraordinaire à la côte, et que Sa Majesté préfère au vin de palme, à tel point qu'il s'enivre au moins une fois par vingt-quatre heures.

» Le roi fait faire antichambre une demi-heure, non parce que ses occupations le retiennent, mais parce qu'il veut marquer sa souveraineté.

» Au bout d'une demi-heure, une petite porte, qui touche au trône et qu'on ne peut franchir qu'en se courbant en deux, s'ouvre avec fracas et on voit apparaître un énergumène qui, sans regarder personne dans l'assemblée, entre comme un fou furieux et va s'asseoir sur sa peau de panthère. C'est le roi !

» Voici son fidèle portrait :

» Taille au-dessus de la moyenne, parfaitement fait de corps. Age, trente-cinq à quarante ans. La couleur de sa peau est d'un noir peu foncé. Le crâne comprimé, le front déprimé, le nez légèrement épaté, les pommettes saillantes, les lèvres assez épaisses, les joues sont tatouées de trois lignes horizontales et parallèles de chaque côté du nez, les cheveux crépus, visage imberbe.

» Sur la tête, il porte tantôt une chéchia rouge avec un gland bleu, et tantôt un énorme chapeau de paille tout emplumé.

» Le buste est nu. Un grand pagne en soie de couleur, le plus souvent écarlate, est noué autour de la ceinture et tombe un peu au-dessous des genoux. La chaussure est inconnue.

» Au cou, un collier de corail.

» Aux chevilles, deux anneaux en étoffe rouge sur lesquels on a cousu trois petits grelots qui annoncent la marche royale.

» Au second doigt du pied gauche, il porte un petit anneau en cuivre, provenant de quelque rideau de navire, car ce n'est pas un article de commerce à Onitcha.

» En guise de sceptre, il tient à la main un gros bâton de soixante centimètres de longueur, au bout duquel est fixée une sonnette absolument semblable à celles que l'on met au cou des vaches dans nos champs, et à l'autre extrémité une queue de cheval, chose extrêmement rare dans le pays, car le cheval n'existe pas.

» Tel est le roi Enéozonou, qui sort de sa case pour se jeter sur un trône, absolument comme un de ces diables à ressorts renfermés dans des boîtes à surprises que l'on donne aux enfants le 1ᵉʳ janvier.

» A peine le roi a-t-il fait sa stupéfiante apparition que, par une autre porte, arrivent quatre femmes et six hommes. Ils se prosternent devant le roi et barbotent dans la poussière, dont ils se couvrent le visage et la chevelure.

» Enéozonou, d'une voix de gorille, prononce quelques mots en iagara, qui mettent un terme à cette scène grotesque.

» Sur l'ordre du souverain, tous ces lèche-poussière secouent leurs têtes de paillasses, et vont s'accroupir en face de ma petite escorte. Quant à moi, je restais assis sur ma pauvre caisse de gin, me demandant pourquoi le roi ne m'avait pas salué, ne m'avait pas adressé la parole et n'avait même pas daigné me regarder.

» Au bout d'un instant, un homme qui paraissait être dressé entre précipitamment et va parler à l'oreille du roi ; celui-ci, se tournant brusquement de mon côté comme s'il ne m'avait pas encore aperçu, me lance un regard que l'on croirait menaçant, me montre ses deux poings fermés, qu'il fait aller, à l'instar de son messager, avec une vivacité vertigineuse. M. Nomaine, mon agent d'Onitcha, qui me servait d'interprète, me dit de lui rendre son salut avec la même pantomime. Je place mon agenda sur mes genoux, et rappelant à moi mes souvenirs de collège, sur la gymnastique, je me livre à ce nouveau genre de salutations, avec au moins autant d'adresse que mon roi.

» Je commençais à être fatigué de ce genre d'exercice, j'allais même m'arrêter, lorsque Enéozonou se livra à un deuxième mouvement plus excentrique encore que le premier.

» Avec les deux mains ouvertes, il se frappe les côtes plusieurs fois de suite à se les enfoncer, puis il ferme les poings et me les met sous le nez, en sorte qu'au lieu de me reposer, je me vois contraint de singer le roi, non sans songer aux vicissitudes de la courtisanerie !

» Enfin, au bout de quelques secondes, mon supplice prit fin, et il me fit offrir à boire du vin de palme ; le chambellan but le premier, puis le roi et enfin moi et ma suite. Dans ce pays, l'amphitryon boit et mange toujours le premier, pour prouver que les mets ne sont pas empoisonnés, et c'est pour ce motif que son cuisinier est nu.

» Nous passâmes ensuite à la conversation.

» — Tu viens, me dit-il, remplacer M. le comte de Sémellé ; j'ai appris avec peine sa mort, parce qu'il m'a fait beaucoup de cadeaux. J'ai entendu dire que, toi aussi, tu allais me donner beaucoup de choses ; je te recommande surtout le gin, le rhum, et puis des bouteilles qui font : boum ! (vin de Champagne).

» Lorsque tu m'enverras du rhum, fais en sorte que ce soit dans des dames-jeannes comme ça ; et le roi, étendant ses deux bras de toute leur longueur, décrivait dans l'espace une immense circonférence, image de son idéale dame-jeanne, qu'il aurait fallu fondre exprès pour lui, puisqu'il n'en existe pas d'un semblable volume.

» Les Anglais sont méchants, ajouta-t-il, ils ont tiré des coups de canon dans mon village, ils ont tout saccagé. Je ne veux plus qu'ils viennent dans mon pays; j'aime les Français, je l'ai dit à M. de Sémellé, je le dis à toi, installez-vous ici comme chez vous.

» Je te recommande une chose, ajouta-t-il, si mes esclaves se sauvent chez toi, tu me les rendras.

» — A une condition, lui répondis-je, c'est que tu les traiteras bien, que tu ne les frapperas pas, et que tu n'en tueras jamais un seul. A cette condition nous serons bons amis, et je te donnerai tous les ans des cadeaux.

» L'année suivante, en effet, M. Desperez, le directeur de la Compagnie, me donna pour le roi un drapeau tricolore dont la hampe, en cuivre doré, comportait une cinquantaine de grelots et une superbe queue de cheval tricolore.

» Lorsque je remis ce drapeau au roi avec d'autres cadeaux, dont quelques bouteilles qui faisoient boum ! et quatre grosses dames-jeannes de rhum, Enéozonou a failli s'enfoncer les côtes en signe de salutations. Ne mettant plus de bornes à l'expression de son contentement, ce jour-là, il est sorti de sa demeure pour m'accompagner, et si son jeune chambellan ne l'avait pas pris par les jambes et que je ne me fusse moi-même arrêté, le roi aurait franchi les limites de son domaine et se serait exposé aux plus graves conséquences. »

Le roi d'Onitcha ne doit pas, en effet, sortir de ses cases. Il est en réalité le prisonnier des quatorze mille habitants de cette ville. S'il venait à enfreindre la consigne, il encourrait la peine de mort, qu'il éviterait, il est vrai, en livrant plusieurs esclaves et en assistant à leur exécution. Une fois par an, — le jour de la fête des ignames — il lui est permis de franchir le seuil de sa demeure. Mais il doit danser sur la place, en portant un lourd sac de terre sur le dos, afin de prouver aux populations qu'il peut supporter le fardeau du pouvoir. Dans le cas où il serait incapable de remplir cette obligation, sa déchéance serait prononcée, et il devrait s'estimer heureux de ne pas être condamné à la lapidation.

En passant à Egga-Mambara, M. Louis d'Arminel remarqua que toutes les femmes fumaient. Elles portent le même costume que les hommes, un pagne, mais aux dimensions plus longues. Leur coiffure varie étrangement; ici, la mode musulmane d'une queue de cheveux au sommet de la tête rasée; là, une tonsure avec une couronne capillaire.

Que dire des anneaux ou plutôt des plats forés qu'elles portent aux jambes? Le bijou est aussi incommode que disgracieux.

Le *Rapide* est arrivé à Lokodja, construite au bas de la montagne sur laquelle était jadis l'ancienne ville détruite par les mahométans. La végétation est luxuriante; les oiseaux voltigent au milieu de cette nature riche et qui contraste avec la solitude morne et nue des campagnes de Brass. Les rues de la ville sont étroites, les maisons, bâties en forme de cône, sont adossées les unes contre les autres. Les Français furent reçus avec des marques de vive sympathie.

Egga, qui compte une trentaine de mille âmes, est encore submergée; on ne peut communiquer qu'en pirogue; c'est une Venise africaine, mais moins jolie, et il y manque les gondoliers et les vers du Tasse.

Egga n'est, du reste, qu'une petite ville à côté de Bidah, qui a près de cent mille habitants.

Le roi du Noupé, avec ses cavaliers au blanc burnous, chamarrés d'or et d'argent et ornés du turban, le visage voilé comme les Touaregs du Sahara, est un potentat plus sérieux que ses voisins. Il relève cependant du sultan de Sokoto. Mais ce vassal aime le décorum ; il a une cour qu'il préside assis sur des coussins de velours rouge crépinés d'or. Le premier chambellan est admis à l'honneur de lui gratter doucement les pieds !

M. Louis d'Arminel assista à une audience solennelle ; il constata que le roi ne savait pas lire, car ce fut un *taleb* qui lui donna connaissance des lettres reçues. En se rendant dans la deuxième cour, où se trouvait le conseil, il aperçut les amazones, dont le courage au milieu des balles et des dards empoisonnés est proverbial.

Mais, à la sortie, un curieux spectacle lui était réservé. Deux femmes, portant une lourde charge sur leur tête, s'arrêtent tout d'un coup, s'assoient sur leurs talons, et se mettent à se congratuler, puis elles reprennent leur course dans les rues en poussant des cris. Ce sont des marchandes qui viennent d'échanger les compliments d'usage et qui vont vendre à domicile les provisions achetées au marché, très bien fourni en volailles et en viandes de boucherie, en poissons, etc. Les femmes du Noupé seraient presque jolies, si elles ne se teignaient pas le visage d'ocre et autres couleurs. Elles sont vêtues avec une recherche relative ; on se croirait en pays arabe. L'industrie est assez florissante à Bidah ; on y fait des vêtements brodés et des chapeaux de paille très élégants. La verroterie est en honneur : bagues, colliers, bracelets de toutes nuances, sont portés par les indigènes.

Bidah a ses griots, et ils sont aussi plats courtisans que leurs collègues du centre africain, mais, du moins, ils chantent plus juste, et la langue haoussa ne manque pas d'harmonie. Le commandant Mattei ose comparer la musique du Noupé à la musique espagnole. C'est peut-être hardi.

Weninghi, à droite, Chouga, à gauche de Bidah, étaient les points extrêmes de nos établissements commerciaux.

Dans la Bénoué, nous avions Loko, Outché-Bou-Hou-Ibi.

L'influence française gagnait chaque jour du terrain, mais tout a été cédé à l'Angleterre, au grand détriment de nos intérêts coloniaux. La France a conservé, cependant, des agents intelligents et dévoués en la personne de ses missionnaires. A Onitcha, aujourd'hui préfecture apostolique, le P. Lietz, de la congrégation des Pères du Saint-Esprit, fonda une station qui comprend actuellement un hôpital, une église, des écoles chrétiennes. La mission est desservie par cinq Pères et quatre sœurs de Saint-Joseph de Cluny. A Lokodja, les Pères des missions africaines de Lyon se sont établis avec succès, ainsi qu'à Ighébé, à Assaba et à Odeni. A Bidah même, ces apôtres tentèrent l'œuvre d'évangélisation. Nous ne pouvons citer ici toutes les pieuses fondations des disciples du P. Libermann, de vénérable mémoire, et de Mgr de Marion-Brésillac, dont nous avons vu le tombeau naguère en passant à Sierra-Leone.

Les missionnaires groupent autour d'eux un troupeau de plus en plus nombreux. La charité amène les nègres à la foi. Les malheureux, qui croupissent dans la dégradation fétichiste ou tombent entre les griffes des musulmans, sont sensibles à la bonté avec laquelle nos prêtres de France soignent leurs plaies, — et il y en a d'épouvantables en ces régions, — soulagent leurs misères, travaillent à l'affranchissement des esclaves et, enfin, font pénétrer dans les ténèbres de l'ignorance et de l'erreur la douce lumière de la vérité divine. Il viendra un temps où la moisson sera plus abondante, malgré les obstacles apportés par le protestantisme anglais à l'expansion de la religion. Les noirs respectent et aiment les missionnaires, ces pionniers qui vont, sans armes, à la conquête du monde pour la gloire du Christ et le rachat de l'humanité. L'Afrique ouvre un vaste champ à l'apostolat; de toutes parts, des ouvriers sont au labeur, et nous constatons avec fierté que c'est la France qui les fournit, la France qui continue sa glorieuse mission de fille aînée de l'Église.

Louis d'Arminel, revenu à la côte, après un long et curieux voyage qui lui fournit une ample récolte d'observations sur les mœurs du pays, observations dont nous avons seulement relevé les principales, prit congé du commandant Mattei.

— Et maintenant, lui dit-il, emportant le souvenir impérissable de vos bontés pour moi, je vais, mon commandant, gagner le Gabon; de là j'irai au Congo, car je suis curieux de juger moi-même l'œuvre de Brazza. Elle me paraît appelée à doter la France d'un royaume, et à consolider en ces parages notre situation jusqu'ici précaire.

— Bon courage, mon cher ami. La traversée, du reste, ne sera ni longue ni pénible. Et puis, dans notre carrière, il ne faut compter ni son temps ni sa peine.

— Vous donnez un bel exemple de l'abnégation contenue dans cette formule exacte des devoirs d'un explorateur, et, toute ma vie, je tiendrai pour un honneur d'avoir passé plusieurs mois en votre vaillante compagnie. Je n'oublierai jamais, par exemple, la façon expéditive avec laquelle vous avez installé plusieurs factoreries, notamment au-dessus de Lokodja. C'était le cas de s'approprier, avec une légère variante, le mot de César : je suis venu, j'ai vu, j'ai vendu. Or, vendre, ici, c'est encore vaincre, et la pénétration française vous doit de brillants triomphes. Arriver en plein pays sauvage, et, aussitôt débarqué, abattre des arbres, construire la charpente d'une maison, couvrir celle-ci, y enfermer des marchandises, et tenir marché, voilà ce qui s'appelle ne pas perdre de temps. .'' ! si partout on agissait avec cette décision !.....

— Mais, mon cher ami, c'est ainsi que pour fonder leurs chrétientés font les missionnaires. Je les ai vus à Lokodja s'improviser maçons, charpentiers, couvreurs, et vous avez pu remarquer que leur église est déjà très fréquentée. Voyez-vous, le génie français se plait aux actes hardis, et lorsqu'on prétend que nous ne sommes pas des colonisateurs, on répète inconsciemment une calomnie. On oublie que, dans l'Inde, les Anglais n'ont fait qu'imiter Dupleix.

— J'ai la conviction que l'Afrique est destinée à devenir le théâtre de l'émulation des puissances européennes ; je vois avec plaisir notre patrie travailler à se tailler un domaine colonial digne d'elle. Nos possessions du nord-ouest vont se relier à celles du sud-ouest. Le Soudan se rattachera à nos établissements des Rivières du sud, et ici même....

— Oh ! ici ! n'en parlons pas. Il court de mauvais bruits. Je crains bien qu'on n'abandonne aux Anglais ces contrées qui, par le Niger, seraient le débouché de Tombouctou, et qui, par la Bénoué, nous conduiraient au lac Tchad, cet objectif des nations civilisées. Nous arriverons, toutefois, à ces deux points essentiels à notre influence. Nos soldats combattent, nos explorateurs avancent, et nos missionnaires attaquent par l'est le mahométisme et l'esclavage.

Du Congo même il partira des éclaireurs, soyez-en certain. Les fleuves africains ont tous des cataractes qui entravent leur cours navigable, mais on les franchira en pirogue. Il y aura des chutes nombreuses, des morts ; qu'importe, puisque le sang des explorateurs sera une semence de Français, c'est-à-dire de chrétiens !

COIFFURE DES HOMMES D'ABO

COIFFURE DE JEUNE FILLE D'ABO

La fin du xix° siècle et le commencement du xx° verront, j'en suis sûr, s'ouvrir à la civilisation le continent noir, qui, au point de vue commercial, est l'enjeu de l'avenir. Nous ne serons probablement pas appelés à entrer dans cette terre promise aux vaillants ; il nous est, du moins, permis de jeter un coup d'œil sur ces richesses jusqu'à présent enfouies dans les profondeurs africaines. Et nous aurons été à la peine, si nous ne parvenons pas à l'honneur.

— Voilà un tableau plein d'espérances, mon commandant, et je crois que vous avez raison lorsque vous tracez ainsi les étapes fécondes de l'action française. Vous êtes un soldat, un diplomate et un explorateur. C'est le cumul dans le sacrifice. Moi, je ne suis qu'un fantaisiste coureur du monde, mais j'ai l'amour du métier. Nous nous retrouverons en France, si Dieu nous prête vie. En attendant, permettez-moi de vous embrasser.

Les deux amis se donnèrent l'accolade d'adieu.

A quelques jours de là, après escale à l'île Fernando-Po, Louis d'Arminel arrivait à Libreville.

Au Gabon. — La chasse aux éléphants. — En pays Pahouin.

Lorsqu'il y a déjà longtemps, hélas ! nous débarquâmes au Gabon, ce pays n'était pas encore ce qu'il est depuis devenu. Un wharf (pont s'avançant sur la mer) se détachait de la plage monotone, le long de laquelle défilaient un à un des naturels revêtus d'un costume à peu près semblable à celui des Grands-Bassamais. Sur le plateau se faisaient face deux bâtiments ressemblant d'une façon étrange aux halles en pierre de nos chefs-lieux de canton. Dans l'un étaient les bureaux du gouverneur et son appartement; dans l'autre, la caserne avec quatre soldats et un sergent blanc; l'hôpital desservi par des sœurs de l'Immaculée-Conception de Castres, dont le couvent est à quelques pas de la place. Aujourd'hui on y voit aussi le tribunal, les prisons, les magasins de réserve. Du sommet du plateau on a un beau coup d'œil de mer. Le vaste estuaire du Gabon tire son nom du mot portugais *Gabao*, qui signifie caban. Nous acceptons l'étymologie, mais en contestant sa justesse. Il faut avoir vraiment beaucoup d'imagination pour faire de pareils rapprochements. On n'en manquait point, paraît-il, au xv° siècle. L'estuaire pénètre à une profondeur de soixante-dix kilomètres dans les terres entre la pointe Pongura et la pointe Santa-Clara. Dans le fond se déversent le Rhamboué et le Komo, deux rivières qui forment une lagune. Deux îles, l'île Coniquet et l'île aux Perroquets, le divisent en un bassin extérieur et un bassin intérieur; le premier seul est navigable et forme une rade excellente de sept milles de large.

Le territoire du Gabon proprement dit, constituant le territoire soumis à notre domination directe, a une superficie égale à peu près à celle de trois de nos départements.

Les habitants se subdivisent en Mpongwés, Boulous et Shekianis (hommes des bois). Ces derniers vivent dans les forêts presque à l'état sauvage. Il convient de ne s'occuper que des premiers, qui sont les véritables Gabonnais, mais que les autres tribus de sang mêlé, comme les Boulous, sont en train d'absorber. La race est belle, quoique aux formes moins robustes que celle des noirs du Soudan; la physionomie dénote l'intelligence; la couleur de la peau est très bronzée. Le Gabonnais se revêt volontiers des étoffes d'Europe, et la coiffure des femmes forme un véritable casque. Les cheveux tressés sont maintenus par de l'huile de coco et de la graisse, ce qui accroît encore la mauvaise odeur naturelle à ces populations de couleur. Les fruits et le manioc, dont on enlève le principe vénéneux par l'ébullition, composent le menu des repas. A la marée basse, les indigènes viennent chercher les petits poissons qui se sont oubliés dans les mille creux de la grève, ils les font sécher au soleil et s'en montrent très friands. Le Mpongwé est indolent ; il passe son temps à fumer dans les palabres où s'exerce sa faconde ; les femmes vaquent aux travaux pénibles ; mais qu'on ne les plaigne pas trop, car le proverbe : travailler comme un nègre, a été édité par quelque mauvais plaisant. La viande de chevreau, — la seule à peu près que l'on trouve au Gabon, — est très chère ; cela ne pousse pas les Mpongwés à l'élevage des troupeaux ; les poules se vendent à des prix exorbitants, les œufs valaient, de notre temps, vingt centimes pièce, et cependant la volaille était rare, car personne ne se donnait la peine de faire venir les couvées.

Comme industrie, aucune n'existe ; les plus actifs des Mpongwés servent de courtiers aux quelques factoreries établies sur les côtes ; jadis, ils opéraient sur la chair humaine ; aujourd'hui, ils rabattent les marchands d'ivoire. Leurs mœurs ne valent pas mieux que celles des autres nègres ; ils ont la passion des boissons fortes, et fréquemment, quand vous pénétrez dans leur case, vous les trouvez plongés en un lourd sommeil. Ces cases, construites grossièrement avec des bambous, sont divisées en deux pièces : salle à manger, chambre à coucher ; dans la première se fait la cuisine ; dans la seconde, des nattes jonchées de feuilles de palmier font fonctions de lits. Une seule ouverture donne accès dans ces habitations, où il n'est pas prudent, pour cause de vermine, de séjourner longtemps.

Détail curieux : les Gabonnaises excellent dans le métier de blanchisseuse. Jamais nous n'avons vu de chemises mieux repassées que celles qui sortent de leurs mains; mais il ne faut pas être à court de linge, car les artistes du lavoir prennent leur temps pour donner satisfaction à leurs clients.

Chaque village a son roi, et quel roi ! Nous avons eu sept princes du sang pour laver notre vaisselle et cirer nos bottes; ce sont là des professions libérales dans ce pays équatorial. Les piroguiers forment aussi une classe à part. Creuser un tronc d'arbre, le polir, et ensuite devenir le pilote pagayeur, telle est l'ambition de beaucoup de Mpongwés, dont la vanité se trouve flattée des rapports avec les Européens de la rade. Le fond du caractère national est une fierté poussée jusqu'à l'orgueil vis-à-vis des autres nègres, et la recherche de toute occupation qui le rapproche des blancs est l'objectif de ce peuple appelé à disparaître dans les croisements de races. Le fétichisme domine en ce pays; cependant, aucun sentiment d'animosité n'existe à l'égard des missionnaires, qui ont surtout à lutter contre une indifférence à peu près absolue.

Le Mpongwé, nous l'avons dit, dédaigne les autres noirs et essaie, — qu'on nous passe le mot, — de leur jeter de la poudre aux yeux. Nous avons relevé des enseignes curieuses sur les débits de boissons très nombreux à Libreville. Des matelots facétieux se sont amusés à mystifier leurs clients trop confiants. C'est ainsi qu'on pouvait lire sur certaines boutiques : « Grand fripon, voleur, » traduction libre de quelque réclame commerciale commandée par les courtiers et aubergistes de la plage.

Les missionnaires déploient un zèle méritoire à éduquer et à instruire négrillons et négrillonnes. Ils ont appris le mpongwé et enseignent le français. Dans leurs classes, se trouvent des Gabonnais, Boulous, Pahouins, dont quelques-uns deviennent de bons chrétiens. Ils ont formé autour du couvent une véritable colonie où l'on rencontre jusqu'à des noirs des possessions portugaises rachetés de l'esclavage. Savez-vous que, parfois, il se pose de singuliers problèmes de conscience? Un jour, nous aperçûmes au large une pirogue qui semblait abandonnée. Envoyé pour la remorquer, nous vîmes qu'elle renfermait quinze enfants de six à sept ans, ce qui équivaut pour l'âge européen à dix et douze ans. Nous ramenâmes à bord contenant et contenu. Un conseil fut tenu pour savoir ce qu'on allait faire de ces petits noirs. Il était évident qu'ils avaient été vendus, mais que le négrier, sentant la frégate, était resté au large. Les remettre à terre, c'était donc les livrer à la traite, ou les exposer à la mort. Les parents affecteraient de ne pas les reconnaître. Après réflexion, il fut décidé qu'on les confierait à la mission et que plus tard, citoyens libres, ils deviendraient des matelots indigènes. Ainsi fut fait, et les Pères les embrigadèrent dans leur orphéon et dans leur société philharmonique, tous deux excellents.

Placé entre la mer qu'il domine et d'immenses forêts qui l'abritent, le superbe établissement des missionnaires, avec une belle église surmontée de la statue de la sainte Vierge, se détache au milieu des broussailles qui garnissent le sommet des collines. Un jardin, où sont acclimatés les légumes d'Europe et réunis tous les fruits du pays, une ferme abondamment pourvue, forment les dépendances de la fondation de Mgr Bessieux, qui, après les rudes labeurs de l'apostolat sur divers points de la côte, établit en 1844 la mission aujourd'hui prospère et dont les œuvres rayonnent jusque dans l'intérieur des terres.

Saluons avec respect ce vieil évêque, qui passa plus de trente ans de sa vie sous ce climat insalubre.

Les frères, qui secondent les missionnaires, ont établi des

ateliers où ils enseignent les états manuels, et les sœurs de l'Immaculée-Conception de Castres aident vaillamment à l'œuvre de lumière et de charité. Nous parlions plus haut des remarquables blanchisseuses de Libreville. C'est aux religieuses que les marins doivent de pouvoir porter des chemises repassées et raccommodées. Elles exercent une véritable influence par leurs bienfaits, à ce point que la première sœur morte au Gabon, — le martyrologe est, hélas ! très long ! — fut déterrée par les noirs, qui lui coupèrent la tête pour faire de ses dents et de ses cheveux des gris-gris protecteurs.

On arrive au couvent des sœurs par un immense potager où l'agréable le dispute à l'utile. A côté de l'oignon pousse la rose odorante, qui conserve sa suprématie sur les fleurs les plus éclatantes et les plus variées.

M. Louis d'Arminel avait été reçu à la mission avec le plus courtois empressement. Là, il apprit que le *Faidherbe* était allé croiser devant Loango et Saint-Paul de Loanda, et que son retour n'aurait pas lieu avant deux mois. Il résolut alors de mettre ce temps à profit pour étudier le pays et pénétrer dans la contrée baignée par l'Ogoué.

La première curiosité à voir était le roi Denis, dont les villages s'étendaient sur la rive gauche de l'estuaire. C'était une personnalité originale que ce souverain noir presque centenaire. Il ne manquait pas d'intelligence, et il poussait loin l'amour du panache. Il fit sa soumission à la France plutôt pour porter un beau costume que pour trouver dans notre occupation une garantie contre des voisins gênants. Brave à la guerre, habile dans les transactions commerciales, le roi Denis avait, en diverses circonstances, rendu d'importants services à des marins naufragés. Le traité conclu avec lui ne fut donc que la sanction de bons rapports antérieurs. La pension qu'on lui alloua n'était point à dédaigner ; la croix de la Légion d'honneur lui plut fort, mais il stipula que lorsque sa pirogue accosterait à bord d'un de nos navires de guerre, on le saluerait au canon. Cette clause a été supprimée en 1860 par le capitaine de vaisseau Bosse, — depuis amiral — qui, en sa qualité de créole de l'île Bourbon, ne pouvait s'habituer à traiter en souverain le vieux nègre, dont l'aspect cocasse inspirait plutôt l'hilarité que le respect. Un jour, nous entendîmes sur mer un véritable charivari, et nous aperçumes l'embarcation du roi Denis. Celui-ci était revêtu d'un habit brodé style Louis XIV, tel qu'en portaient les marquis des comédies de Molière ; un chapeau de général surmontait une gigantesque perruque ; un large pantalon aux couleurs voyantes tombait sur des souliers de matelot, mis sans bas. Tandis qu'un chambellan tenait au-dessus de la tête de Sa Majesté un parasol mesurant au moins dix mètres d'envergure, le roi Denis débarquait grave et fier, ayant à la main une colossale canne de tambour-major. Cette étrange toilette lui avait été offerte, sur sa demande, en cadeau par notre gouvernement.

Le roi Denis changeait, du reste, souvent d'uniforme. Lorsque M. Louis d'Arminel entra dans la vieille case que le noir souverain n'avait pas voulu quitter pour habiter celle que les Français venaient de lui construire selon le confort européen, il était vêtu d'un costume de général anglais.

L'explorateur trouva la population en grand deuil. Un des princes collatéraux étant mort, on avait enterré vif un adolescent de quinze ans dont la langue avait été coupée au préalable.

M. Louis d'Arminel ne put réprimer un mouvement d'horreur. Le roi, lui, n'était pas sorti de son impassibilité.

— Sois le bienvenu, dit-il à son visiteur, puisque tu es l'ami des bons Pères. Et surtout ne leur dis pas le spectacle qui vient d'avoir lieu. Cela leur ferait de la peine. Je suis leur ami, et leur grand chef m'a envoyé une décoration. Moi, vois-tu, j'aime les blancs ; mon fils est élevé en France et s'est fait catholique. Je reste fétichiste, mais je déplore les sacrifices sanglants.

— Pourquoi alors n'as-tu pas empêché qu'on plaçât ce malheureux sous le cadavre de ton parent?

— Parce que je ne le pouvais pas. Mon peuple m'obéit, sous la réserve que je ne contrarierai pas ses usages. C'est un peu ici comme chez vous : je suis le chef, il faut donc que je suive mes sujets.

J'ai réussi à abolir la traite des esclaves, et cela n'a pas été sans peine. Si tu connaissais nos gens, tu serais moins surpris de mes paroles. D'ailleurs, on me rend partout justice, Tiens, voici la couronne d'or que la reine Victoria d'Angleterre m'a donnée. Vois comme elle me va bien.

Et le vieillard ceignit son front du bijou tout étincelant de pierreries.

— Je voudrais bien connaître ton pays, et les missionnaires m'ont dit que je pouvais compter sur ton concours.

— Sans doute, je te donnerai un de mes hommes qui te conduira où tu voudras. Ne t'aventure pas trop loin, cependant. Nos forêts sont peu sûres, les Pahouins ne respectent pas toujours les voyageurs, mais Bounda est de ma famille, et il te recevra bien.

En attendant, permets-moi de t'offrir des rafraîchissements.

Sur un signe, des noirs apportèrent une table élégamment servie de fruits, ananas, bananes, oranges, et sur laquelle fumait un café qui exhalait une odeur exquise.

Louis d'Arminel était surpris de trouver ce lunch appétissant, et il en fit compliment à son hôte.

— Oh! nous avons un peu de tout, ici; la terre est bonne, et si l'homme n'était pas paresseux, elle fournirait d'abondantes ressources. Ce café vient de la mission, la bière arrive de Glass, le village anglais de la rivière.

— Et l'eau-de-vie sera de France, interrompit d'Arminel, en retirant d'un panier porté par un de ses nègres une bouteille poussiéreuse sur laquelle se détachait ce mot éloquent : *Armagnac*.

Le roi Denis but une pleine rasade.

— Excellent! Excellent! Le gin ne s'approche pas de ce goût. Et tu en as beaucoup de ces bouteilles?

— Je t'en apporte deux; c'est un produit de mon pays.

— Eh bien, fameux pays, s'exclama le souverain, qui commençait à ressentir une douce ivresse. A la vie et à la mort, entre nous!

— Accepté. Cet *Armagnac* a été récolté par mon père, et j'en ai mis dans mes bagages pour me réconforter dans les jours de fatigue. Je n'en ai donné à aucun des princes africains, tu es le premier.

— Oh! inutile d'en faire boire aux Pahouins. Verse leur un peu de tafia ou de *schenic*, comme disent les matelots. Plus ce sera fort, meilleur cela leur paraîtra.

— Merci du conseil; j'achèterai dans l'une de nos factoreries de l'alcool qui satisfera ces gosiers.

— Fort bien, mais je voudrais te faire assister à une chasse aux éléphants, avant ton départ.

— J'accepte avec plaisir.

— Alors, reste ici. Je vais donner des ordres, et demain nous nous mettrons en route, ou plutôt tu te mettras en route avec l'escorte que je t'aurai choisie.

— Non. Je n'ai pas prévenu de mon absence. Mais que tes hommes viennent demain me prendre à Libreville, et je serai prêt.

— Et quels moyens de transport auras-tu ?

— Le canot de la mission.

— Oh ! alors cela ira tout seul, d'autant plus que les Pahouins vivent en bons termes relatifs avec les Pères.

On se sépara, et le jour suivant, à l'heure dite, M. Louis d'Arminol partait.

La traversée fut favorisée par la marée montante, jusqu'à la rivière Bohuin, puis l'embarcation s'engagea dans une des nombreuses criques qui dentellent la rive. Elle arriva bientôt en plein pays pahouin.

D'où viennent ces Pahouins qui envahissent l'ouest africain ? se demandait l'explorateur. La terreur qu'ils inspirent est facile à concevoir. Leurs dents aiguisées en triangle indiquent l'acuité de leur appétit cannibale, et ils exercent sur les autres nègres une véritable fascination. Ces mangeurs de cadavres sont grands, bien pris de taille. Leurs cheveux, rangés en petites mèches qui se tiennent droites, sont abrités par une coiffure en plumes rouges de perroquet. Ils portent un grand collier fait de dents d'animaux sauvages ou d'osselets de doigts humains. Une ceinture en écorce d'arbre entoure leurs reins vigoureux; elle est parfois remplacée par des fourrures garnies de perles. Ils mettent au pied deux anneaux en métal. Un bouclier en peau d'hippopotame complète le costume de guerre. Comme armes, ils emploient des flèches et sagaies empoisonnées. La sagaie est un fer de lance forgé dans le pays et emmanché à des tiges de bois très dur et très flexible; elle rappelle le javelot ancien. Les Pahouins ont aussi tout un assortiment de couteaux, et leur suprême ambition est de posséder des fusils. Ceux-ci leur sont livrés dans les factoreries contre de l'ivoire ou contre des peaux. Ils ratent souvent, car ils sont à pierre, et, dans la saison des pluies, deviennent inutilisables. C'est le stock du vieux matériel de nos gardes nationales qui s'écoule sur la côte, avec grand profit pour les courtiers.

Les femmes, dont aucune ne remportera jamais le prix de beauté, sont vêtues de peaux rattachées par une large ceinture en perles. Elles nattent leurs cheveux en les entremêlant de filigranes de cuivre; elles ont les bras et les jambes chargés d'anneaux en verroterie et en métal.

Les Pahouins sont des forgerons habiles, et leurs cases spacieuses renferment de nombreux ustensiles de ménage en fer et en terre fabriqués par eux. Dès qu'ils s'installent sur un point, ils le défrichent avec activité, et le bananier remplace promptement les broussailles de la forêt. Leur occupation principale est la chasse. Le pays est giboyeux. Le singe dit pain à cacheter, à cause de la tache blanche qui décore sa face arrondie, leur fournit des rôtis succulents. Le perroquet gris à queue rouge et la pintade alimentent leur pot-au-feu, et le sanglier fumé constitue la réserve des provisions. Ils font une guerre acharnée au m'bocco, animal gros comme un lapin, dont la spécialité consiste à ronger les dents d'éléphant tombées avec l'âge, ou encore attachées à la carcasse des pachydermes morts. Lorsqu'ils trouvent une fourmilière ils interrompent le défilé des utchougous, défilé qui durerait sans cela des journées entières, et avec de l'eau chaude mettent à mort ces insectes qui, bouillis et pilés, forment une pâtée très estimée par.... les sauvages.

Cependant un grand bruit de tam-tam résonnait sur les bords de la rivière.

— Bounda! Bounda! criait un individu coiffé d'un chapeau-claque, et dont le bizarre accoutrement prêtait à rire.

Ce roi pahouin faisait hommage de vassalité au prince qui, tenancier d'un domaine appartenant au roi Denis, son parent, avait su asservir le pays à sa domination.

Bounda reçut à merveille M. Louis d'Arminel, charmé de trouver dans des cases élégantes un mobilier européen, chaises et table, sans oublier le tapis.

— Tu viens de la part de Denis, et tu es ici chez toi, dit Bounda à l'explorateur. Je te montrerai nos richesses et je serai à tes ordres. En attendant, tu dois avoir faim....

— Je l'avoue sans honte.

— Eh bien, passons dans l'autre case.

Le menu n'avait rien de somptueux, mais pour le pays, il était rare : canard, gâteaux anglais, thé et sucre.

La conversation allait bon train lorsque tout d'un coup Bounda se leva, et quelques minutes plus tard, des cris et des sanglots retentirent.

— Ne fais pas attention, c'est une de mes femmes que j'ai corrigée à coups de lanières d'hippopotame, et comme elle résistait encore, je l'ai prise par le cou et par les pieds et lancée à terre. Dans huit jours, elle sera remise et deviendra d'une obéissance absolue.

M. Louis d'Arminel trouva que le procédé manquait de douceur, mais il put constater que son efficacité avait été complète.

Bounda reprit :

— Et tu viens ici pour voir une chasse à l'éléphant ? Tu ne pouvais mieux tomber. Les Pahouins du village voisin ont organisé une battue, tu y assisteras.

— Je vais leur donner des munitions.

— Excellent moyen de te concilier leurs bonnes grâces.

L'explorateur sortit et distribua de la poudre et du plomb aux noirs, qui se mirent à danser et à tirer à profusion des coups de fusil.

Pendant ce temps, Bounda parlait toujours. Enfin, les crépitations de la mousqueterie cessèrent, et reconduit dans sa case, M. Louis d'Arminel put goûter un repos bien gagné. Il relata, cependant, avant de s'endormir, les épisodes de son excursion.

Dès l'aube, la fusillade recommença. C'était le signal pour se mettre en campagne. Après quelques kilomètres parcourus, Bounda, frappant sur l'épaule du Français, lui dit :

— Attention ! nous allons voir passer les éléphants, mais point de bruit, et ne tire pas.

En effet, le troupeau fut bientôt en vue ; une trentaine de Pahouins le pourchassaient depuis huit jours, et avaient fini par l'acculer dans un coin retiré de la forêt, cerné avec soin par une multitude d'indigènes.

— Vois-tu, les bêtes sont fatiguées, et elles ont soif. Or, ici, il n'y a pas d'eau ; force leur sera de succomber.

— Est-ce qu'elles ne feront pas une trouée au milieu de tout ce monde ?

— Non, la force leur manquerait, et puis, écoute, écoute !

Un bruit formidable allait grandissant ; des cris stridents se mêlaient aux détonations de la poudre ; bientôt une multitude innombrable déboucha de tous les côtés. En un clin d'œil, des tas d'herbes sèches furent arrachés, et l'on y mit le feu. Les éléphants, harassés, terrorisés, avaient vainement essayé de continuer leur route. Tandis que l'incendie gagnait avec rapidité, les Pahouins abattaient les arbres, qui, en tombant, formaient d'infranchissables barricades, laissant à peine un espace libre d'un ou deux kilomètres où les prisonniers pouvaient encore se mouvoir. La nuit venue, des veilleurs s'installèrent dans des cases construites à la hâte, et l'explorateur tint à rester avec eux. La garde dura dix jours, durant lesquels Bounda pourvut au ravitaillement de son hôte. Les féticheurs, jugeant le moment arrivé, se livrèrent à des cérémonies qu'il est inutile de raconter, car toutes ces jongleries burlesques se ressemblent. Puis, trois pirogues, faisant fonctions de vastes auges pleines d'eau, furent introduites à la nuit dans l'arène qui renfermait les captifs.

Le jour était à peine levé que les bandes de Pahouins prévenus accouraient en se livrant à leurs bruyantes démonstrations. Bounda donna un ordre, et tout le monde se tut :

— Entrons, dit-il, en s'adressant à M. Louis d'Arminel ; le troupeau est à nous.

— Que s'est-il donc passé ?

— Ah ! c'est très simple. Regarde les éléphants ; ils sont couchés et ils ne se relèveront pas. Un sommeil stupéfiant les accable ; ils sont à nous.

— D'où provient ce sommeil ? Et pourquoi hier leur a-t-on donné de l'eau, puisqu'on voulait les prendre par la soif ?

— L'eau était empoisonnée ; altérés, les éléphants en ont bu, sans s'arrêter au goût. Et maintenant, ils n'attendent plus que le coup de grâce.

Les Pahouins, sur un signe de Bounda, s'élancèrent sur les animaux, qui furent tués et dépecés en quelques instants.

— Mais, avec ce procédé, fit observer l'explorateur, il n'y aura bientôt plus d'ivoire.

— C'est bien possible. Chacun pour soi. Et puis, en s'enfonçant dans les terres, on trouvera encore des éléphants, sois tranquille. Les Pahouins remonteront dans les régions d'où ils sont descendus, et ils nous apporteront le produit de leur chasse. Voilà du moins ce qu'ils répondent lorsque nous prévoyons les résultats de leurs campagnes. Moi, je suis de ton avis. J'aimais mieux la chasse au piège. Les Pahouins dévalisent le pays, ils détruisent la race au grand détriment de l'avenir, car l'ivoire est la base du commerce gabonnais.

— J'ai lu dans un de nos livres l'histoire d'un avare qui, ayant une poule pondant des œufs d'or, la tua afin de posséder tout d'un coup le trésor. Il me semble que les Pahouins sont un peu comme ce niais.

— Et tu as raison. Enfin, quand il n'y aura plus d'éléphants, il faudra chercher autre chose pour trafiquer. Autrefois, on avait la traite, elle a cessé, nous vivons cependant. Nous possédons des bois précieux, et si l'on fouillait dans la terre, on trouverait de l'or. Il y en a, car j'en ai découvert, mais il faut l'extraire, et je n'ai pas les moyens de faire cette opération.

— Sais-tu, mon cher hôte, que tu es très instruit pour un nègre?

— Pas nègre, Mpongwé.

Louis d'Arminel sourit de la distinction.

— Tu parles très bien notre langue, tu as des notions de minéralogie. Où donc as-tu appris cela?

— Chez mon parent le roi Denis, ami des missionnaires.

— Et tu n'es pas catholique?

— Non. Que veux-tu? Les Pères n'admettent pas que la femme soit la bête de l'homme, et ils en font notre égale.

— Sans doute.

— Je comprends l'*Aniambié*; je crois qu'il y a un Créateur au-dessus de nous, et je ne suis pas la dupe des fétichistes, mais ils servent mon pouvoir. Le noir a une peur horrible des puissances cachées. Il redoute jusqu'à la viande de certains animaux, et si quelqu'un en mangeait, il serait puni de mort; il a des oiseaux, des arbres sacrés. Moi, je ris de tout cela, tout en affectant de m'y conformer. Ainsi, j'ai assisté récemment au sacrifice d'une jeune fille égorgée pour savoir s'il y avait des mauvais sorts contre la tribu des Pahouins,

FEMME CIVILISÉE D'ONITCHA

et dévorée ensuite. Par exemple, je n'ai pas mangé de chair humaine. Je ne suis pas cannibale.

On voit que Bounda était peu sincère, et qu'il spéculait sur les croyance des noirs aussi cyniquement que sur les défenses des éléphants.

C'était un sceptique comme il y en a, même en France, et un sceptique calculateur. M. Louis d'Arminel essaya vainement de l'amener à plus de sincérité et à plus de lumière. Il dut le quitter sans avoir pu moraliser cet exploiteur effronté de la crédulité et de l'ignorance, et après l'avoir récompensé en belles espèces sonnantes de son hospitalité. Il revenait, du reste, charmé d'avoir pu saisir sur le vif de vrais sauvages, d'avoir vécu au milieu d'eux, et de s'être ainsi procuré des renseignements véridiques sur des peuplades peu connues. Il ne pouvait se défendre d'un grand sentiment de pitié pour ces noirs dont la frayeur surpassait encore la barbarie, et lorsqu'il rentra sur notre territoire du Gabon, il songea que Libreville était ainsi appelée parce qu'elle servit d'abri aux pauvres esclaves parvenus à s'échapper des mains des négriers, et aussi de terre rédemptrice aux enfants rachetés par les missionnaires et reconquis à la vie du Christ. Lorsqu'il contemplait le drapeau surmontant le palais du gouvernement et la Croix qui dressait ses bras bénits au-dessus de l'église, il se disait : Voilà bien la personnification de la France, glorieux instrument des gestes de Dieu. Et il appelait de ses vœux l'heure où Brazza allait rejoindre le Gabon et le Congo en un seul bloc et pousser ensuite vers le lac Tchad ses investigations, qui sont autant de conquêtes. Marche, le marquis de Compiègne et tant d'autres explorateurs avaient frayé la voie de l'Ogoué, et préparé ainsi le grand travail d'unification qui devait étendre sur une superficie deux fois plus grande que la France notre influence encore enfermée, à l'époque, dans une étroite limite.

Un matin, le pavillon placé à l'extrémité du wharf signala l'arrivée du *Faidherbe*, dont on apercevait au loin, à porte d'horizon, le sommet de la mâture; la coque se dessina peu à peu, et quelques heures plus tard l'aviso mouillait en rade. L'ancre était à peine tombée que les deux frères d'Arminel se trouvaient réunis.

On devine si les effusions furent tendres.

Le marin n'en croyait pas ses yeux; il avait l'émotion de la surprise.

— Toi ici, mon cher Louis!

— Oui, mon cher Victor. Je ne pouvais vraiment passer si près sans venir t'embrasser.

— As-tu reçu le courrier de France?

— Non, mes lettres voyagent du côté de Fernando-Po, où nous devions atterrir, et nous sommes revenus directement. Ce sera pour le prochain paquebot. Aux dernières dates, toute notre famille allait bien.

— Et tu ne fais pas comme elle, toi? Car tu as l'air bien fatigué. Moi, je me porte à ravir. En t'attendant, j'ai chassé l'éléphant au pays des Pahouins.

— Mes compliments; tu es né pour les voyages.

Le climat m'a anémié, mais je ne regrette pas ma campagne, qui touche à sa fin.

— Quoi! sitôt!

— J'estime qu'il est temps; d'ailleurs, je suis mon bateau, qui est à bout de station. Encore une tournée au Fernand-Vaz, et le cap sur Rochefort.

Et toi?

— Oh! moi, j'ai de tout autres desseins. Je voudrais explorer l'Ogoué.

— Viens avec nous, tu verras toujours l'embouchure de ce fleuve, et le pays en vaut la peine, à ce que m'assurent des camarades qui ont visité ces dépendances de nos possessions.

— Je ne demande pas mieux, si la chose est possible, mais comment obtenir le passage?

— Rien de plus aisé avec un commandant aussi aimable que le nôtre. Je paierai ta table, et nous avons une couchette inoccupée. Cela tombe au mieux.

On pense bien que nous n'allons pas rapporter ici les conversations prolongées que, durant une semaine, les deux frères eurent tantôt à bord, où Louis d'Arminel était devenu, après présentation au carré et au commandant, un convive assidu, tantôt en se promenant sous les ombrages du beau jardin du gouvernement, où tant de fois — qu'on nous passe ce souvenir — nous avons mordu à belles dents dans de savoureux ananas, et goûté toutes les espèces de bananes, sans dédaigner même celles que l'on désigne, dans un langage plus irrévérencieux que scientifique, sous le nom de banane à cochon.

Au Fernand-Vaz. — Les gorilles. — Le courrier de France à bord.

Comme Victor l'avait annoncé, le *Faidherbe* appareilla pour Fernand-Vaz. Il longea la côte jusqu'à la pointe des fétiches, puis, doublant le cap Lopez, il vint mouiller à la pointe de la douane.

C'est une juridiction curieuse que celle exercée par le commandant d'un croiseur français. Il reçoit toutes les plaintes et tranche tous les différends. Figurez-vous un juge de paix siégeant l'épée au côté. Et les causes sont très variées, et il faut statuer avec prudence et résolution, en tenant compte des mœurs du pays, des incidents politiques qui se greffent, quelquefois, sur des contestations anodines en apparence. Il y a aussi les palabres, qu'il importe de savoir diriger sous peine de les voir s'égarer dans des discussions tour à tour oiseuses ou violentes. C'est là que, dans les jours de détresse, les femmes noires deviennent un instrument de crédit et sont assimilées à de simples marchandises données en warrant. Que la femme le veuille ou non, elle sert de garantie à des marchés, et parfois elle représente le gage d'un lot de caoutchouc fort abondant en ces parages. Le commandant français doit aussi faire fonctions de médecin. S'il guérit, ou plutôt si le chirurgien du bord guérit quelques-unes des graves affections cutanées si nombreuses en ces lieux malsains, son influence devient considérable. Mais il doit éviter avec le plus grand soin de rire des pratiques superstitieuses, des idoles grotesques de peuplades qui vivent dans une perpétuelle terreur des pouvoirs surnaturels. Tel îlot est sacré, on ne doit pas l'aborder sans purifier l'embarcation en la touchant avec une branche fétiche. Les esclaves font partie des animaux domestiques ; on les vend sans s'inquiéter si la mère sera séparée des enfants, si le mari ne sera pas éloigné de sa compagne. Avec les factoreries, les contestations sont fréquentes. C'est la guerre du noir au blanc. Le nègre trompe tant qu'il le peut sur la marchandise vendue, et trop souvent il ne fait, en agissant ainsi, que se livrer à des représailles contre la cupidité des traitants anglais et allemands qui majorent les prix de tout ce qu'ils vendent et pèsent à faux poids tout ce qu'ils achètent.

Le Cama est voisin de la lagune du Fernand-Vaz. C'est là que du Chaillu, qui pénétra le premier en ces régions, se livra à des chasses dans lesquelles, paraît-il, il blessa plus d'une fois la vérité. A l'en croire, par exemple, le gorille ou djina serait un singe aussi redoutable que gigantesque, et se rapprochant singulièrement, par son intelligence et sa structure, de l'espèce humaine. D'autres voyageurs, M. le marquis de Compiègne notamment, à qui nous venons d'emprunter des notes très intéressantes sur les coutumes pahouines, ont contesté l'exactitude de ces assertions. Selon eux, le gorille n'offre aucune ressemblance avec l'homme, devant lequel il fuit, et serait de prise assez facile. Des deux côtés il y a quelque exagération. Nous avons recueilli au Gabon des détails précis sur ces animaux, et lorsqu'on apporta à bord de la frégate *la Danaé* le cadavre du djina dont le squelette se trouve aujourd'hui au muséum du jardin des Plantes, nous ne pûmes nous défendre d'une certaine émotion. Ce géant poilu ressemblait beaucoup à l'homme, dont il est très différent, cependant, au point de vue anatomique. Sa face avait de frappantes analogies avec le visage d'un nègre à la barbe hirsute ; l'œil n'était pas dépourvu d'intelligence.

— Li, fainéant, disaient les nègres ; li, monde pas vouloir parler. Li méchant.

Nos matelots ne tarissaient pas en plaisanteries sur le *bonhomme frisé*, et lorsqu'il fut, non sans peine, ratatiné dans une barrique d'eau-de-vie, les marins, toujours facétieux, plongèrent leur boujaron (petit gobelet en étain tenant un seizième de litre, et servant de mesure pour les rations d'eau-de-vie).

— Il en faut un peu pour tout le monde, mon ami. A ta conservation jusqu'à Paris !

Et, — chose répugnante, — ils burent de l'alcool déjà tout imprégné de la forte odeur du quadrumane.

Comme on le pense bien, on causait dans le carré du *Faidherbe* de du Chaillu, du marquis de Compiègne et des gorilles.

— Pour se faire une opinion exacte, il faudrait voir par soi-même.

— Eh bien, mon cher Victor, la chose est facile, dit Louis d'Arminel. Ce matin même, j'ai vu un nègre qui m'a proposé de me conduire au camp des gorilles. Si le commandant nous y autorisait, nous pourrions faire une fameuse chasse.

— Bravo! bravo! Il faut inviter le commandant, c'est la plus sûre manière d'obtenir son consentement.

— C'est cela! C'est cela!

Et les rires et exclamations joyeuses ne discontinuaient pas.

— En vérité, Messieurs, dit le commandant en se penchant sur le panneau vitré de la dunette, on ne saurait prétendre que le Fernand-Vaz engendre la mélancolie. Tous mes compliments. C'est ainsi que j'aime à voir mes officiers, mais l'équipage ne partage pas votre bonne humeur.

— Il y aurait un moyen sûr de rendre à l'équipage sa gaieté.

— Lequel, docteur?

— Il suffirait de le distraire.

— Me demandez-vous pour lui un casino, un café chantant?

— Non, assurément, car le remède serait pire que le mal.

— Et vous proposez?

— Une chasse.

— A quoi?

— Oh! le gibier ne manque pas. On pourra tuer quelques antilopes, quelques aigles blancs, des singes bleus.

— J'y consens volontiers. La pêche très heureuse faite il y a quelques jours avait amusé nos hommes; il en sera de même de la chasse. Donc, accordé.

— Je n'ai pas encore achevé ma pétition, poursuivit le

docteur. Il serait injuste de ne rien concéder à votre état-major, mon commandant, sous prétexte qu'il supporte vaillamment les atteintes du climat et les piqûres des moustiques.

— Et vous demandez ?

— Une chasse aux gorilles. Veuillez remarquer que nos matelots en profiteront aussi. Et ce sera bien plus intéressant encore que de jeter la poudre aux moineaux, pardon, je me trompe : aux perroquets et aux écureuils.

Le visage du commandant se rembrunit.

— Mon cher docteur, la requête est admirablement présentée.

— Procès bien plaidé, procès gagné, interrompit Victor d'Arminel.

— Je ne suis pas un juge, mon cher lieutenant, je suis un camarade. Et je voudrais bien être agréable à mon état-major, mais il y a des responsabilités à courir, des périls inutiles à braver.

— C'est pourquoi, mon commandant, aussitôt autorisés à marcher, nous voulions vous prier de prendre la tête de la colonne.

— Mon commandant, je ne suis qu'un passager, et ma présence ici n'est motivée que par votre bienveillance ; toutefois, voudriez-vous me permettre d'appuyer la demande du carré ?

— Certainement, mon cher explorateur.

— C'est, en effet, comme explorateur que je sollicite votre consentement à une partie de plaisir qui peut avoir son importance au point de vue scientifique.

Les savants sont un peu semblables aux médecins. Les uns disent oui, les autres disent non. Le gorille, pour certains, est un ancêtre, non perfectionné, de l'homme ; ils lui découvrent, avec une modestie excessive, un air de famille. A côté de ces matérialistes qui, pour ne pas voir le ciel, penchent toujours leurs regards vers la terre, il y a les notabilités sérieuses de la science anthropologique qui, elles, n'hésitent pas à laisser les gorilles aux singes comme on doit, selon la chanson, laisser les roses aux rosiers. Mais le gorille est l'objet de légendes qui ne sont peut-être pas plus authentiques que les exploits prétendus des voyageurs qui les ont mises en circulation. Il y aurait donc quelque intérêt à dégager la vérité. L'occasion est propice. Nous sommes en plein pays de djinas ; comment ne saluerions-nous pas ses habitants ?

— Et puis, mon commandant, fit observer le docteur, ne serait-il pas très flatteur pour les officiers du *Faidherbe* de voir leurs noms cités à l'ordre du jour de la Société de géographie ?

— J'en conviens, et cependant j'hésite encore à céder à vos instances, car le moindre accident qui surviendrait me vaudrait une affaire désagréable.

— Un plébiscite, mon commandant. Et prenez seulement des volontaires.

— Voilà une idée pratique, qui lève tous mes scrupules. Il reste bien entendu que je suis de la partie.

— Il n'y aurait pas de bonne fête sans vous, mon commandant.

— Merci du compliment. Nommons tout de suite une commission d'organisation. Je vous propose de charger MM. d'Arminel de tous les préparatifs avec le docteur. Il y aura lieu d'assurer le service des vivres ; à cela, je pourvoirai volontiers avec votre adhésion. Quant aux cartouches à balles coniques, il faudra les confectionner.

— Inutile, mon commandant. Mon frère Louis a de ces dragées pour tout le monde.

— Il importe aussi de s'enquérir, afin d'éviter des fatigues superflues, de l'endroit où les gorilles se promènent présentement.

— Sur ce point, j'ai des renseignements minutieux. Au pays de Cama, voilà où il faut aller, et nous tomberons en pleine tribu simiesque.

C'était par une belle matinée. Le soleil ne dardait pas encore ses brûlants rayons que le corps d'officiers du *Faidherbe*, commandant en tête, et suivi de quinze matelots tous armés de carabines Gras, s'avançait tantôt rampant à travers les broussailles, tantôt traversant en bon ordre les rares clairières des forêts touffues. Ils étaient précédés par un nègre qui avait la réputation d'être le meilleur chasseur du pays.

Au bout d'une heure de marche, le noir, se rabattant sur la petite troupe, leur indiqua du doigt une masse noire juchée sur un arbre.

— Li! li! femelles pas loin.

On s'avança doucement et silencieusement. Mais bientôt la masse noire disparut.

— Nous sommes au vent, dit Louis d'Arminel, et le gorille nous aura sentis. Cet animal a l'odorat très fin.

— Voilà notre chasse perdue? C'est vraiment dommage.

— Pas encore, mon commandant. La sentinelle s'est repliée sur le camp, qui ne doit pas être éloigné.

En ce moment, le nègre revenait sur ses pas, en donnant de grands signes de contentement.

— Li dormir, li beaucoup.

Cela signifiait qu'une troupe de gorilles se livrait tout près de là aux douceurs du sommeil.

— Pas un mot, et le doigt sur la détente, commanda Louis d'Arminel.

C'était un véritable camp que celui des djinas. Des factionnaires en gardaient les abords, tandis que le gros du régiment était étendu sur un monceau de feuilles sèches.

— Li mâles, murmura le nègre, en désignant les quatre gorilles éveillés et debout sur leurs pattes de derrière.

En atteignant le point extrême au delà duquel il était impossible de dissimuler sa présence, le commandant fit signe de s'arrêter et d'épauler.

— Feu! cria-t-il de sa voix éclatante.

Une formidable détonation suivit. Lorsque la fumée fut dissipée, on aperçut trois gorilles baignant dans leur sang, et les femelles s'enfuyant en emportant leurs petits.

— Victoire! victoire! s'exclamèrent les matelots.

— Ne vous hâtez pas trop, mes amis, leur cria Louis d'Arminel. Souvent, ces animaux *font le mort;* ils ont leurs ruses de guerre.

— Ah! je vais lui en donner, moi, des ruses de guerre, à ce vilain monde, s'exclama un loustic de l'équipage, et il courut sus à l'ennemi.

Soudain, un des gorilles se dressa, poussa un rauque gémissement, dans lequel la colère s'alliait à la douleur. Et il enlaça de ses bras velus et nerveux le gabier. Mais celui-ci, qui connaissait la boxe et ses secrets, parvint à se dégager. Alors, le gorille, cassant une branche d'arbre, se mit à la manœuvrer comme un Breton son pen-bass, et il se jeta bravement au-devant des chasseurs qui, croyant le combat fini, n'avaient pas rechargé leurs armes.

— Au couteau! et en prononçant ces mots, Victor d'Arminel se porta à la rencontre du gorille, qui tomba comme une masse. La lame avait traversé le cœur.

— Oh! les horribles bêtes! telle fut la réflexion générale.

— Non, assurément, nous ne sommes pas cousins, ricana le docteur.

Trois gorilles tués en quelques heures. L'expédition avait réussi à merveille. Le retour fut plus long que l'aller, car il fallait rapporter les dépouilles opimes.

On proposa aux noirs de manger les djinas, mais ce fut en vain.

— Nous pas Pahouins, nous pas boire sang et manger parents, répondirent-ils.

A bord, les mêmes scrupules ne se manifestèrent pas, e il paraît que la chair fut trouvée délicieuse.

Le soir, on inscrivit sur le journal :

« Excursion à terre, soleil ardent. Nous avons tué trois gorilles, sans compter l'autre gibier. »

Sous cette forme laconique était tranchée la grosse question de la non-humanité des djinas. Et l'on rit beaucoup des récits fantastiques de du Chaillu, qui avait abusé du proverbe : A beau mentir qui vient de loin.

Le *Faidherbe* rentrait en rade de Libreville au moment même où l'aviso-poste apportait le sac des dépêches.

Il faut avoir vécu loin de son pays pour comprendre la joie intense causée par ces mots : Le courrier de France ! En un clin d'œil, le dépouillement est fait, le classement par navire est opéré. A cette heure, il y a comme un arrêt dans les services à bord. Chaque homme, depuis le dernier des matelots jusqu'à l'officier le plus élevé en grade, a des lettres à lire, des nouvelles à apprendre. Les rires joyeux ont souvent pour contraste les larmes du deuil. N'est-ce point l'image même de la vie, où la douleur coudoie sans cesse le bonheur ?

Il y avait un gros paquet à l'adresse de Victor d'Arminel, et les deux frères se mirent avec un affectueux empressement à l'agréable labeur.

— Oh ! oh ! s'écria Victor, voilà du nouveau. Notre sœur a enfin consenti à se marier. On n'attend plus que moi pour les noces. M. de Sauriac est agréé, notre père et notre mère sont à la fois contents et tristes. C'est que le Tuco va être bien vide lorsque l'ange de la famille aura d'un coup d'aile quitté le vieux château.

— Chère Nadèje, je suis tout heureux d'apprendre qu'elle va devenir « madame », mais, comme toi, je pense à la solitude de nos bien-aimés parents. Sais-tu bien que....

— Pardon de t'interrompre. Voilà qui te concerne spécialement, et Victor lut :

« Mon cher Victor, je n'ai pas besoin de te dire que si l'union projetée nous réjouit pour ta sœur, nous ne pouvons, — car il y a un peu d'égoïsme même dans l'amour d'un père et d'une mère, — nous défendre d'un sentiment de chagrin à la pensée que bientôt nous serons seuls dans le manoir où, — c'était hier, — vos voix si fraîches et si chères éclataient comme des fanfares de gaieté. M. de Sauriac va nous enlever un trésor de tendresse, et nous prendre une partie de ce cœur dans lequel nous aimions à lire. C'est la vie. On élève ses enfants, on les caresse, on les choie, puis un jour vient où se vide la maison comme le nid d'hirondelles. »

— Les hirondelles reviennent. Ainsi, mon cher Victor, tu vas rentrer en France. Pourquoi n'y mouillerais-tu pas définitivement ton ancre ? Tu es un brillant officier, et tu pourrais trouver un parti avantageux, en échange de tes épaulettes.

— Quitter la marine ! Briser une carrière qui répond à tous mes goûts....

— Eh ! qui te parle d'une renonciation définitive ?

— Un marin qui se marie doit donner sa démission. La vie de ménage est incompatible avec la présence à bord. Quelle existence que celle d'une famille dont le chef vogue sur les mers, tandis que sa femme, ses enfants, sont seuls au foyer !

— Seuls ? tu oublies papa et maman.

— A Dieu ne plaise, mais il vient un jour, hélas ! où la mort retranche les parents ! C'est une de ces lois de nature qui brisent le cœur et qu'on ne peut éviter !

— Oh ! je t'en prie, n'évoquons pas ces lugubres perspectives !

— Toi, mon cher Louis, tu es libre de tes mouvements, et tu pourrais faire souche de d'Arminels. Charles et moi, nous avons chacun une épouse : l'armée et la marine. Tu es, au contraire, tout préparé par ta carrière aux douceurs du repos après les courses vagabondes à travers les pays lointains. A ta place, je clôturerais mon journal d'explorations, et....

— Tu te marierais ?

— Ce n'est pas seulement mon opinion. Ecoute :

« Je ne sais où est ton frère Louis. Dans ses dernières lettres, il me disait bien qu'il se proposait de se rendre au Gabon, mais il m'indiquait l'intention de poursuivre jusqu'au Congo. Si tu parviens à saisir la résidence de notre affectionné nomade, dis-lui que ta mère et moi nous l'attendons ici pour occuper la place de sa sœur. Nous « prenons de l'âge, » et nous voudrions bien être un peu comme tout le monde : avoir un bâton de vieillesse. Que Louis revienne donc, ne serait-ce que pour quelques mois. Nous essaierons de nous habituer au vide qui va se faire au Tuco.... Plus tard, ton frère pourra reprendre ses voyages. Pousse-le à cette bonne résolution, je t'en prie, pour ta mère surtout, qui répète sans cesse que la gloire est une belle chose, mais qu'il y a du temps pour tout. Dans la vie il ne s'agit pas seulement de courir, il faut aussi savoir se reposer. Et puis il passera des noirs aux blancs, car il a neigé sur nos têtes. Les années nous ont poudrés à frimas.... »

— Eh bien, qu'en dis-tu ?

— Je dis que je suis résolu....

— A quoi ?

— A donner satisfaction aux désirs de notre père. Le sacrifice est grand ; je le ferai néanmoins de bon cœur....

— Voilà une décision qui fait honneur à ton cœur, mon cher Louis. Si elle ne me surprend pas, elle me comble de joie. Et tu partiras bientôt ?

— Dès la première occasion.

— Sur l'*Arabe*, alors ?

— Cet aviso va donc rentrer en France ?

— Oui, directement; à peine fera-t-il escale à Dakar.

— Et tu crois qu'il serait possible de prendre passage à bord ?

— Ceci est une affaire délicate à traiter, vu ta bonne mine, mais point impossible à résoudre. Comme explorateur, tu pourrais obtenir quelque privilège.

Au détour de l'allée ombreuse où ils se promenaient, MM. d'Arminel aperçurent un matelot qui venait à eux d'un pas rapide.

— Qu'y a-t-il de nouveau, Duarec? Est-ce moi que tu cherches ?

— Faites excuse, mon lieutenant, c'est bien vous. Le commandant m'envoie vous dire de rallier le bord au plus tôt.

— Que se passe-t-il donc ? tu as la figure toute joyeuse.

— On l'aurait à moins. Nous partons pour la France !

— Comment ! on t'embarque sur l'*Arabe?*

— L'*Arabe?* Mais, mon lieutenant, vous ne connaissez donc pas la nouvelle ?

— Quelle nouvelle ?

— L'ordre est arrivé de substituer le *Faidherbe* à l'*Arabe*, qui est désigné pour Loango. Et, après-demain, en dérapant l'ancre, nous chanterons :

Vers les rives de France....

— Voilà, mon cher Louis, qui est providentiel, car sur le *Faidherbe* ton couvert est mis. Je me charge de tout. Doarec, pousse au large et dis au commandant que, dans quelques minutes, je serai à bord.

— Pardon, mon lieutenant, mais j'ai pour instruction de me tenir à vos ordres et de vous ramener.

— Partons. A ce soir, cher Louis, fais tes malles, et je viendrai te prendre pour dîner. Nous verrons le commandant.

Le retour en France. — Un homme à la mer.

Le surlendemain, à l'aube, le *Faidherbe* envoyait à la rade ses saluts d'adieu. Rangés autour du cabestan, les malades contemplaient la côte qui peu à peu fuyait devant leurs yeux, tandis que les gabiers, sautant de mât en mât, exécutaient les manœuvres avec une agilité que, depuis longtemps, on ne leur connaissait plus. Victor d'Arminel était sur son banc de quart, et de sa voix la plus vibrante faisait les commandements. Son frère, adossé contre les bastingages, regardait d'un œil pensif cette terre dont il n'avait pu fouiller les forêts profondes le long de l'Ougoué. Il regrettait sa tâche inachevée ; mais tout d'un coup sa pensée l'emportait au delà de l'Océan, et sa physionomie changeait d'aspect. Elle devenait souriante. Le fils avait vaincu l'explorateur. Il se disait qu'après tout partie remise n'était pas partie perdue ; que, d'ailleurs, d'autres que lui achève-

VUE D'EGGA

raient l'étape, et que Brazza suffirait même seul à la besogne.

— Tout le monde sur le pont !

Au milieu des sifflets, car, dans la marine, tout se fait au sifflet, l'équipage monta sur le pont.

— A serrer les kakatoès !

Des mousses s'élancèrent dans les haubans.

— A serrer les perroquets !

En quelques minutes les voiles furent pliées.

— A prendre deux ris dans les huniers ! — A carguer la misaine ! — A carguer la grand'voile !

Pendant que s'exécutaient ces commandements, un *grain* s'abattait sur le *Faidherbe;* les nuages noirs s'étaient accumulés avec une rapidité vertigineuse. Une trombe de vent tordait en quelque sorte le navire, ballotté sur la houle avec sa voilure de cape.

Le commandant se tenait à côté de l'officier de quart. Il interrogeait l'horizon, tandis que les lames furieuses déferlaient sur le pont.

— Bast! disait un vieux matelot, c'est le Gabon qui nous envoie son dernier bonjour. Quelques minutes encore, et nous reprendrons nos allures.

— Un homme à la mer ! cria le timonier.

— Jetez les bouées! laisse arriver! stoppez la machine! carguez partout!

— Sifflez le canot-major, ajouta Victor d'Arminel.

— On ne peut, avec ce temps, essayer un sauvetage, murmura le commandant. Il y a des sacrifices douloureux....

— Mon commandant, veuillez prendre le quart et m'autoriser à descendre dans le canot. Le péril est grand, mais, avec la grâce de Dieu.....

— Je ne puis vous laisser ainsi aller à une mort certaine.

— Voyez tous ces braves.... ils ne demandent qu'à marcher. Et tenez, le malheureux nous attend, il est sur la bouée.

— Impossible, lieutenant, nous allons tâcher de nous rapprocher. Je veux tout faire pour le sauver, tout, excepté compromettre la vie de ses camarades, sans utilité pour lui.

Le *Faidherbe*, dépouillé de sa voilure, était exposé aux plus graves dangers ; à chaque instant, il courait le risque d'être pris en travers par les vagues et de sombrer. On ne tenait plus que difficilement sur le pont, au moment surtout où, changeant de route, l'aviso se trouva de bout à la lame.

Victor d'Arminel, les yeux fixés sur un point noir, avait gagné l'arrière, le commandant l'avait remplacé sur le banc de quart.

— Doarec, dit-il au gabier attentif à ses côtés, silence et discrétion. Fais une double clef à la ligne de loch. Nous approchons de la bouée. Quand nous serons à distance....

— Compris, mon lieutenant. Je suis prêt à....

— Tu n'as pas compris. C'est moi qui....

— Vous !

— Oui, moi, j'ordonne. Tu me passeras la double clef autour du corps, et si tu vois que je parviens à saisir le noyé, tu fileras de la ligne afin que je puisse amarrer ton camarade.

— Mais ce n'est pas travail d'officier, mon lieutenant.

— Au contraire, le poste du péril revient de droit aux galons. Pas un mot de plus. Il ne faut pas que le commandant se méfie. A sa place, j'agirais comme lui. Il y a des responsabilités qui écrasent les chefs dans certains instants.

— Mon lieutenant, l'homme est encore vivant. Je le vois agiter son béret.

Le *Faidherbe* passait à une encablure de la bouée.

Tout d'un coup, une clameur s'éleva, un bruit sourd vint jeter l'angoisse dans tous les cœurs.

— Le lieutenant à la mer!

— Stoppez!

Doarec tenait de ses mains crispées la ligne de loch, qui se déroulait avec une vitesse extraordinaire.

Le commandant devina l'acte héroïque de Victor d'Arminel. Louis, au contraire, était en proie à d'horribles inquiétudes.

— Oh! s'écria-t-il, mon commandant, je vous en supplie, sauvez mon frère!

— Je ferai tout ce qu'il me sera possible de faire, mais pas plus pour un officier que pour un matelot, je n'ai le droit d'exposer une embarcation dont tout l'équipage périrait infailliblement, car elle serait brisée contre les parois du navire avant de toucher à l'eau.

Quelques minutes poignantes s'écoulèrent. Puis, on vit le nageur aborder la bouée, se pencher sur son compagnon, et on aperçut Victor d'Arminel qui faisait signe de haler sur la ligne de loch. Doarec, aidé par sa bordée, s'acquitta de ce soin.

— Cela vient, cela vient, criait-il joyeux,

A chaque instant, la bouée disparaissait submergée, mais son précieux fardeau était toujours là. Enfin arriva le moment décisif. La bouée était à pic du bord. Des gabiers, cramponnés aux porte-haubans, tandis que d'autres la hissaient avec un palan, l'élinguèrent avec soin. Le sauvetage était accompli. Quelques frictions et des grogs chauds remirent le matelot, qui sauta au cou de son sauveur :

— Cela ne me dispensera pas d'aller pieds nus au sanctuaire de Notre-Dame des Flots. Me voyant périr, je l'ai invoquée, et elle m'a envoyé son secours. Je vous dois la vie, mon lieutenant. Elle reste à votre service.

— Lieutenant, rendez-vous dans votre chambre. Le docteur ira vous y soigner.

— Merci, mon commandant, à part la fraîcheur de mes vêtements, je suis très bien.

Et il serrait Louis dans ses bras.

— Ah! mon pauvre frère, j'ai bien cru que c'en était fait. Vois-tu si notre père avait raison de nous recommander d'apprendre à nager et à plonger !

— Lieutenant, rendez-vous aux arrêts!

Victor d'Arminel obéit, mais Louis jeta un regard furibond au commandant.

Celui-ci suivit l'officier :

— Mon cher ami, vous avez désobéi à mes ordres, et je vous ai puni. Ainsi le veut notre discipline, que des esprits superficiels trouvent mesquine et ridicule, et qui, pourtant, forme les hommes de cœur. Vous êtes un héros et vous serez récompensé.

Victor d'Arminel serra la main du commandant avec effusion.

Comme le commandant revenait sur le pont, Doarec, à la tête d'une députation, se présentait devant lui. Il tortillait son béret d'une main fébrile, qui était l'indice de son embarras :

— Mille pardons, mon commandant; serait-ce un effet de votre bonté de vouloir bien nous écouter quelques secondes?

— Parle, mon garçon.

— Nous est avis que le lieutenant n'a pas désobéi à vos ordres.

— Comment cela ?

— Vous aviez refusé de laisser mettre le canot-major à la mer, mais vous n'aviez pas défendu de se jeter à l'eau.

— L'observation est juste ; il n'y a eu, en effet, qu'excès d'initiative, et heureux excès.

— Timonier, prévenez M. le lieutenant d'Arminel que je désire le voir, et que je lève la consigne.

Des applaudissements accueillirent ces paroles. Louis d'Arminel se rendit dans le cercle formé sur la dunette. Le temps s'était remis au beau, et ce fut au milieu des félicitations de tous que le brave officier acheva cette journée mouvementée.

Le reste du voyage se passa sans incident à noter. Aussitôt débarqués à Rochefort, les deux frères expédièrent cette dépêche :

« Arrivés ce matin ; partirons demain pour vous embrasser. — Victor-Louis. »

Au Tuco. — Une chasse fatale.

Les joies du retour furent indicibles. Il faut les avoir connues pour en apprécier la vivacité et la douceur. Nous ne les décrirons pas, mais nous les avons ressenties, et elles demeureront jusqu'au dernier instant de notre vie le cher souvenir de la jeunesse, souvenir sur lequel, hélas ! la mort a étendu ses voiles de deuil !

La rentrée au pays, la vue du clocher d'où l'angélus s'égrène de la vieille tour comme un Alléluia, la maison où chaque meuble est un ami, le verger avec ses beaux fruits, le jardin avec ses fleurs embaumées, le père, la mère, dont chaque ride indique les souffrances endurées pour l'amour des enfants, les domestiques fidèles qui sont des amis, le chien qui prodigue ses caresses comme aux jours des premières chasses, le cheval qui piaffe et qui hennit, tout fait fête au voyageur qui revient, et dont le cœur se dilate sous ces émotions diverses, mais qui, toutes, le ramènent au jeune temps.

Lorsque Victor et Louis revinrent au Tuco, le château était en pleins préparatifs pour les noces de Mlle Nadèje. M. de Sauriac avait été officiellement admis comme prétendu, et la bénédiction nuptiale devait être donnée le mois suivant.

La jeune fille ne témoignait aucun déplaisir ni aucun empressement. Elle accueillait les hommages avec une aimable réserve et se tenait aussi éloignée d'une raideur désobligeante que d'une inclination particulière. Elle avait résisté longtemps ; elle cédait pour satisfaire ses parents, mais elle avait loyalement prévenu M. de Sauriac qu'elle faisait un mariage de raison. Le fiancé, charmé d'être accueilli dans une famille dont il estimait la traditionnelle honnêteté, n'en demandait pas davantage. Il connaissait par le vieux curé les vertus de Mlle d'Arminel, et il se disait que dans un pareil trésor il trouverait certainement la monnaie de sa pièce. Ses futurs beaux-parents l'entouraient d'attentions, et il trouva dans Victor et Louis, ses camarades de jadis, des frères pleins d'affectueuses prévenances. Tout allait donc sans encombre, et dans le village, si les pauvres regrettaient Mlle Nadèje, on était unanime à se réjouir de ce qu'elle avait trouvé un parti digne d'elle.

La jeunesse, voulant célébrer à sa façon l'union projetée, organisa une chasse au sanglier. Tout le pays convié, les premières invitations furent pour le Tuco. Au jour dit, Victor et Louis d'Arminel étaient sous les armes dès les premières lueurs matinales. Aussi lorsque les principaux chasseurs arrivèrent, les deux frères les reçurent-ils sur le seuil du portail extérieur.

Cependant, M. de Sauriac gravissait la côte de la chapelle en compagnie de M. le curé qui allait dire sa messe.

Il entra, et tandis qu'il causait amicalement avec M. d'Arminel, Mlle Nadèje se montra un instant avec sa mère.

— Surtout prenez bien garde à nos chasseurs, dit la jeune fille. Dans une battue, les fusils partent tout seuls.

— Il ne faut rien exagérer, mon enfant. Nos villageois ne sont pas des écoliers. Et tes frères, d'ailleurs, régleront la chasse.

— Mademoiselle, répondit à son tour M. de Sauriac, je suivrai votre conseil, mais je serais désolé qu'une partie de plaisir pût vous occasionner l'ombre d'un désagrément.

— En route, cria Victor.

Allons, chasseur, vite en campagne,
Du cor n'entends-tu pas le son?

La meute était superbe et de tous côtés surgissaient des paysans venant coopérer à la chasse.

Sur les confins du bois du Bedat, on découpla les chiens. La piste avait été reconnue, et les postes furent promptement distribués. Le sanglier ne tarda pas à être levé. Des hauteurs de Bentejac, M. de Sauriac suivait avec intérêt la course de la bête serrée de près, et que, de temps en temps, un coup de fusil saluait au passage. Peu à peu, les aboiements se rapprochèrent, et sur l'étroit sentier apparut le sanglier, bavant l'écume et le sang et rendu furieux par les blessures reçues.

M. de Sauriac épaula vivement et fit feu. Le solitaire poussa un grognement terrible et continua sa route. Une seconde détonation retentit, puis plus rien. Lorsque la meute arriva, le piqueur aperçut un horrible spectacle. M. de Sauriac râlait sous la dent de la bête, qui l'avait éventré. Son couteau de chasse à la main, il s'était défendu de son mieux, mais sans succès.

Le sanglier s'acharnait encore sur l'infortuné chasseur lorsqu'une balle le coucha par terre.

Le cor exhala des sons plaintifs, et bientôt accoururent MM. d'Arminel et leurs compagnons de battue.

— Il n'est pas mort, dit Louis, le cœur bat encore. Vite le prêtre et le médecin. Transportons-le au château.

Une civière fut improvisée avec des branches, et le triste cortège s'achemina vers le Tuco, où le retour fut aussi triste que le départ avait été gai.

— Quel malheur, ma pauvre enfant ! disait sa mère à Mlle Nadèje.

— Oh ! maman, j'avais comme un pressentiment, ce matin !

— Voilà M. le curé, interrompit le père. Prions et espérons.

Lorsque le pasteur de la paroisse pénétra auprès du blessé, il vit que M. de Sauriac était mortellement atteint.

— Monsieur le curé, murmura celui-ci d'une voix faible, je voudrais recevoir les derniers sacrements. Je sens que c'en est fait de moi.

— Le docteur monte, c'est un habile praticien....

— Inutile de me bercer d'illusions quand je vais dormir dans l'éternelle réalité.

— Cependant, laissez-vous panser ; je serai là à votre chevet.

Le médecin entra, il examina les plaies, les lava, rédigea une ordonnance et se tournant vers le prêtre :

— Mon office est fini. C'est votre ministère dont le malheureux a besoin. Hâtez-vous ; dans une heure il ne serait plus temps.

La confession fut prompte.

Quelques minutes plus tard, la clochette annonçait que le curé portait au malade le Dieu de l'Eucharistie. M. et Mme d'Arminel, ses fils et sa fille, étaient prosternés à l'entrée de leur demeure.

Après avoir communié et l'extrême-onction reçue, M. de Sauriac remercia le prêtre, et serrant la main de M. d'Arminel :

— J'avais fait un rêve de bonheur; il s'est brisé avec ma vie. J'aurais été si heureux d'être votre fils ! Je me résigne et j'offre à Notre-Seigneur le sacrifice de ma vie. Priez pour moi !

La fatigue gagnait visiblement le blessé. Victor et Louis veillaient en pleurant.

— Nous aurions été de bons frères, balbutia le mourant.

Quand sa famille, prévenue de la catastrophe, parvint au Tuco, M. de Sauriac avait rendu le dernier soupir. Elle assista le lendemain aux funérailles, et elle partit désolée, en ramenant avec elle le corps du cher défunt.

Le soir de l'enterrement, le curé était au château. Il avait là une mission de charité à remplir.

— Ah ! mon cher ami, je n'avais pas pleuré autant qu'aujourd'hui depuis longtemps. Ce service funèbre me rappelait celui qui fut célébré pour vous lorsque l'on annonça votre mort en pleine guerre. C'était également avant un mariage, mais cette fois la nouvelle était fausse heureusement.

— Moi aussi, je pleure, car voilà tous nos projets d'avenir détruits. Et puis, il était si bien, M. de Sauriac, il aurait rendu ma fille si heureuse !

— Ce que Dieu permet est impénétrable, et l'on doit savoir baiser sa main dans la douleur. Et Mlle Nadèje ?

— Elle est avec sa mère ; la pauvre enfant se reproche

de n'avoir pas consenti plus tôt ; elle dit que, sans les retards imposés par elle, la maudite chasse n'aurait pas eu lieu.

— Il ne faut pas la laisser s'abandonner à de pareilles idées. En acceptant la main de M. de Sauriac, elle faisait œuvre de dévouement filial, car, je puis vous le déclarer, elle ne se mariait vraiment que par déférence. Maintenant, elle reprendra sa vie habituelle auprès de vous, et si elle déplore la mort de M. de Sauriac, croyez bien que son chagrin est dépourvu de tout motif égoïste.

— Permettez-moi de faire prévenir de votre présence ma femme et ma fille. Mais, tenez, je les entends qui descendent l'escalier.

Mme et Mlle d'Arminel accueillirent avec respect les condoléances du vénérable prêtre.

— Mademoiselle, Dieu n'a pas voulu le mariage qui nous aurait comblés de joie, il faut savoir s'incliner devant sa volonté.

— Oh ! monsieur le curé, quel affreux événement ! Si je n'avais pas dit oui, M. de Sauriac serait encore de ce monde.

— Mon enfant, en obéissant aux désirs de vos parents, vous accomplissiez généreusement un devoir. N'allez donc pas vous créer de chimériques scrupules. Ce serait mal. Vos frères escortent le cercueil de l'homme de cœur qu'ils auraient été heureux de voir devenir votre époux. Ici nous prierons pour lui.

— C'est encore nous qui sommes les plus à plaindre, ma chère Nadèje, dit tendrement la mère.

— Pourquoi ?

— Parce que nous avions fondé de grandes espérances sur une union à tous égards très convenable. Et voilà que tout est anéanti !

— Tout, c'est trop dire, madame. Qui sait ce que Dieu nous réserve ? Votre famille n'est pas la seule dans laquelle le deuil se substitue brusquement à la joie. Et le monde marche avec ses peines et ses angoisses, car il lui reste l'espérance, le bien suprême qui console et qui fortifie. Où donc en serions-nous si nous ne savions élever nos âmes à la hauteur des calamités qui nous assaillent ? Mais la vie ne serait plus possible.

— Vous avez raison, monsieur le curé, et Nadèje est jeune.

— Oh ! papa, je t'en prie ! tu vois bien que Dieu ne veut pas que je me marie !

— Si telle est sa volonté, elle s'effectuera, ma chère enfant.

Le prêtre se retira, et l'on aurait pu l'entendre le long du chemin dire en se parlant à lui-même :

— M'est avis que Mademoiselle n'a pas tort. Elle me semble prédestinée à une vie tout autre que celle du ménage.

III.

Au Soudan. — Les premières campagnes. — Keniera. Niafadié.

Pendant que se passait au Tuco le triste événement que nous venons de raconter, Charles d'Arminel combattait au Soudan sous les ordres du colonel Borgnis-Desbordes. Il prit donc une large part aux expéditions annuelles qui eurent lieu dans ce pays et dont nous allons retracer l'ensemble, en nous arrêtant seulement aux points les plus importants.

Trois chefs ennemis ont personnifié la résistance à nos armes : Samory, qui lutte encore, Mahmadou-Lamine, qui a péri dans l'action, Ahmadou, que nous avons entrevu à Ségou, et qui est actuellement retiré dans le Macina.

De Samory on ne connaît que vaguement l'origine. On sait seulement que né vers 1830, sur la rive droite du Niger, il fut pris dans une razzia et devint l'esclave d'un marabout nommé Moro. Celui-ci en fit un musulman ardent, et remarquant son intelligence, il l'utilisa comme ânier pour le négoce. C'est ainsi que Samory eut l'occasion de visiter Médine et Bakel, et de prendre une grande influence sur les gens avec lesquels il entrait en relations. Il se disait envoyé d'Allah, et inspiré par lui. Il conquit rapidement la confiance publique, et Moro, en concevant quelque ombrage, le mit aux fers sous un prétexte futile, afin d'humilier sa fierté. L'esclave promit d'obéir désormais et fut libéré de ses entraves, mais la haine couvait dans son cœur. Il endoctrina des jeunes gens qui virent en lui un prophète ; il excita leurs convoitises et leur fanatisme, et quand il fut sûr de leur fidèle concours, il s'empara de son maître, le mit aux fers à son tour, et quitta le pays en faisant parade de sa mission religieuse.

— Je vais répandre au loin la parole de Dieu ; toi, tu prieras ici pour le succès de mon entreprise, dit-il en ricanant à Moro enchaîné.

Et il partit, inaugurant ce système de pillage et de massacres qui a fait de lui le plus redoutable bandit des régions soudaniennes. Tous les hommes de proie se rangèrent sous ses ordres, et le Ouassoulou devint bientôt le fief ensanglanté de ce barbare, dont la haute taille et la voix sonore étaient, pour les nègres de ces régions désolées, des indices de prédestination au commandement. Musulmans ou fétichistes furent indistinctement ses victimes d'abord, ses complices ensuite.

Il y avait, dans une vaste plaine située sur la rive droite du Niger, une ville fortifiée par une solide muraille et qui était le grand marché de la contrée pour l'échange des esclaves et de l'or du Ouassoulou contre du sel et des étoffes venant du nord. Elle s'appelait Keniera, et Samory avait résolu de s'en emparer. Le chef de la cité dépêcha un envoyé à Kita pour demander l'aide des Français. Le commandant du poste ne pouvait songer, vu le petit nombre de ses troupes, à intervenir militairement. Il essaya de la médiation. Un officier indigène se rendit à Keniera et de là à Gulaba, auprès de Samory, qui entra dans une violente colère lorsque lui furent faites des ouvertures pacifiques. Le messager français fut emprisonné, et ne dut qu'à son habileté d'échapper à la mort qui l'attendait.

Le prophète, maître d'un empire qu'il avait formé du Tankisso à Sierra-Leone et à la république de Libéria, se mit en route vers le Bouré et franchit le Niger. Lorsqu'il arriva devant Keniera, au mois de novembre 1881, la récolte n'était pas faite, et il résolut d'affamer les malheureux habitants. Sur les hauteurs, il fit construire quatre redoutes entourées de fortes palissades, et l'armée aux grands chapeaux coniques surmontés d'une touffe de paille, aux boubous couleur de rouille, garnis d'amulettes, organisa un blocus infranchissable. Durant cinq mois, Keniera résista aux angoisses de la faim, mais les provisions de mil étant épuisées, force était de se rendre.

Cependant, le lieutenant-colonel Borgnis-Desbordes, parti de Kayes, était arrivé à Kita. Il apprit le siège de Keniera, les défections et la terreur que causait dans le Manding et jusqu'à Niagassola, à 25 lieues de Kita, la venue de Samory. Son parti fut vite pris. Vers la fin de février, nos troupes campaient à quatre kilomètres de la ville assiégée. Le combat s'engagea promptement, et les fanfaronnades de Samory tournèrent à sa confusion. Ses guerriers lâchèrent pied dès la première attaque, et nos soldats, les poussant vivement la baïonnette dans le dos, entrèrent avec eux dans la ville. Là, un horrible spectacle les attendait. Il n'y avait plus comme habitants que quelques malheureux infirmes qui mouraient de faim. Tout le reste de la population avait été égorgé ou emmené en esclavage. Les puits regorgeaient de cadavres, et un brasier encore incandescent exhalait la forte odeur de chairs et d'os grillés !

Samory, qui avait failli être pris dans la redoute qu'il occupait, battit en retraite ; et ce n'était pas avec un contingent de 200 hommes que le commandant français pouvait poursuivre une armée qui allait recevoir des renforts. En route, le lieutenant-colonel Borgnis-Desbordes infligea à Tabou, frère de l'émir, une défaite près du marigot de Kaba. Il mit ainsi fin aux incursions de cavaliers qui avaient plusieurs fois attaqué la colonne. L'achèvement des forts de Kita, la construction de celui de Badoumbé furent les derniers actes de la campagne.

Rentré à Kayes en juin, le lieutenant-colonel Borgnis-Desbordes repartit en novembre (1882) avec la mission de relier Kita à Bammako, et de construire un fort en cet endroit. Chemin faisant, il s'empara de Moungourla sans coup férir, et rasa ce centre d'agitation. A Daba, trouvant la route barrée, il engagea un combat qui ne dura que deux heures, et fit, le 19 janvier 1883, flotter le drapeau français sur le village. Il faisait ses préparatifs pour rentrer à Médine lorsque lui fut annoncée la marche des troupes de Samory, commandées par son frère, sur Bammako. Il se porta, avec 250 hommes, à la rencontre de l'ennemi, fort de 4,000 fantassins et 200 cavaliers, et après des combats acharnés qui durèrent du 2 au 5 avril, le mit en pleine déroute. A quelques jours de là, il dispersa encore les contingents de Tabou à Koumakhana et à Maréna. Ayant pacifié le pays, il rentra à Médine dans le commencement de mai, non sans laisser une garnison à Bammako.

Ce fut M. le lieutenant-colonel Boilève qui lui succéda dans le commandement du Soudan. La fin de l'année 1883 et les onze premiers mois de 1884 s'écoulèrent sans incidents militaires. En apprenant que le chef français avait procédé, à Kita, à une revue dans laquelle figuraient dix pièces de campagne, Tabou repassa sur la rive droite du Niger, tandis qu'Ahmadou, pour des raisons qui n'ont jamais été bien précisées, abandonnait Segou, sa capitale, où il laissait un de ses fils, et se fixait à Nyamina, près du Kaarta.

VUE D'OUTCHÉ BOU-HOU

Le fort de Koundou, entre Kita et Bammako, fut bâti durant la campagne fructueuse, quoique peu guerroyante.

L'année suivante, le commandant Combes, le héros entré le premier à Daba, par la brèche à peine ouverte, dirigeait la colonne partie de Diamou le 31 décembre 1884, se rendait à Badoumbé et de là à Niagassola, où un fort était aussitôt construit. Samory ne bougeant pas dans le Bouré, la conquête de cette région fut résolue. Mais bientôt l'émir, à la tête de 6,000 hommes, vint bloquer Niafadié, poste placé entre Niagassola et le Niger. Nous allons emprunter au capitaine Peroz, l'un des combattants en ces journées héroïques, le récit des principaux épisodes qui précédèrent et suivirent ce siège. Disons seulement que Charles d'Arminel, atteint par une insolation, n'avait pu y prendre part et était resté à Niagassola. Il venait d'être nommé lieutenant.

Le capitaine Louvel, avec la colonne de Siéké, avait rallié Niafadié et faisait route vers Niagassola, lorsqu'une dépêche du commandant Combes, averti de la marche offensive de Samory, lui ordonna de se montrer de nouveau dans le Bouré et dans le Siéké et de reconstituer le poste de Niafadié, vers lequel se dirigeait un convoi de vivres. Ces ordres furent exécutés ; le capitaine Louvel laissa au capitaine Dargelos la garde de la ville et repartit pour Bougourou, qui, située au pied des monts Sakala et garnie d'une double enceinte en pisé, pouvait être rapidement transformée en une excellente place forte. Ses hauts figuiers et ses gigantesques baobabs lui donnaient un aspect ravissant, et le gibier abondait dans la plaine et les forêts avoisinantes. L'agréable le disputait à l'utile, et les populations vaillantes et dévouées à la cause française constituaient un élément sûr de résistance. Dès le lendemain de son arrivée à Bougourou, le capitaine Louvel envoya des reconnaissances dans la direction du Niger. A Sétiguia, le lieutenant Bonnard trouva les habitants réunis en de tumultueux palabres. Les uns se prononçaient pour nous, d'autres, alléguant que les Français les compromettaient sans les soutenir, étaient d'avis de boire le *dégué* avec Samory, guerrier de leur race. Boire le *dégué*, ou couscous au lait, avec l'émir, équivalait, selon les usages locaux, à signer un traité d'alliance. Le roi Nandamakha voulait partir avec nos soldats; il pressentait la mort prochaine qui l'attendait. Notre détachement, après un séjour de vingt-quatre heures à Sétiguia, s'achemina vers Bougourou. Il s'était à peine engagé dans les ravins, qui du plateau descendent jusqu'à un large thalweg, que des détonations nombreuses lui apprenaient que Samory tuait Nandamakha.

Voici ce qui s'était passé à Setigula :

« La nuit précédente, Samory était arrivé sans bruit avec toute son armée à Kintinian, résidence du roi Dimio, détrôné par nous. Un espace de dix kilomètres, en terrain très couvert, sépare à peine Setiguia de cette dernière ville, et il est facile d'y manœuvrer inaperçu. C'est ainsi que le faux prophète, dès la première partie de la nuit, avait porté en avant le corps d'armée de son frère Malinkamory, fort d'environ 5,000 hommes, dont 400 cavaliers, et l'avait établi de façon à couper Setiguia de toute communication extérieure. La route seule de Bougourou, par laquelle le détachement français devait se retirer, n'était que surveillée; mais elle avait été laissée entièrement libre, de façon à ne pas renforcer la défense de la ville de nos fusils si redoutés.

» Nandamakha, avec cet instinct commun à tous les noirs, avait flairé le danger immédiat qui le menaçait, quoique aucun signe extérieur ne le révélât. Le nuit était tranquille et sereine ; le grand silence qui s'étendait au loin sur la campagne était à peine troublé par le doux murmure de cette brise régulière qui, aux approches de l'hivernage, rafraîchit, le soir, l'atmosphère embrasée. Peut-être était-ce ce silence qui oppressait Nandamakha.

» Pourquoi le concert discordant où se mêlent, aux appels aigus de mille insectes criards, le rugissement des fauves, le hurlement lugubre de l'hyène, les glapissements du chacal, les aboiements des cynocéphales, familiers nocturnes des alentours de sa ville, ne se faisait-il point entendre? Dans l'ombre épaisse qui l'environnait, n'auraient-ils point cédé la place à des fauves plus cruels et plus dangereux, dont il lui semblait voir les prunelles s'allumer sous la noire feuillée?

» Se sentant perdu, Nandamakha n'avait rien tenté pour se soustraire par un effort désespéré au sort qui l'attendait; il avait négligé de prendre les précautions les plus ordinaires. La porte de son *tata* n'était même pas fermée lorsque le lendemain, dès l'aube, le dernier de nos tirailleurs disparut derrière les crêtes empourprées.

» A ce moment même, les cavaliers de Malinkamory faisaient irruption sous les remparts de la ville, et un flot de fantassins cachés à petite distance de la citadelle se ruait sur elle, l'inondant de toutes parts, en prenant possession sans qu'un coup de fusil parti de la place vînt ralentir leur élan.

» Nandamakha, étendu inerte sur son estrade, la tête soulevée sur son coude, les vit se précipiter dans sa demeure en hurlant des cris de mort. Devant un tel hérissement de fusils et de sabres, il n'abaissa même pas la main sur le cimeterre doré, signe de son investiture royale, reposant à ses côtés. Quelques coups de feu abattirent son corps, et il tomba dans la position où l'avait jeté le choc des projectiles. Pourquoi, en opposant une résistance vaine, aurait-il prolongé son agonie? Sa tête, immédiatement tranchée, fut placée au bout d'un long bambou, et son exposition au-dessus des remparts, saluée d'un hourra de victoire de toute l'armée ennemie, glaça d'effroi les malheureux Sétiguiens, qui se sentaient pour la plupart voués à un sort pareil. Dès ce moment, le massacre de cette population affolée commença avec ces raffinements de cruauté dans lesquels excellent les guerriers de Samory. Tous les membres de la famille de notre infortuné protégé succombèrent dans les tortures les plus effroyables; les femmes seules furent épargnées pour être présentées en dépouilles opimes au prophète, et orner son *dionfoutou*, ou champ des captifs. Aussitôt la ville prise, Malinkamory s'était porté en avant, comptant rejoindre notre reconnaissance et l'enlever. Il espérait, en forçant de vitesse, l'atteindre sur la rivière Kommodo, dont les rives sont escarpées et le passage difficile, avant que le capitaine Louvel eût eu le temps de se porter à son secours. Heureusement, la marche de nos tirailleurs avait été, comme de coutume, fort rapide; ils étaient à plus d'un kilomètre de la rivière lorsque les premiers cavaliers ennemis arrivèrent, bride abattue, en explorer les rives.

» Pendant ce temps à Bougourou, aux premiers coups de feu entendus très nettement, grâce à l'élévation et à la sonorité du sol argileux, toute la compagnie courait aux armes. Sans perdre une minute, le capitaine Louvel se dirigea à marche forcée sur Setiguia. Une heure après, il aperçut la section Bonnard débouchant du bois voisin, et, à grande distance en arrière, un parti de cavaliers dont les casaques rouges se détachaient crûment sur le ciel bleu. Bientôt la jonction des détachements fut opérée.

» Les coups de feu avaient alors cessé à Sétiguia; le capitaine pensa cependant qu'il était de notre honneur de continuer à marcher en avant, et d'offrir le combat à l'ennemi, malgré la grande disproportion des forces. Il connaissait exactement la topographie de la région ; aussi la position des avant-coureurs ennemis lui indiquait facilement que Samory, informé de son arrivée subite, poussait ses troupes derrière la rivière Kommodo, dont les rives, taillées à pic et couvertes de bois touffus, formaient un retranchement redoutable. Ses renseignements ne lui laissaient pas ignorer, en outre, que cette armée était forte de près de 10,000 hommes, comprenant deux ou trois mille vieux soldats aguerris ayant déjà lutté en bataille rangée contre nos colonnes.

» Après quelques minutes de repos, pendant lesquelles une minutieuse inspection des armes fut passée, la colonne se portait en avant, en formation de combat. Les cavaliers ennemis, dont l'audace était devenue extrême, se rapprochaient d'elle, et, après avoir parcouru à fond de train ses quatre faces, battaient précipitamment en retraite sur le point où la route traverse le Kommodo. Ils avaient eu quelques hommes abattus.

» Une plaine, s'étendant jusqu'au Niger, borde la rivière perpendiculairement à la route de Sétiguia, sur une longueur de deux à trois kilomètres. Boisée à ses extrémités, elle forme en cet endroit une large clairière coupée par les fourrés épais qui croissent sur les berges du Kommodo ; derrière cet écran impénétrable de verdure, une armée peut manœuvrer à l'aise, masquée aux yeux de l'ennemi ; même battue, elle peut, en sacrifiant quelques hommes à la défense de la rivière, gagner la forêt sans être inquiétée et s'engager dans une succession de vallons difficiles à travers lesquels la route serpente. Là, abritée du feu de l'assaillant, une défense pied à pied lui permettra de ralentir sa marche jusqu'à ce que, reformée et ayant repris haleine, elle tente de nouveau le sort par un vigoureux retour offensif.

» Le Kommodo, dont les boues charrient, dit-on, des paillettes d'or et dans lesquelles bientôt s'enliseront des centaines de cadavres, prend naissance sur la ligne de partage des eaux du Bakhoy et du Niger. Roulant en hiver, dans un lit étroit et profond, creusé dans une haute couche d'argile, une eau rapide et impétueuse, il transporte, en saison sèche, un limon épais et perfide où le voyageur s'engloutit parfois et meurt noyé dans la fange. Les hautes berges, taillées çà et là en forme de grottes par la violence du courant, supportent péniblement une bordure d'arbres touffus dont les racines déchaussées se cramponnent désespérément au sol, qui, chaque jour, se dérobe sous elles. Des milliers de lianes enlacent troncs et branches, comme si elles voulaient fuir cette fosse maudite, et arrivées au faîte, retombent bientôt en longues tresses frissonnantes; en touchant terre elles paraissent reprendre de nouvelles forces pour recommencer leur éternelle ascension. A leur pied poussent drus et serrés des buissons épineux fertilisés par l'humus qu'elles contribuent à former. Dans ces fourrés, où les feuilles mêmes sont pourvues de griffes minuscules acérées, les hippopotames, grâce à leur solide cuirasse, se sont frayé de larges battues, utilisées par les indigènes, trop paresseux pour se créer un passage plus commode.

» A cette époque de l'année, quoique les premières pluies de l'hivernage fussent déjà tombées, les eaux étaient encore très basses; la difficulté du passage résidait surtout dans la raideur des pentes d'accès et la nature détestable du fond de ce gué bourbeux.

» Malinkamory, frère cadet de Samory et homme de guerre renommé, avait, avec une habileté étonnante, mis à profit l'excellente position défensive que présentait le Kommodo. Les deux flancs de la crémaillère entre lesquels notre colonne allait forcément s'engager étaient bondés de fantassins. Il avait fait tailler à la hâte de nombreux débouchés dans le fourré qui les masquait, laissant pour les couvrir un mince rideau de feuillage. Sa cavalerie, forte de quatre à cinq cents chevaux, était massée sur son extrême flanc gauche, et des rampes larges et commodes, pratiquées dans les berges, lui permettaient de la jeter inopinément en formation de combat, à la première hésitation, sur notre droite ou sur nos derrières. Pour neutraliser les avantages de nos armes sur ses fusils à pierre, il avait donné ordre de laisser nos tirailleurs aborder la rive sans donner signe de vie et de les accueillir à bout portant par un violent feu croisé : quatre rangs de combattants devaient tirer successivement et sans interruption.

» Si le capitaine Louvel avait donné tête baissée dans un piège si adroitement tendu, c'en était fait de la colonne ; grâce à la cavalerie ennemie, pas un homme n'échappait au massacre dans cette vaste plaine dénudée. Mais Malinkamory ignorait les règles précises de la tactique européenne, qui ne permettent pas à une troupe, en terrain dangereux, d'aborder un obstacle ou un couvert sans l'avoir minutieusement exploré. Les cavaliers avaient vu notre colonne s'avancer massée, les hommes coude à coude, en une belle ordonnance ; mais ils n'avaient pas remarqué, en avant, en arrière et sur les flancs, des tirailleurs isolés se glissant d'arbre en arbre, de broussaille en broussaille, sondant tous les replis de terrain.

» Au prix de quelques hommes, le capitaine Louvel allait savoir ce que cachait ce rideau muet masquant l'obstacle le plus sérieux de la route ; grâce à une exploration bien menée, le dispositif ennemi lui serait vite connu, et ce fossé profond, disposé pour l'attaque et à l'escarpe abrupte, deviendrait pour l'ennemi, au moment de la retraite, un immense tombeau.

» La colonne, formée en carré, s'avançait dans la plaine du Kommodo. Il était huit heures du matin. L'avant-garde, composée d'une douzaine d'hommes et marchant à une centaine de pas du corps de troupes, s'avançait sans bruit, se glissant d'un buisson à l'autre et gagnant les débouchés de la rivière. Derrière l'écran de la verdure de la rive, un œil exercé pouvait apercevoir l'uniforme jaune des sofas pendu aux naseaux de leurs chevaux pour empêcher leurs hennissements, tandis que les fantassins, étendus immobiles derrière leurs créneaux de feuillage, choisissaient, le doigt sur la détente, le tirailleur qu'ils allaient abattre. Le fourré seul sépare les combattants. Le son aigre d'une corne retentit, aussitôt la fusillade éclate et dans la fumée qui couvre les combattants les cris sauvages des guerriers de Samory se mêlent aux clameurs des tirailleurs, le tout dominé par le bruit de la mousqueterie. Bientôt le canon de la colonne accourue au secours de l'avant-garde mêlait sa voix tonnante à cet effroyable concert.

» L'action devenait générale. Refoulée sur les fonds de la rivière, la cavalerie ennemie essaya un mouvement tournant, mais elle fut reçue avec une vigueur qui mit le trouble dans ses rangs. L'infanterie, chargée à la baïonnette, et prise de panique, se rejeta dans le fourré, non sans avoir subi de grands dommages. Le lit de la rivière était jonché de cadavres. Un spectacle étrange s'offrit alors aux tirailleurs qui franchirent le fourré : « Dans le coude du Kommodo, enfoncés dans la vase jusqu'au ventre, ne prenant aucune part aux émotions de la lutte et occupés seulement à jouer de leurs instruments, se tenaient une centaine de musiciens vêtus de sarraux curieusement bariolés et coiffés de bonnets indescriptibles, soufflant dans des cornets, des flûtes, des fifres, des sifflets, qu'accompagnaient des tam-tams, des triangles, des sortes de guitares aux sons harmonieux et des xylophones, le tout manié avec rage, et remplissant le ravin d'une puissante cacophonie bien faite pour donner la réplique aux hurlements de guerre de troupes à demi sauvages et aux cris de douleur des mourants et des blessés.

» En avant, dans une immobilité de statue, les bras croisés, un large manteau de peau de guépard jeté sur les épaules, la taille ceinte de l'écharpe rouge insigne de sa valeur, se dressait superbe, sous son haut casque de cauries, le chef de Gankouna. A ses côtés, un jeune noir à peine adolescent élevait fièrement la hampe d'une longue flamme déchiquetée par la mitraille, symbole autrefois de victoire certaine ; car partout où Samory l'avait déployée, aux sons du terrifiant orchestre dont elle était inséparable, les peuples s'étaient enfuis éperdus, n'osant tourner la tête. Mais cette grandiose apparition s'abîma presque aussitôt sous une implacable tempête de feu, et bientôt, quelques instruments surnageant sur l'eau demeurèrent les seuls témoins propres à rappeler cette héroïque vision.

» L'avant-garde des tirailleurs avait poussé très loin dans le fourré ; on se porta à son aide, tandis que, sur la rive droite, les sofas, appuyés par toute la cavalerie de Malinkamory et qui s'étaient reformés en bataille, furent jetés dans le fond du Kommodo et servaient de cible aux coups de nos soldats. A l'aile gauche, la victoire avait été plus facile. Fuyant en désordre devant nos alliés, dans la direction de Sétiguia, l'armée ennemie disparut. Le capitaine Louvel, manquant de munitions, ne put la poursuivre et regagna, non sans regret, son cantonnement de Bangourou. Le soir même il partait pour Niafadié afin de porter secours à ce poste établi en un endroit difficile à défendre et mal défendu par des fortifications dérisoires. Il avait vu se profiler au loin la silhouette des cavaliers de Samory qui voulaient couper la ligne de communication et, après avoir saccagé Niafadié, où il croyait qu'existaient des approvisionnements considérables, se jeter sur la colonne française et l'anéantir en profitant de son épuisement. »

Ici, nous allons encore laisser la parole au capitaine Peroz, qui fut un des acteurs vaillants d'une admirable épopée, dont nous avons, d'après lui, raconté, en les résumant, les glorieux épisodes.

« La marche de nuit en pleine montagne fut une des plus pénibles qui aient jamais été faites. Le lendemain matin, lorsque la colonne arriva au petit jour sous le *tata* du poste de Niafadié, les hommes se laissaient tomber comme des masses, incapables de la moindre énergie ou du moindre effort.

» Le capitaine Dargelos, pendant sa réclusion dans ce pauvre réduit, n'avait heureusement pas perdu son temps ni épargné ses peines, pas plus que celles de ses hommes. Le mur en pisé qui entourait le hameau des Finankés avait été organisé défensivement, des créneaux, percés de mètre en mètre, les tours flanquantes aménagées avec deux étages de feu, et les portes renforcées. — Il n'y avait pas de puits dans l'enceinte; des Malinkés puisatiers essayaient d'en forer un. Les alentours avaient été dégagés du côté du grand village en abattant les cases de façon à ménager un champ de tir, les hautes herbes brûlées tout alentour. En attendant que le puits fût achevé, des jarres pleines d'eau étaient disposées dans toutes les cases, où l'on avait mis en réserve le peu de mil trouvé dans le village. Les autres approvisionnements consistaient en deux jours de biscuit, trois jours de maïs à raison de 250 grammes par homme, et une ration d'eau de vingt-quatre heures. C'est donc sur de pareilles conditions que le capitaine Louvel dut tabler en arrivant au poste. Il était inutile de songer à les augmenter : à part de l'herbe et du bois, rien aux alentours qui pût même tromper la faim.

» Un seul parti était à prendre : quitter au plus vite la région et se rapprocher de Niagassola, d'où un convoi rapide pourrait ravitailler la petite colonne, en attendant qu'elle reçût de nouveaux ordres. Mais il ne fallait pas songer à se mettre en marche le jour même : pas un homme n'aurait pu suivre. Le départ fut donc fixé au lendemain matin. Toute la journée et toute la nuit du 1er juin, le détachement, enfermé dans le *tata*, dormit à poings fermés.

» Le lendemain, dès l'aube, tout le monde était sur pied et faisait ses préparatifs de départ ; la colonne était formée au dehors du village, les cartouches et les vivres étaient distribués. A sept heures, l'avant-garde prenait ses distances lorsque, tout à coup, les crêtes avoisinantes se couvrirent d'une nuée de cavaliers ennemis, pendant que de toutes parts résonnait le tam-tam de guerre de l'almamy et les trompes des *sofas*. »

Il n'y avait plus pour la colonne, vu son faible approvisionnement de cartouches, qu'à s'enfermer dans le poste et à attendre les secours demandés à Niagassola, où des courriers prompts à franchir 100 kilomètres ne tarderaient pas à parvenir et à annoncer la marche en avant de Samory.

« Ordre fut donné de courir aux postes de combat dans l'intérieur de l'enceinte qui, fort heureusement, avaient été assignés la veille, à tout hasard. La pièce de canon chargée à mitraille restait dans l'ouverture de la porte qui devait lui servir d'embrasure.

» Quoique ces dispositions eussent été très rapidement

prises, les fusils passaient à peine à travers les crénaux, que des masses profondes de *sofas*, conduits par leurs chefs à cheval, s'avançaient en courant sur le *tata* ; dix mille hommes allaient lui donner l'assaut le plus furieux que jamais Samory eût tenté. A ce moment poignant, bien des cœurs de noirs ou de blancs ont dû se serrer et cesser de battre derrière cette fragile enceinte d'argile qui seule séparait les cent vingt-cinq combattants de la colonne du Sieké, de cette phalange innombrable de brutes fanatiques dont il semblait que la poussée seule allait abattre muraille et hommes !

» Cependant, les capitaines Louvel et Dargelos, juchés chacun sur le toit d'une case pour dominer le terrain environnant, attendaient impassibles le moment de commander : feu !

» Dans les créneaux, chaque homme ajustait un chef et retenait son souffle, le doigt sur la détente.

» L'ennemi était arrivé à 300 mètres ; un grand silence s'était fait sur un coup de corne aigu parti d'une colline voisine, où on apercevait un groupe de brillants cavaliers. Pas un coup de fusil, pas un seul cri ; on n'entendait plus que le grondement croissant des milliers de pas frappant le sol durci. Pour que, dans une attaque de vive force, les *sofas* se tussent ainsi, il fallait que les ordres donnés par l'almamy fussent terribles.

» Un espace de 200 mètres, puis de 100 mètres seulement, séparait Français et sofas. Nos officiers pouvaient alors distinguer très nettement, du haut de leur observatoire, les figures grimaçantes des premiers rangs des assaillants; derrière eux, leurs chefs à cheval, serrés les uns contre les autres, pour les pousser en avant, indiquaient de leur sabre nu le point à attaquer ; puis, derrière encore, une autre ligne ; puis une autre, et enfin, une nuée de cavaliers inondant la campagne, prêts à enlever les fuyards ou à ramener à l'assaut les *sofas* repoussés.

» Le silence épouvantable planant sur cette mer humaine fut enfin rompu ; les *sofas* étaient à trente mètres de l'enceinte. « *Attention! feu!* » avait crié une voix, et le fracas de cent vingt fusils Gras et d'un canon qui détonent lui avait répondu. Fauchés par cette averse de plomb, les premiers rangs de l'assaillant étaient tombés, mais leurs chefs, poussant à grands coups de sabre ceux qui restaient, avaient atteint le pied du *tata* dans un suprême élan. Debout sur leurs chevaux, ils se cramponnaient au mur, s'efforçant de le renverser ou de l'escalader ; à peine quelques sofas tiraient-ils ; tous, se culbutant, grimpant, sautant, hurlant, couverts de sang, se jetaient sur la muraille, et, dans une rage convulsive, l'éraillaient de leurs ongles jusqu'à ce qu'un coup de feu ou de baïonnette vint les rejeter pantelants sur le sol.

» Cet assaut terrible dura dix minutes à peine ; dix siècles pour les braves qui le supportaient. Quelques minutes de plus, et, las de tirer, de tuer, d'assommer, ils fussent tombés inanimés dans les mains de l'ennemi.

» Tout d'un coup, sans cause appréciable, une panique soudaine saisit les *sofas* jusqu'alors si vaillants et si acharnés à la lutte ; ils fuient dans toutes les directions, courbés en deux sous une pluie de balles. Les sabres de leurs chefs s'élèvent et s'abaissent sans relâche abattant les fuyards, mais en vain. Eux-mêmes, devenus le point de mire des défenseurs, qui commencent à choisir leur but, tombent atteints les uns après les autres, et leurs chevaux errent à l'aventure dans un galop affolé.

» Encore quelques instants, et il ne restera plus sur le plateau qui entoure le *tata* que des cadavres ou des mourants et des blessés qui, résignés, attendent la mort dans une dernière prière qu'ils égrènent sur le chapelet (musulman) pendant à leur poignet.

» Dans les bois, dans les ravins, dans les montagnes, retentissent les cornes de ralliement; le bruit sourd et puissant du tam-tam de l'almamy résonne ; les coups de feu deviennent plus rares, puis ils cessent graduellement. De temps à autre, des coups de sifflet partent du fourré voisin et semblent aller se répondant tout autour du poste. L'assaut est manqué, il est vrai ; les pertes de l'almamy sont énormes et surtout cruelles, car il avait mis en avant ses soldats les plus braves et ses meilleurs chefs; mais peu lui importe, le temps lui donnera ce que le combat lui a refusé.

» Au grondement de son tam-tam, tous ses chefs de colonnes se sont réunis; il leur a donné ses ordres, et peu après les sifflements des flûtes de guerre des *sofas* lui indiquaient qu'ils étaient exécutés; le poste était étroitement gardé, et un cordon épais et rapproché de grand'gardes l'enserrait d'un cercle de feu. Quatre grands camps étaient, en outre, rapidement établis sur ses quatre faces, et un cinquième à cheval, sur la route de Niagassola, se couvrait de ce côté par de solides retranchements.

» Quoique victorieux, la situation des défenseurs de Niafadié était terrible.

» Cette fusillade à outrance avait mis à sec les cartouchières des tirailleurs, et il ne restait plus, pour attendre des secours qui peut-être tarderaient plusieurs jours, que les quarante cartouches de réserve par homme. Si, en réduisant la ration quotidienne de la garnison à une poignée de maïs et à un demi-biscuit, on pouvait encore durer, en revanche, aucune possibilité apparente de se procurer de l'eau. Celle qui était contenue dans les jarres allait être épuisée le soir même, et, dès le lendemain, la garnison serait en proie aux affres horribles de la soif sous ce climat de feu.

» Par un hasard inespéré, car, en cette saison, les périodes de sécheresse absolue sont de dix à douze jours, dans la soirée le ciel se couvrait de nuages, et le lendemain, à deux heures, un orage épouvantable versait des trombes d'eau sur les montagnes du Siéké. Dès les premières menaces du ciel, le capitaine Darjelos avait fait boucher tous les déversoirs du *tata* et calfater le bas de la porte; l'enceinte allait ainsi servir de cuvette dans laquelle on recueillerait une eau souillée, mais précieuse. Les déjections de deux cents hommes, en comprenant quelques réfugiés malinkés et deux mulets, l'avaient transformée en un liquide jaunâtre et puant; mais tel qu'il était, il avait pour les malheureux une valeur inestimable, car il les sauvait d'une mort certaine. Tous les récipients, y compris les bidons des hommes, furent remplis et entassés dans une case que l'on tapissa de paille pour la maintenir plus fraîche; le sergent-fourrier Delobelle fut préposé à sa garde avec ordre de tirer sur qui voudrait en user en dehors des distributions régulières. En se basant sur dix jours de siège, la ration fut fixée à vingt-cinq centilitres par homme et par jour! Qu'on me permette d'ajouter que pendant ces dix jours que dura effectivement le siège, la température maxima journalière oscilla entre 42 et 44 degrés, et celle de la nuit entre 30 et 35 degrés centigrades! »

Aux souffrances inouïes endurées par la poignée de braves s'ajoutaient de continuelles alertes. Jour et nuit, à toute heure, ils eurent à repousser les assauts des sofas, dont les avant-postes campaient à quarante mètres seulement du *tata*, et décrivaient aux malheureux, dans d'épouvantables menaces, les supplices auxquels ils étaient destinés lorsque la faim et la soif les auraient obligés à se rendre.

UN PRINCE RENDANT LA JUSTICE.

« Le nombre très minime des cartouches qui restaient pour la défense avait obligé le capitaine Louvel à prendre la décision suivante : seuls les meilleurs tireurs reconnus et désignés seraient autorisés à tirer sur l'ennemi, sauf au cas d'attaque générale.

» Ils avaient été partagés en quatre groupes qui se relevaient tour à tour aux créneaux.... Ils ne devaient jamais faire feu à plus de 200 mètres ; aussi, chaque fois qu'ils tiraient, un *sofa* tombait.

» Samory avait voulu, le soir même de l'attaque et de l'investissement du poste, faire enlever les cadavres amoncelés, tout alentour, pour leur donner la sépulture, mais tous ceux de ses hommes qui s'étaient avancés en rampant pour accomplir cette tâche funèbre étaient restés sur le terrain. Aussi force lui avait été de laisser, à sa grande honte, les corps de ses plus fidèles guerriers pourrir sur le champ de bataille. Rien ne peut donner une idée du charnier qui entourait ainsi Niafadié ; chaque matin, lorsque le soleil se levait et en dégageait les puanteurs, les Européens étaient pris de vomissements.

» Enfin, pour mettre le comble aux misères des assiégés, l'affût de la pièce de 4 s'était rompu pendant le premier assaut, et ses paquets de mitraille, qui auraient épargné tant de cartouches, devenaient inutiles. »

Pendant ce temps, le capitaine Péroz, commandant de Niagassola, apprenait, sur de vagues renseignements, et le combat du Kommodo et l'investissement de Niafadié. Les quatre courriers envoyés par le capitaine Louvel, surpris en route par les cavaliers de Samory, avaient été mis à mort.

Un fort marcheur fut désigné pour franchir en vingt-quatre heures, à travers les montagnes, 136 kilomètres, et rejoindre le commandant Combes, dont la colonne expéditionnaire était dispersée sur toute la longueur de la route de Kayes à Bammako, sur 500 kilomètres de profondeur. La mission était difficile à remplir, elle fut cependant accomplie. Le commandant Combes n'avait avec lui que son escorte, composée de vingt et un tirailleurs et quinze spahis. Il se mit aussitôt en route pour Niagassola, où il arriva le 6 juin. Là, il apprit par un indigène, échappé des mains des *sofas*, que, grâce à une pluie abondante, la garnison française avait pu ne pas mourir de soif. Laissant la garde de Niagassola à un détachement venu en toute hâte de Kita, sur l'appel direct du capitaine Péroz, le commandant se mit en route pour Niafadié. Son effectif se composait de quinze spahis, quinze soldats européens d'infanterie et d'artillerie de marine, une compagnie de marche de tirailleurs portée à cent douze fusils, deux canonniers européens et six tirailleurs desservant un canon de montagne. C'est avec ces quinze sabres, cent vingt-sept fusils et une pièce de 4, que le commandant Combes et ses braves officiers allaient à la rencontre des milliers d'hommes formant les armées de Samory. Le 10, après des combats acharnés, la colonne expéditionnaire entrait à Niafadié et faisait sa jonction avec la compagnie Louvel, qui venait d'infliger aux cavaliers ennemis, postés à Bougourou, une défaite sanglante, et de dégager ainsi le village. Les héros du siège ressemblaient à des squelettes. Dès le soir, pour échapper aux émanations infectieuses, nos troupes partirent en se dirigeant sur la place de Kolita. Le retour jusqu'à Niagassola fut un combat continuel, et presque toujours sous une pluie diluvienne. Le passage du Kokoro, vivement disputé, s'effectua après une lutte corps à corps de plusieurs heures. Ce fut la dernière bataille à soutenir, et la colonne, l'arme sur l'épaule, clairons sonnants, rentra à Niagassola.

Nous n'avons pu lire sans une vive émotion le *journal du fort* qui relate cette épopée.

Samory s'était rabattu sur Siguiri, mais, l'année suivante, il se montra devant Kita, et ses bandes envahirent le Birgo, le Gadougou et le Bafing. La campagne de 1885-1886 fut employée, par le lieutenant-colonel Frey, à les repousser avec succès. Malinkamory, surpris et battu au marigot de Fatako-Djingo, se sauva précipitamment vers le Niger, et Samory fit demander la paix, qui lui fut octroyée. On pouvait voir en 1886 à Paris le fils de l'almamy, qui adopta avec une excessive promptitude les vices de notre civilisation, sans s'approprier ses qualités. Le traité, astucieusement consenti, était incomplet. Il fut ultérieurement rectifié par la cession de tout le territoire bordant la rive gauche du Niger, de Siguiri à Bammako et la rive gauche du Tankisso. Ce résultat fut dû à la mission conduite avec fermeté et intelligence par le capitaine Péroz, qui nous a laissé un récit très circonstancié de ses négociations avec Samory et de son séjour. Anticipant un peu sur les événements, nous allons en détacher quelques détails intéressants sur la réception de l'officier français à la cour du monarque, alors en résidence à Bissandougou, car il n'habitait que l'été Sanankoro, sa ville natale.

A la cour de Samory.

« La réception fut très brillante. La quantité de personnages importants qui y avaient été convoqués, les richesses et le grand apparat déployés en cette circonstance, indiquaient toute l'importance qu'y attachait l'almamy.

» Nous fûmes nous-mêmes très frappés par l'habileté de la

mise en scène, dont le cadre original de la mosquée, du donjon, des hautes cases et des remparts du palais était bien fait pour rehausser l'éclat. Nous nous avançons lentement, guidés par Karamoko (le fils parisianisé de Samory), vers la large marquise qui abrite l'almamy et sa cour.

» L'almamy est à demi couché sur un *tara* élevé où s'entassent les couvertures aux dessins éclatants. Il est fort simplement vêtu : des bottes moresques, un turban noir, un cafetan de couleur foncée sous lequel se devine un *boubou* blanc. Sa coiffure, sorte de diadème en or finement ciselé et un collier de même métal délicieusement ouvragé, sont les seuls insignes décelant son rang. Son entourage, au contraire, assis sur des fauteuils très bas, fait ressortir la sévérité de ce costume au moyen des vêtements aux couleurs voyantes dont sont revêtus les personnages de la suite : cette bigarrure de couleurs donne un ton chaud à tout ce tableau. A sa gauche, accroupi par terre et contre son *tara*, Ausoumana, son griot familier, sans qui rien ne se décide : il est vêtu d'un *boubou* bleu et d'un sarrau noir. Puis, du même côté, Kissi, le chef du trésor, dont la robe verte, constellée de *grigris*, jette la première note gaie.

» Samory ne se lève pas lorsque nous descendons de cheval. Nous nous arrêtons devant lui après l'avoir salué, et il nous tend la main d'une manière très affable. De toutes parts éclatent les rauques accents des trompes se mêlant en mesure au ronflement des tam-tams et aux grondements du tambour de guerre de l'almamy.

» Celui-ci paraît avoir une quarantaine d'années (M. Péroz l'a vu en 1887). Sa figure est intelligente et fine, ses mouvements sont aisés et gracieux. Une barbe clairsemée et quelque peu allongée sous le menton donne à sa figure un ovale distingué qui, ajouté à l'étrangeté d'un enduit argenté formant cercle autour de ses yeux, fait de l'ensemble un visage frappant et qui se grave dès l'abord dans la mémoire.

» Le vacarme épouvantable des instruments de toute sorte saluant notre arrivée empêche au début toute conversation, et couvre les paroles de bienvenue qu'il nous adresse sur un ton voilé ; aussi profitons-nous de ce répit pour admirer en toute sincérité le spectacle saisissant que nous avons sous les yeux.

» Ce qui frappe à première vue, c'est la forme qu'il affecte en son ensemble : le croissant. De même que l'entourage de Samory est disposé d'une façon qui peut paraître l'effet du hasard, mais qui, en réalité, est fort habilement calculé au point de vue d'une heureuse harmonie des couleurs et des formes, de même les escortes des différents chefs qui l'accompagnent décrivent en avant de son estrade un demi-ovale parfait, qui laisse entre lui et elles un vaste emplacement couvert de sable blanc apporté du fleuve.

» En arrière de l'almamy, deux hommes entièrement vêtus de rouge, un peu à la mode des bourreaux de l'ancien temps, se tiennent debout et immobiles. Ils portent la hache et la masse d'argent, insignes de la royauté. Leur visage est couvert d'un masque élevé, garni de poils de fauves, rouge également.

» A droite et à gauche, dix-neuf femmes, littéralement affaissées sous le poids des ornements d'or massif qui leur chargent la tête, la poitrine et les bras, sont rangées dans différentes postures gracieuses. Quelques-unes sont belles d'une façon absolue ; trois ou quatre ont un regard d'une intensité étrange, tantôt doux, tantôt cruel, comme celui des panthères.

» En arrière encore, une rangée de servantes, les cheveux constellés de verroterie, de corail et d'ambre. Enfin, formant un vaste hémicycle épais de vingt mètres, la garde du palais composée d'enfants de dix à quinze ans, accroupis à la turque, les jambes croisées, le fusil dans les jambes; ils sont échelonnés fort symétriquement du plus petit au plus grand.

» Après la lecture de la lettre du ministre de la marine et de celle du colonel Galliéni, qui m'accréditent auprès de lui, l'almamy-émir nous fait asseoir à ses côtés, sur son divan. Après quelques compliments gracieux, il donne ensuite le signal de la fantasia montée à notre intention.

» D'abord, les cavaliers entrent dans l'arène dans un galop vertigineux arrêté court par moments, par une vigoureuse saccade sur le terrible mors dont la bride arabe est munie. Les fusils sont jetés en l'air et retombent en main en faisant feu. Après un chassé-croisé assez court, ils disparaissent en faisant place à Malinkamory, un des principaux chefs militaires et frère du roi. Il s'avance lentement, entouré de trois à quatre cents guerriers pressés autour de lui en une épaisse phalange. Dans cet ordre, qui est pour eux une formation de manœuvre ou de rassemblement pareille à notre colonne double, les fantassins exécutent différents mouvements de parade dans lesquels une mimique d'ensemble joue le plus grand rôle.

» Après le frère de l'almamy, cinq ou six chefs de différentes régions firent également évoluer leurs hommes. Puis nous assistons à un intermède de bouffons extrêmement curieux. Leurs chants et dialogues sont fort amusants, et les femmes de Samory et lui-même daignent rire.

» De tous les assistants, les deux masques costumés de rouge, qui m'avaient frappé à mon arrivée et que je prenais pour des bourreaux, sont les plus réussis. L'extravagance de leur marche, une sorte de boiterie cadencée, leur façon de faire sonner les grelots qui les couvrent, les changements incroyables de physionomie pendant le débit de l'hymne de louanges qu'ils adressent à Samory, en font des Triboulets achevés.

» La cérémonie se termine par des discours d'apparat fort laudatifs pour tous les personnages principaux, Français et Malinkés. Le débit de ces discours est réglé de singulière façon. L'orateur chante ses paroles avec un rythme monotone régulièrement scandé ; à ses côtés, un griot répète, dans un hurlement puissant, les dernières phrases prononcées.

» Il est onze heures ; chacun, blanc ou Malinké, a hâte de regagner sa demeure. L'almamy se lève et, après nous avoir souhaité un bon repos, rentre dans son palais, où s'engouffre avec lui une partie de sa garde, tandis que l'autre nous conduit au campement construit à notre intention.

» C'est une grossière image des constructions de ce pays, telle qu'on peut la faire en quelques jours, car les travaux n'en ont été commencés que lors de notre passage du Niger. Elle est située à l'extrémité d'une croupe qui se détache du mouvement de terrain sur lequel Bissandougou est bâti. A portée de pistolet elle s'affaisse sur un vallon ombreux que traverse un ruisseau d'eau limpide courant sur un lit de fins graviers.

Le plan général de notre campement est un ovale flanqué sur trois faces par des bastions qui renferment nos habitations particulières. Au milieu, une grande cour couverte par un toit de nattes, bordée sur tout son pourtour par les cases en pisé de nos tirailleurs, de l'interprète et de ses domestiques.

C'est dans cette cour que se tiendront nos réunions lorsque l'almamy ou un certain nombre de personnages de marque viendront nous rendre visite. Une enceinte en palissade garnie de *seccos* dérobe notre intérieur à la curiosité insatiable des Malinkés.

Enfin, à trente pas de notre demeure, s'élèvent les écuries, et à côté se trouve le parc, qui ne renferme pas moins de cent bœufs et cinquante moutons. C'est le cadeau de bienvenue de Samory qui, sachant combien les Européens apprécient les poulets, les œufs et le lait, y a joint plus de deux cents poules ou coqs, plusieurs milliers d'œufs et d'innombrables calebasses de lait, sans compter le beurre, les bananes et les oranges dont nous ne savons que faire.... »

Cette prodigalité fit place bientôt à une parcimonie extrême. M. Péroz et sa suite visitèrent Bissandougou, et leurs notes sont intéressantes à consulter.

« Situé par 11° 15' de longitude ouest et 9° 18' de latitude nord, à 410 mètres d'altitude, Bissandougou forme deux villes bien distinctes : la résidence de l'almamy-émir et la vieille ville.

» Cette dernière ne mérite aucune mention spéciale : une muraille à demi ruinée que les maisons escaladent; quelques beaux arbres à l'intérieur frappent seuls à première vue.

» A l'intérieur, rien ne la différencie des villes de la région, à l'exception peut-être d'une plus grande somme de soins apportés à la construction, de plus de propreté dans les rues, et, conséquemment, d'un air de bien-être plus apparent. Elle est séparée de la résidence par une plaine basse, large de 500 à 600 mètres, dans laquelle sont tracées des avenues qui vont de la place de la grande mosquée de l'almamy-émir aux deux extrémités de ses murailles. Ces avenues sont bordées d'arbres récemment plantés et protégés par des cages de bambous.

» Quant à la résidence de Samory, créée de toutes pièces il y a quelques années, et assise sur une croupe gréso-ferrugineuse bordée d'eau courante, elle décèle, même en dehors du palais proprement dit, une grande recherche d'un confort relatif et une propreté exquise.

» La demeure de l'almamy-émir en occupe le centre et est dégagée de toutes parts par de larges rues ou de belles places soigneusement sablées. Elle se compose d'une double ceinture de tours basses énormes; une muraille dentelée formant enceinte les réunit les unes aux autres en forme de crémaillère régulière. Au sud, au nord et au couchant, deux corps de garde qui se commandent et où veillent quelques *sofas* donnent accès dans l'intérieur; du côté du levant, un donjon carré, crénelé, armé de quatre couleuvrines, haut d'environ seize mètres, large de vingt-cinq mètres, domine le palais et tous les alentours.

» A l'intérieur, une première cour circulaire de grandes dimensions, dont le sol est couvert d'un fin cailloutis, donne accès dans le logement même de l'almamy-émir. Au centre de cette cour, une large marquise recouverte de nattes finement tressées l'abrite en partie des ardeurs du soleil soudanien. Tout au fond se dresse le bâtiment dans lequel se trouve la salle d'honneur.

» C'est une tour gigantesque, de forme circulaire, d'un diamètre de trente-trois mètres environ. La muraille, haute de trois mètres et épaisse d'un mètre, est surmontée d'un toit de chaume conique, lamellé à l'intérieur de branches de palmier d'eau, jointives et passées au feu, ce qui leur donne l'aspect du vieil acajou. Ce toit déborde à l'extérieur de plusieurs mètres et est soutenu par deux rangées de piliers sculptés en forme de colonnes torses; il dessine ainsi tout autour du bâtiment une large galerie circulaire dans laquelle s'ouvrent trois portes basses fermées par des battants en bois précieux ornés de curieuses ferrures.

» Au dedans, le sol est fait d'argile battue et durcie au feu ; tout alentour règne une large banquette de laquelle se détache une estrade couverte de tapis, sur laquelle se tient l'almamy. Aucun ornement sur les murailles, couvertes d'une teinture uniforme gris-perle, si ce n'est une moulure festonnée en forme de corniche.

» Le sommet du cône aplati, qui porte le plafond, est à plus de treize mètres au-dessus du sol.

» En traversant cette salle, on arrive dans une deuxième cour également circulaire, formée par les logements particuliers de l'almamy-émir. Elle est circonscrite par des tours basses juxtaposées et bordées d'une galerie qui permet d'aller extérieurement de l'une à l'autre sans s'exposer au soleil.

» Enfin, au fond de cette dernière cour, s'ouvre le donjon. La salle basse est soutenue par des piliers en briques surmontés d'un chapiteau carré, sur lequel repose le plancher de l'étage, plancher fait de madriers jointifs recouverts de briques. Un escalier coudé, muni d'une rampe, tiré d'un seul bloc d'argile durcie, conduit aux appartements supérieurs, ornés d'étoffes, d'armes et d'objets d'art de fabrication européenne. A chaque angle, une couleuvrine en batterie protège les abords du palais.

» Au dehors, des rues très larges et bien entretenues séparent les demeures des femmes de l'almamy-émir et de leurs gens de celles des principaux personnages de la cour. Elles sont construites sur le plan de la demeure de Samory, mais toutes les proportions en sont fort réduites. Enfin, en dehors de la résidence, l'entourant d'un épais fouillis de cases mal construites et mal entretenues, sont groupés les logements des *sofas*; la façon irrégulière dont elles sont réparties et leur malpropreté extérieure déparent fort les abords de la ville et lui font perdre en partie son cachet d'originalité.

» L'idée qui a présidé à la construction de la résidence de Bissandougou a été de faire grand et confortable, tout en conservant les caractères particuliers des habitations mandingues.

» Cette même idée se retrouve dans la grande mosquée.

» Il eût été cependant facile à l'almamy-émir d'élever un bâtiment d'une architecture semblable à celle des mosquées du Baté, qui sont de mauvaises copies de l'architecture arabe, introduites dans le pays, il y a une cinquantaine d'années, par Mahmadou, roi de Kankan. Il avait vu et avait dû admirer, alors qu'il n'était qu'un guerrier heureux, le palais du roi Mamby, de Kangaba, qui passait pour une merveille et qui, chose à noter, rappelle dans son ensemble les grandes lignes de l'art égyptien. Mais, avec cette finesse de jugement qui lui est propre, il a pensé faire mieux en donnant à ses ouvriers la tâche de se perfectionner en ce qu'ils savaient faire plutôt qu'en exigeant d'eux un travail qui révèlerait leur inexpérience, en édifiant un bâtiment bâtard et sans proportions dont riraient les chérifs maures du Macina qui viendraient à sa cour.

» C'est ainsi que la mosquée fut construite, comme son palais, à la mode du pays, mais dans des proportions telles que nulle part elle n'a son égale.

» Elle occupe une superficie de seize cents mètres carrés enceints par une muraille artistement ornée de moulures de formes géométriques. Une galerie, soutenue par des piliers ouvragés, l'enveloppe sur ses quatre faces. A l'intérieur, deux rangées de colonnes la partagent en trois nefs raccordées à l'est par un vaste hémicycle où se tient le marabout. Le toit, en forme de pyramide quadrangulaire, couvre le tout; il est soutenu par un inextricable fouillis de poutres énormes, qui prennent appui sur la muraille et les piliers. Une forêt entière a dû être employée à la construction de cette charpente haute de vingt mètres. A l'extérieur, les angles dièdres du toit sont ornés d'une série d'arêtes allant de la base au sommet; le couronnement est formé d'un large croissant.

» Une grande place carrée, plantée d'arbres régulièrement alignés, la dégage de toutes parts, tandis que trois vérandas solidement construites permettent aux fidèles et aux désœuvrés de converser commodément à l'ombre en attendant l'heure du *salam*.

» C'est sur cette place que tous les vendredis, en sortant de la mosquée, l'almamy-émir entend les réclamations ou les doléances de ses sujets, venus quelquefois des parties les plus éloignées de son empire, pendant que ses fils, à cheval, en grand équipage et suivis de leurs gens, font la fantasia et apprennent à faire manœuvrer leurs troupes.

» Bissandougou, ville et palais, est entouré de tous côtés par une ceinture de collines dont les flancs sont couverts de riches cultures. Les maisonnettes des captifs qui les entretiennent émergent çà et là des bouquets de bois qui les couronnent. Entre cette verdoyante ceinture et les pentes douces qui descendent de la ville, coulent deux ruisseaux qui cachent, sous une épaisse frondaison, des eaux vives et limpides.

» En un mot, vu à quelque distance, Bissandougou a plutôt l'aspect frais et riant du chef-lieu d'une colonie agricole que de la résidence du chef redouté du vaste empire du Ouassoulou. »

Mahmadou-Lamine. — Ahmadou. — La colonne Archinard.

Tandis qu'un pacte provisoire était conclu avec Samory, un faux prophète, Mahmadou-Lamine, appelait les populations du Guoye et du Bondou aux armes. Né aux environs de Bakel, parti à vingt ans pour la Mecque, il revenait, après trente ans d'absence, dans les pays Sarakollés où il projetait de se tailler un royaume. Ahmadou le retint prisonnier durant cinq ans, et ce n'est qu'en 1885 que cet homme astucieux et brave put s'évader et gagner le haut fleuve. Le lieutenant d'Arminel, dont la santé se rétablissait peu à peu, exerçait à Kayes les fonctions de commandant de place. Prévenu des menées de Lamine, il le fit arrêter par les tirailleurs.

— Que signifient, lui dit-il, ces menées qui sèment l'agitation autour de vous ?

— Moi, prophète. Je suis l'ami des blancs.

— Singulier ami que celui qui va partout réveiller les haines et exciter les défiances.

— Qu'ai-je donc fait ?

— Tu as ameuté contre nous les dupes naïves de ta prétendue mission. Tu as, par des prédications secrètes, organisé une conspiration qui doit bientôt éclater.

— Je prêche le coran, mais cela m'a été permis.

— Est-il aussi permis de faire assassiner nos soldats dès qu'ils s'écartent un peu de leurs garnisons ? Penses-tu que j'ignore tes conseils de désordre dissimulés sous une apparence de zèle religieux ?

— Je défie qu'on prouve un seul fait à ma charge.

— Le colonel va revenir. Il a vaincu Samory ; il viendra bien à bout du marabout Lamine.

— Je l'attends avec confiance.

— Je ne sais ce qu'il te réserve, mais si cela dépendait de moi....

— Ce qui est écrit est écrit.

— J'y ajouterais un post-scriptum.

— Ce serait la mort d'un innocent.

— Innocent ! allons donc ! Les témoins seraient nombreux s'ils n'étaient réduits au silence par le fanatisme et par la peur ; Niokoto me suffira.

— Niokoto ! Je ne le connais même pas.

Reconduit en prison, Lamine parvint à entrer en rapports avec l'extérieur. A quelques jours de là, on apprenait à Kayes que Niokoto, le témoin à charge, avait été trouvé mort dans sa case. L'enquête ne put découvrir les causes de ce décès, mais le lieutenant d'Arminel resta convaincu que quelque main musulmane avait supprimé le témoin gênant.

Le faux prophète avait une langue dorée ; il unissait la souplesse et la ruse à une énergie que rien n'ébranlait.

Lorsqu'il comparut devant le lieutenant-colonel Frey, il se confondit en assurances de dévouement, il jura qu'il était acquis à nos intérêts, il proposa de rallier le Bondou à la cause française.

Laissé en liberté, et traité en ami, il recommença avec prudence ses manœuvres souterraines, puis, s'enhardissant, il se mit à prêcher ouvertement la « guerre sainte. » A quelque temps de là, il enlevait le poste de Sénoudébou, et surprenait par trahison à Kounguel un de nos détachements qu'il massacrait. C'en était fait. La rébellion à main armée se développait rapidement. Lamine vint attaquer Bakel. Il fut repoussé et se réfugia dans le Bondou, puis à la frontière de la Gambie anglaise, après sa défaite à Kydira, où il n'échappa à la mort que par une fuite précipitée. Il avait perdu tous ses bagages et — détail curieux — les 300 corans qui formaient sa bibliothèque de campagne. Ayant repris l'offensive au mois de septembre, il fut battu devant Sénoudébou. L'année suivante, il devait périr à Lamen-Kotto, après avoir été chassé de sa résidence de Toubakouta par les troupes du lieutenant-colonel Galliéni, qui avait succédé au lieutenant-colonel Frey, sous le titre nouveau de commandant supérieur du Soudan français.

L'action de Mahmadou-Lamine méritait d'être notée, car elle vint un instant compliquer la situation.

Le lieutenant-colonel Galliéni avait, entre temps, écrasé à Goumbof, dans le Rip, Saer-Marty, un des partisans de Lamine, et complété ainsi la répression des insurgés auxquels le lieutenant-colonel Frey avait infligé des leçons décisives à Mannaël, à Kemandar et à Guémou.

La puissance française s'étendait au Diakha, au Tali, au Nieri et au Gamou, c'est-à-dire jusque dans le pays compris entre le Bondou et la Gambie.

Ahmadou se décida, en mai 1887, à traiter, lui aussi, et à placer ses États sous notre protectorat. Ce n'était plus l'époque où Galliéni ne pouvait entrer à Segou et était, avec sa mission, détenu pendant de longs mois à quelques kilomètres de cette capitale. Le pays bambara de Sokoto et celui des Maures Ouled-Embareck, au nord des États d'Ahmadou, avaient également reconnu notre domination, et nous avons raconté le succès des négociations du capitaine Peroz, aussi bon diplomate que brave officier, auprès de Samory. Le commandant Archinard compléta l'œuvre si bien commencée en obtenant de l'almamy-émir de Bissandougou la cession de toute la rive gauche du Niger, depuis Siguiri jusqu'à la limite de son empire en amont de cette ville. Il établit un poste fortifié à Kouroussa, pour surveiller à la fois Samory et le Dinguiray. Sa campagne (1888-1889) fut marquée par la prise de Koundian, qui, placé à 80 kilomètres de Bafoulabé, servait de quartier général aux pillards de caravanes. Quelques coups de canon et une vigoureuse prise d'assaut prouvèrent à ces malfaiteurs que les soldats français n'étaient pas longtemps arrêtés par les tatas des noirs.

Le 6 avril 1890, le commandant Archinard, — aujourd'hui colonel, — prenait en quelques heures Segou et s'em-

UN GRIOT A BIDA

parait du trésor, contenant 500,000 fr. Nos soldats, du haut des terrasses recouvrant les maisons à la façon arabe, pouvaient contempler Madani, fuyant avec quelques cavaliers pour gagner Nioro, où se trouvait encore Ahmadou, son père. Il avait perdu son royaume et emportait la conviction que les Toucouleurs ne pouvaient pas résister aux Français. Aussi concluait-il à l'abandon du Kaarta, mais les guerriers d'Ahmadou ne partagèrent pas cette opinion, et il fut décidé que le « *casseur de têtes* » montrerait à son fils que les chevaux étaient faits pour marcher contre l'ennemi plutôt que pour se dérober au combat. Ahmadou, très abattu lui-même depuis la prise de Koniakary, et que la perte de Segou et d'Ouossebougou, ville forte commandant la route de Nioro, affectait profondément, avait dit à ses officiers : Décidez ! Il obéit à ceux dont il était le chef, et qui résolurent de reconquérir Koniakary, à la faveur des inondations de l'hivernage qui devaient, pensaient-ils, empêcher tout secours de venir de Kayes. Les oracles des marabouts, les prédictions du grand marabout, les sortilèges fétichistes, tout fut mis en œuvre. Une femme tout habillée de blanc, des versets du Coran écrits sur sa tête rasée, fut envoyée à Koniakary. Qu'un malheur arrivât à cette femme ou qu'elle fût reçue dans l'enceinte de la forteresse, et la fortune se tournerait contre nous. On la laissa se promener comme elle voulut sans lui faire aucun mal et en surveillant les portes jusqu'à ce qu'elle se décidât à s'en retourner.

La femme ayant échoué, on vit un jour rôder autour des murs une ânesse, dont une partie des poils rasés laissait voir des inscriptions arabes. Elle fut entourée d'autant de respect que la femme et finit par disparaître sans avoir été introduite dans la citadelle.

Enfin une jument blanche vint à son tour. Cette fois, le lieutenant Valentin, qui commandait le poste, n'y tint pas, se moqua de nos auxiliaires (qui se défiaient, car ils avaient aussi leurs marabouts et leurs sorciers), s'empara de la jument et la regarda comme de bonne prise ; elle servit à monter un de nos spahis auxiliaires. L'attaque eut lieu, les assaillants montrèrent de la bravoure, mais ils furent repoussés et se retirèrent vers Nioro, où ils recommencèrent la guerre de pillage, de razzias et d'incursions.

Charles d'Arminel, qui avait pris part à de nombreux engagements, durant son séjour déjà long et son incorporation dans des colonnes successives, était très épuisé par les fatigues et aussi par le climat. Il apprit, en arrivant à Kita, sa nomination au grade de capitaine, et rentra en France pour raison de santé.

IV.

**A la table de famille. — Le Père Jean. —
La R. M. Javouhey.**

Le château de Tuco réunit encore une fois autour de la table de famille les convives que nous avons, au début de ce livre, présentés au lecteur. Le jeune capitaine fut, — est-il besoin de le dire, — reçu à bras ouverts. Ses frères étaient là ; par une heureuse coïncidence, l'enseigne promu lieutenant de vaisseau à la suite des événements de Madagascar, auxquels il avait été très honorablement mêlé, se trouvait en congé, et quant à Louis, l'explorateur, il se disposait à accomplir enfin son voyage à travers le continent noir, mais à l'inverse de Stanley.

C'était le soir de la fête de saint Louis. Le vieux curé porta gaiement la santé de M. et de Mme d'Arminel.

— Je bois, dit-il, à ce père et à cette mère qui peuvent, mieux encore que Cornélie, la fière Romaine, s'écrier en montrant leurs enfants : Voilà mes joyaux. Tous les trois ont fait leur devoir ; tous les trois ont servi Dieu et la France. Ils ont tenu plus encore que je n'avais promis en leur nom.

— Merci, monsieur le curé, répondit Charles, merci au nom de tous ; ce que nous sommes, après nos parents, nous le devons à vous qui nous avez baptisés, qui nous avez préparés à recevoir le Dieu vivant au jour de notre première

Communion, l'Esprit-Saint par la Confirmation. Et ces pieux souvenirs nous ramènent vers un ami qui n'est pas ici. Je bois à notre digne pasteur et à l'absent.

En ce moment la porte s'ouvrit.

— Jean ! s'écrièrent M. et Mme d'Arminel.

— Jean ! balbutia le curé en se jetant dans les bras de l'arrivant.

— Pardon, pardon, nous voulons notre part, dirent les trois frères.

— Et moi aussi, mon Père, ajouta Nadèje, qui offrit cordialement la main au religieux.

— Un verre ! commanda le maître de la maison.

— Et je réclame le premier choc, ajouta en riant Mme d'Arminel.

Le moine s'assit à côté de la gracieuse hôtesse ; c'était bien toujours ce visage réfléchi qui avait été dès l'enfance le reflet d'une âme paisible, mais le regard avait pris une expression plus virile ; une grande barbe noire tranchait avec la blancheur de la robe du Père. Le teint un peu hâlé augmentait encore l'énergique apparence de la physionomie.

— Et nous expliqueras-tu comment tu es ici ? demanda le curé, dont les paupières étaient devenues subitement humides et rouges.

— Rien de plus simple. Chargé de recueillir des offrandes pour nos pauvres missions de l'Est africain, j'ai pensé que si l'on n'était pas prophète en son pays, on pouvait avec profit y devenir mendiant pour les frères de là-bas. Je suis arrivé il y a quelques heures, j'ai embrassé ma famille, et je n'ai pas oublié que c'était la Saint-Louis. J'étais bien sûr de vous trouver réunis ici comme jadis. Gloire à Dieu qui m'a donné cette joie !

— Elle est bien partagée, je te l'assure, mon cher Jean, interrompit Louis.

— Et j'ajouterai, en ma qualité de marin, que si ma tête n'était pas solide, j'en perdrais la boussole, comme disent nos matelots.

Nadèje, qui était sortie sans bruit, rentra et s'approchant de Jean :

— Mon Père, pour les frères de là-bas.

Et elle tendit un petit paquet au religieux.

— Tu as donc fait des économies, chère sœur ? interrogea Charles.

— Des économies, sur quoi ? Mlle Nadèje me donne toutes ses rentes pour mes pauvres, fit observer le curé.

— Alors, je n'y comprends rien, dit M. d'Arminel. Voyons donc ce cadeau mystérieux.

— Oh non ! papa, je t'en prie.

Mais Louis avait ouvert la boîte :

— Un bracelet ! des boucles d'oreilles ! une broche en diamant ! Qu'est-ce que Jean va bien pouvoir faire de toutes ces belles choses, à moins qu'il ne les offre à quelque reine de l'Ouganda ?

— Mais c'est un écrin de noces !

— Oh ! Nadèje ! Tu ne feras pas cela !

— Tu ne t'y opposeras pas, chère maman. Tu m'avais donné ces joyaux pour parer la fiancée. La mort les a rendus inutiles pour moi, car tu sais bien que je ne me marierai jamais. Laisse-moi faire servir ces parures au rachat des âmes.

La jeune fille avait parlé avec une sainte émotion.

— Mlle Nadèje a raison, Madame, dit le curé.

— Eh bien ! je cède, mais avec l'espoir que plus tard j'aurai à racheter d'autres bijoux.

— Maman, veux-tu me permettre, en ce jour de fête, de vous faire une confidence ?

— A moi, ou à nous ?

— A tous, si vous n'y voyez pas d'inconvénient. J'ai écouté avec beaucoup d'intérêt les récits de Louis, j'ai recueilli avec plaisir les impressions maritimes de Victor, et, ma foi ! en entendant Charles raconter ses batailles, j'ai senti qu'il y avait du militaire dans le sang des d'Arminel. Je me suis dit que je ne pouvais pas combattre comme l'un, naviguer comme l'autre, m'en aller comme le troisième vers le sauvage inconnu. Mais j'ai trouvé dans la bibliothèque un livre qui m'a éclairée sur ma vocation. Je l'ai lu, relu, je le porte toujours sur moi. Le voici. Voulez-vous que je vous fasse connaître son titre ?

— Volontiers, ma chère enfant.

— La *R. M. Javouhey, fondatrice de la Congrégation de Saint-Joseph de Cluny.*

— Je crois comprendre, murmura Louis à l'oreille du Père blanc.

— Et moi, je suis sûr que tu ne te trompes pas.

— Et que dit ce livre ? demanda M. d'Arminel.

— Mon cher papa, il raconte l'histoire d'une jeune fille qu'on voulait marier et qui finit par décider son fiancé à entrer à la Trappe. Il énumère les vertus de cette intrépide catéchiste durant l'époque révolutionnaire où les prêtres étaient proscrits sous peine de mort, et où prier était puni comme un crime.

Il y a dans ces pages attachantes comme un parfum de la vie des saints.

— En quoi cela peut-il concerner ta vocation ? Est-ce que tu voudrais nous quitter, nous laisser seuls, ta mère et moi ?

— Nanette Javouhey aimait bien ses parents, et elle se fit religieuse ; elle emmena avec elle ses trois sœurs. Moi, je vous aime de tout mon cœur, et je vous laisse trois fils.

— A eux trois ils n'en valent pas un, comme société, s'entend, puisque nous ne les voyons que par rares intervalles. Le capitaine appartient à l'armée, le marin à son bord, et l'explorateur à ses caprices, n'est-ce pas, Louis ?

— Mais je croyais que Louis était décidé à se fixer auprès de vous ?

— Si le malheur ne t'avait pas fait veuve avant d'être mariée, ma chère sœur, je serais venu te remplacer auprès de nos parents ; toi étant là, tu es une société plus douce que je ne pourrais l'être, et puis je n'ai pas achevé ma mission.

— Quoi ! repartir encore ! dit tristement Mme d'Arminel.

— Oh ! ce sera mon dernier voyage ! Le Congo m'appelle, et je voudrais aller comme Trivier d'une mer à l'autre. Après cela, je deviendrai aussi casanier que papa.

— Eh bien, j'attendrai ton retour, car Nanette Javouhey a donné l'exemple de la patience, et elle a fait de si grandes choses....

— Narre-les donc, tu en as fort envie, et nous t'interrompons toujours.

— Merci, mon Charles.

Anne Javouhey, née en 1779 près de Seurre, sur les bords de la Saône, était la fille de cultivateurs jouissant d'une grande aisance, et l'aînée de ses trois sœurs, qui devaient devenir ses collaboratrices dans l'œuvre dont elle allait être la fondatrice. Elle fut, durant la tourmente révolutionnaire, l'auxiliaire aussi intelligente que courageuse des confesseurs de la foi. — Cette demoiselle Nanette, disaient ceux qu'on appelait à tort les patriotes, nous berne et se joue de nous, et il n'y a pas moyen de mettre la main sur son curé !

Je ne vous raconterai pas son séjour chez les filles de la Charité à Besançon, à la Trappe, en Suisse, je vous dirai seulement qu'elle était installée à Chamblanc, dans une communauté créée par la munificence de son père, lorsque Pie VII, revenant de Paris, où il avait sacré l'empereur Napoléon, passa à Chalon. Elle se rendit dans cette ville avec ses sœurs, sous le costume des paysannes de la Bresse chalonnaise : robe bleue, fichu de même couleur à pois blancs, petit bonnet de linge tuyauté. Comment s'y prit-elle ? Je l'ignore. Toujours est-il que dans l'église de Saint-Pierre elle et ses sœurs « furent, dit M. Léon Aubineau, communiées des mains du Souverain Pontife, qui leur accorda ensuite une audience. »

Nanette Javouhey voyait sa vocation se dessiner. Elle apercevait en rêve des enfants de couleur lui tendant les bras, elle les entendait l'appeler leur mère. En attendant qu'elle pût changer le rêve en réalité, elle fonda une école à Chalon et plaça la chapelle sous le vocable de saint Joseph. De là le titre de la congrégation, qui s'est complété plus tard par l'adjonction du nom de Cluny, quand la congrégation eut dans cette ville son principal établissement. Ce fut dans la même église de Saint-Pierre où le pape avait béni Nanette Javouhey qu'eut lieu, le 12 mai 1807, sous la présidence de Mgr de Foulanges, évêque de Chalon, la cérémonie des vœux et de la vêture des huit premières religieuses. Le pas décisif était fait ; dans les diocèses de Dijon, de Besançon, de Meaux, de Paris, l'Œuvre s'établit avec la pauvreté pour base ; elle allait se répandre dans le monde entier, se vouant aux soins hospitaliers en même temps qu'à l'enseignement. La Restauration réclama son concours pour les écoles et les hôpitaux d'outre-mer, et notamment pour l'île Bourbon et les îles Seychelles. Le Sénégal, les Antilles, la Guyane, l'Océanie, les îles Marquises, Taïti, la Nouvelle-Calédonie, Madagascar, les îles du Mozambique, Pondichéry, le Coromandel, et tout récemment le Congo, ont sollicité le zèle de la R. M. Javouhey et des dignes continuatrices de son œuvre admirable. A Rome, en Portugal, en Irlande, en Écosse, en Amérique, à la Trinidad, à Haïti, aux États-Unis, au Pérou, les seize cents sœurs de Saint-Joseph de Cluny font aimer Dieu et la France.

La Mère Javouhey, c'est un grand homme, disait le roi Louis-Philippe.

A la Guyane, où cette religieuse vécut cinq ans, évangélisant les naturels tout en leur enseignant aussi la culture des terres, elle avait laissé de tels souvenirs qu'en 1848, appelés à voter, les sauvages voulurent voter pour la « chère Mère. » Comme on leur représentait que cette élection était impossible, ils dirent avec dégoût : Qu'on élise alors qui l'on voudra ; nous n'y prenons aucun intérêt.

Il n'est pas jusqu'aux Indiens Galibis, nomades, qui ne gardent dans leurs forêts respectueuse et fidèle mémoire de la Mère Javouhey, et M. Léon Aubineau ajoute qu'ils se vantaient de n'avoir pas manqué de prier Dieu, ni eux ni leur famille, douze ou quinze ans encore après le départ de la Mère, morte le 15 juillet 1851 dans les sentiments de la plus admirable et de la plus humble piété.

La Mère Javouhey avait pour maxime :

« Il faut savoir en tout aimer à faire la sainte volonté de Dieu et à la faire aimer. »

Au point de vue terrestre, elle résumait ainsi ses moyens d'action :

« Tout le bagage d'une sœur de Saint-Joseph doit tenir dans un chausson. »

Elle avait placé sa congrégation sous le patronage du P. Libermann, supérieur de la congrégation du Saint-Cœur de Marie, qui s'unit à celle des Pères du Saint-Esprit. Ce patronage a été dévoué, et les fils du Vénérable continuent à donner leurs soins et leur concours aux filles de la Mère Javouhey.

— Mais c'est une vie de sainte que tu viens de nous raconter là, ma chère enfant.

— Oui, une vie qui eut ses dures épreuves courageusement supportées en même temps que ses labeurs vaillamment entrepris.

— Nous avons vu à l'œuvre les sœurs de Saint-Joseph de Cluny. A leur santé et à leur prospérité !

— Victor, merci pour elles !

— Et vous voudriez aller, vous aussi, Mademoiselle, à la conquête des âmes? demanda le P. Jean.

— C'est mon plus cher désir.

— La patience, ma chère enfant, vous le rappeliez tout à l'heure, est une vertu, dit le curé, et la volonté de Dieu se fera, soyez-en sûre.

— Par saint Louis, ni sa mère ni moi nous ne voudrions contrarier la vocation de Nadèje. Mais nous lui demanderons de rester encore avec nous jusqu'à ce qu'un de ses frères vienne prendre sa place.

— Je serai là dans dix-huit mois, à moins qu'il ne m'arrive malheur. J'en prends l'engagement.

— Il vaudrait bien mieux ne pas repartir, insinua Mme d'Arminel.

— Maman, si tu l'exiges, je céderai, mais ce sera un grand chagrin pour moi de ne pas réaliser le voyage que j'ai étudié minutieusement sur la carte.

— Est-il donc si intéressant d'aller vivre au milieu de ces noirs cannibales, ou tout au moins sauvages?

— Si j'osais intervenir, je vous répondrais : Oui, Madame,

car ces nègres sont des victimes que l'on appelle à la liberté, des aveugles auxquels on rend la vue.

— Je comprends cela pour vous, mon cher Jean, pardon, mon Révérend Père, vous êtes un apôtre, mais Louis ne sera qu'un voyageur.

— Oh! Madame, les explorateurs, surtout quand, comme mon camarade, ils sont chrétiens, passent, eux aussi, en faisant le bien. Et, pour vous dire toute ma pensée, il est bon que dans ces régions que Stanley terrorisa avec ses balles explosibles, d'autres viennent apprendre aux nègres infortunés que le voyageur anglo-américain a excité la réprobation du monde civilisé par ses procédés cruels et, disons le mot, ses attentats contre le droit des gens. La France y gagnera un bon renom, et partout où on l'aimera, la moisson catholique sera plus abondante.

— Il est donc bien beau, le pays où vos missions sont établies?

— Magnifique, Madame; la religion y prospère, et je vous assure que nous y dépensons avec amour nos forces, notre dévouement.

— Vous allez y retourner bientôt?

— J'attends incessamment des ordres à ce sujet.

— Vous devriez bien nous faire le récit de ce que vous avez vu depuis votre départ, dit M. d'Arminel. Nous connaissons, par les lettres de nos fils, les œuvres et les mérites des Pères du Saint-Esprit, sur lesquels, du reste, d'intéressants ouvrages ont été publiés; ma fille nous a retracé les vertus de la mère Javouhey et de sa famille religieuse. Nous désirerions entrer maintenant en relations avec les Pères blancs.

— Je suis tout prêt, cher monsieur, à donner satisfaction à votre aimable demande. Mais l'heure est avancée.

— Onze heures ! s'écria le curé en sursautant. Il est onze heures, et je ne suis pas au presbytère ! C'est capable de scandaliser ma domestique, qui trouvera que le festin a duré trop longtemps. Il est vrai qu'elle aura dormi sur sa chaise.

— Eh bien, puisqu'il n'y a pas de bonne fête sans lendemain....

— Demain, très volontiers.

— Le dîner sera servi à six heures précises, afin de vous permettre les détails, car vous devez en savoir beaucoup, avec votre méthode de travail et d'observation.

— J'ai tout résumé dans des notes que je vous lirai, si vous le souhaitez, en me tenant, du reste, à votre disposition pour les questions que vous auriez à m'adresser.

— C'est entendu, et merci.

— Mon cher monsieur le curé, dit M. d'Arminel en retenant le pasteur un peu à l'écart, comme tout cela nous vieillit ! Entre les deux repas de la Saint-Louis, que de choses se sont passées ! Les enfants sont devenus des hommes graves ; plus heureux que moi, ils ont pu continuer à servir la France, à suivre leur carrière. Les voilà bien lancés. Il n'y a que Louis....

— Est-ce d'un mariage que vous voudriez me charger ?

— Oui, pour son retour. Je vois bien que Nadèje nous quittera bientôt.

— Que voulez-vous, cher monsieur, Mlle Nadèje se serait, je vous l'ai dit, mariée par obéissance; un funeste événement l'a dégagée de sa promesse. C'est une bénédiction de Dieu qu'au lieu de rester vieille fille, elle songe à entrer en religion. J'y perdrai autant que vous, en la personne de mes pauvres ; aussi vais-je tâcher de pourvoir à son remplacement pour l'approvisionnement de mes aumônes. Je deviens, à moi seul, une véritable agence matrimoniale.

— Avez-vous quelques vues?

— Un de mes confrères m'a parlé, à la conférence chez le doyen, d'une jeune orpheline pour laquelle on cherche un mari.

Il y a là toute une histoire intéressante. Elle habite au Huerca, en compagnie d'un vieux serviteur qui lui a sauvé la vie lors d'un naufrage dans lequel a péri sa famille.

— Mais le Huerca appartient à M. de Tazillac, de Trie, si je ne me trompe.

— M. de Tazillac est son oncle. Il avait un frère qui était allé se fixer à la Nouvelle-Orléans et y fit fortune. C'était le père de la jeune fille, qui est fort bien, m'a-t-on assuré, au physique et au moral. Reste à savoir si M. Louis lui conviendra, et si elle conviendra à M. Louis. Est-ce bien ainsi que l'on dit ces choses?

— Oui, c'est là le langage usité.

— Enfin, j'ai deux ans devant moi et j'aviserai. Me voici à la porte du presbytère. Bonsoir, dormons bien, et nous nous réveillerons demain en plein Ouganda. L'est africain après les côtes occidentales. Nous aurons fait de grands voyages autour de votre table hospitalière.

V.

Les Pères blancs. — Dans l'Ouganda. — Les esclaves.

A l'heure dite, l'auditoire était au grand complet dans le salon de M. d'Arminel.

Le P. Jean commença aussitôt la lecture de ses notes, entremêlées de quelques observations.

En 1876, à la suite de la publication des voyages de Livingstone et de Stanley, qui complétaient les investigations des Burton, Cameron, Speke, Nachtigal, Barth, Schweinfurt et d'autres voyageurs, il se fonda à Bruxelles, sous le patronage du roi Léopold, — Français par sa mère, la princesse Louise d'Orléans, — une association internationale destinée à ouvrir à la civilisation l'Afrique équatoriale dans un champ ainsi limité : à l'orient et à l'occident par les deux mers ; au midi par le bassin du Zambèze ; au nord par les conquêtes du nouveau territoire égyptien et le Soudan indépendant; les explorateurs venant les uns de l'océan Atlantique, les autres de l'océan Indien, doivent ainsi se rencontrer sur les hauts plateaux d'où sortent les sources de deux grands fleuves africains, le Nil et le Congo.

Pie IX touchait à la fin de sa longue et sainte carrière ; il comprit que l'Église ne pouvait pas laisser le champ libre au protestantisme, autour duquel se groupaient des concours cosmopolites, sous peine de faire tourner au profit de l'erreur une généreuse initiative. C'est à l'Église qu'a été dite la divine parole : « Allez et enseignez toutes les nations, et baptisez-les au nom du Père, et du Fils, et du Saint-Esprit. » Mais où trouver les ouvriers nécessaires à l'œuvre catholique ? Les sommes et les ressources manquaient aux missions d'Afrique, déjà absorbées dans un labeur incessant. Le grand pape pensa alors aux missionnaires d'Alger. Ils étaient encore peu connus. Douze ans auparavant, à la suite de la famine de 1867, Mgr Lavigerie avait fondé des orphelinats arabes; trois jeunes gens et M. Girard, le supérieur du grand séminaire de Kouba, celui que le clergé algérien appelait le *Père éternel*, s'offrirent. Un jésuite, un sulpicien, un lazariste, furent réunis dans une pauvre maison de louage sur les hauteurs d'El-Biar. Le noviciat était ainsi établi à l'endroit où l'armée française, venant de Staouëli, força le vieux nid de pirates musulmans à ouvrir au monde civilisé les portes de la barbarie. Un fils de Saint-Vincent de Paul, l'apôtre de la charité, un fils de Saint-Ignace, l'apôtre de la foi, un fils du vénérable M. Olier, l'apôtre de la sainteté ecclésiastique, étaient groupés, sous la direction de celui qu'on a appelé avec raison le grand cardinal, autour du berceau des œuvres africaines et particulièrement de la Société naissante des Pères blancs. Les orphelins avaient grandi, et en 1878, les missionnaires supplièrent en termes touchants le saint-père « d'agréer l'entier sacrifice de leur volonté, de leurs personnes, de leur vie, pour le salut de la pauvre Afrique équatoriale. » Ils étaient dix, dont le R. P. Livinhac, aujourd'hui vicaire général de la Société des Missionnaires d'Alger et coadjuteur de l'éminent primat.

Avant de les suivre dans leur voyage, rappelons que la *Maison-Carrée* était devenue le centre agrandi du noviciat, que Carthage a vu s'élever par leurs soins la cathédrale de

TYPES DIVERS

Saint-Louis. Il était équitable de donner le vocable de ce saint à la magnifique église érigée sur les lieux où une chapelle rappelait que le roi très chrétien était mort sur un lit de cendres, achevant ainsi dans la pénitence sa carrière vaillante de croisé. Nous ne citerons pas ici toutes les fondations des Missionnaires d'Alger : sœurs vouées exclusivement au service des Arabes et des noirs, écoles, villages catholiques de Saint-Cyprien et de Sainte-Monique, hôpitaux, séminaire de Saint-Eugène, collège de Saint-Charles, à Tunis, école de médecine à Malte. Nos soldats et nos marins savent ce qu'a fait avec ses auxiliaires le cardinal Lavigerie, qui a imposé le respect même aux ennemis de l'Église, et qui jouit d'une popularité immense en Algérie et en Tunisie. Là les œuvres des Pères blancs se confondent, du reste, avec tant d'autres, et nous ne devons oublier ni les trappistes, ces défricheurs infatigables, ni les Frères des écoles chrétiennes, à la fois éducateurs et agriculteurs, ni le clergé paroissial, qui compte de savants et de vertueux représentants tels que M. l'abbé Brevet, le curé vénéré de Tlemcen, qui a doté cette ville d'un musée minéralogique. En Égypte aussi, l'action française a persisté malgré les fautes politiques, mais ce sont là choses connues et admirées ; n'insistons pas et revenons aux Pères blancs.

Tout d'abord, pourquoi ont-ils choisi le costume blanc d'où ils tirent leur nom ? — Il y a deux causes. La laine blanche les protège mieux que quoi que ce soit contre le soleil. D'autre part, ils ont adopté les vêtements de l'Afrique du Nord, afin de pouvoir se mêler plus aisément aux indigènes, dont ils possèdent très bien la langue. Le burnous flottant, la *gandourah*, et pour coiffure la *ceccia*, comme nos chasseurs d'Afrique, ou le *kaïk* avec la corde tressée en poils de chameau, voilà leur uniforme. Ils portent toute la barbe, parce que les Arabes n'aiment pas les hommes imberbes et pensent, selon le proverbe, que du côté de la barbe est la toute-puissance. Quelles sont leurs ressources? La charité française. Après avoir établi solidement leur apostolat de la province d'Oran jusqu'au Djurjurah, jusqu'à la régence de Tunis, ils ont pénétré au M'Zab et à Ouargla, en plein Sahara. Ils ont Kairouan, la seconde ville sainte des Arabes, Tabarca, en pays kroumir, et lorsque les musulmans leur parlent de La Mecque, ils peuvent répondre : nous sommes à Jérusalem et à Rome, les deux cités de Dieu, et le tombeau du Christ est le seul d'où se soient répandues sur le monde la vérité et la vie.

Trois par trois, ils s'acheminèrent par les gorges de l'Atlas. Ils voulaient atteindre les Touaregs et entrer à la suite de ces nomades à Tombouctou.

Dès 1875, sur la route d'In-Salah, trois Pères furent assassinés ; leurs têtes avaient été tranchées et leurs corps jetés au feu. C'est ainsi que les Touaregs noirs acquittaient leur dette de reconnaissance vis-à-vis de Mgr Lavigerie qui avait, l'année précédente, obtenu la grâce de plusieurs rebelles de leur tribu. « Tu es notre Père, avait dit le chef des Touaregs, nous te devons la vie. Compte désormais sur nous ; nous répondons de ceux de tes enfants que tu voudras envoyer dans le Soudan. Nous les accompagnerons, nous les défendrons jusqu'à la mort. »

Les missionnaires d'Alger avaient arrosé du sang de leurs martyrs le chemin du désert. En 1881, trois autres Pères prenaient la route de l'est par Rhat. Ils avaient noué des alliances avec les Touaregs, mais ils allaient tomber entre les mains des assassins de l'infortuné Flatters [1]. Ils dépassèrent

---

(1) Le lieutenant-colonel Flatters avait été chargé, en 1879, d'étudier la route la plus favorable à un chemin de fer transsaharien. N'ayant pas réussi à achever sa mission, il repartit d'Ouargla le 4 décembre 1880, avec le capi-

Rhat, s'avançant à travers les sables, et soignant les malades qui se présentaient à eux. Comment le crime fut-il accompli ? On l'ignore encore, mais au début de l'année 1882, on apprit que le P. Richard, un Breton de bonne race, et ses compagnons, avaient été décapités auprès d'un puits. Des recherches immédiates permirent de retrouver quelques ossements calcinés, des vêtements en lambeaux et ensanglantés. Détail touchant : un grand lévrier arabe — un *slougi* — qui appartenait au P. Richard, était immobile autour de ces

---

taine Masson, le lieutenant de Dianous, les ingénieurs Béringer, Roche, Santin, le docteur Guiard et une escorte de tirailleurs commandée par le maréchal des logis Pobéguin. Egaré par les guides, il fut massacré au bir el Gharama, sur l'oued Netura, au moment où il faisait curer le puits pour procurer de l'eau à ses hommes. Des bandes de Touaregs Hoggar l'assaillirent. MM. Béringer, Roche et Guiard furent mortellement frappés au début de l'action. Le colonel Flatters et le capitaine Masson vendirent chèrement leur vie. Le lieutenant de Dianous eut la difficile mission de ramener à Ouargla la colonne, qui était à 1,400 kilomètres, soit à cinquante jours de marche de cette ville. Il fut tué en route, ainsi que M. Santin, le maréchal des logis Pobéguin, égorgé et mangé le 31 mars par les tirailleurs survivants, au moment d'atteindre Hassi-Mesegguem. Les tirailleurs avaient dévoré plusieurs de leurs camarades et pillé le trésor de la mission. Ils voulaient se débarrasser d'un témoin dangereux de leur infamie, dit avec raison le capitaine Henri Brosselard dans son livre : *Les deux missions Flatters*.

Le massacre du colonel avait été provoqué par les excitations venues d'Angleterre et d'Italie qui voulaient faire échec à la pénétration française au Soudan par la voie du Sahara. Le commerce anglais se sert du Maroc, le commerce italien de la Tripolitaine. Tous deux voyaient avec déplaisir se préparer une route commerciale de l'intérieur africain à l'Algérie.

Enfin, il ne faut pas oublier que les Touaregs appartiennent à la secte des Senoussyah, secte pleine de cupidité et de fanatisme qui rêve la conquête du Sahara, du Soudan, — où les Touaregs ont déjà Tombouctou, — et du Sénégal. Cette vaste confrérie a juré une guerre d'extermination à l'élément chrétien. Et c'est au cri de : Mort aux chrétiens, que Flatters et ses compagnons ont été assassinés. Les Touaregs, qui sont des agents forcenés de l'esclavagisme, occupent l'oasis du Touat, d'où la France les chassera par mesure de salubrité publique, et cette oasis complétera utilement nos possessions du sud algérien. Le Maroc fait valoir sur le Touat des droits qu'il sait bien ne pas posséder.

débris — nous allions dire de ces reliques — et poussait des hurlements. La légende du chien fidèle est vraie sous toutes les latitudes.

Le *Te Deum* fut entonné en l'honneur des martyrs. Et l'action apostolique, fortifiée par les bénédictions de Léon XIII, l'illustre Pontife, se dirigea non plus vers le nord, mais vers le sud-est.

Les dix, qui seront bientôt suivis de beaucoup d'autres, sont partis. Ils vont arborer sur les bords du Victoria et du Tanganika la bannière à croix rouge et bleue du Sacré Cœur. C'est le cadeau des saintes filles du Carmel d'Alger. Ils avaient été devancés par le P. Charmetant, qui était allé, muni des pleins pouvoirs du cardinal Lavigerie, préparer les voies et moyens à Zanzibar. De la traversée nous ne dirons rien, sinon qu'en visitant Djeddah, les Pères recueillirent la tradition d'après laquelle Ève aurait été enterrée dans cette ville. Une géante, si les mesures locales étaient exactes. La femme d'Adam aurait eu une taille de quatre-vingts mètres. Passons et sourions. A Aden [1], arrêt chez les capucins, dont la maison et la chapelle sont mises à la disposition des missionnaires. Voilà Zanzibar, un vrai fouillis de verdure. Quand on sort des sables arides de Suez et des rochers du

---

(1) Aujourd'hui, nos navires s'arrêtent à Obock, qui, situé à la sortie du détroit de Bab-el-Mandeb, est un point d'escale précieux. Ce port fut cédé à la France en 1862, avec le territoire qui s'étend depuis le Ras-Douméirah, au nord, jusqu'au Ras-Ali, au sud. En 1885, le protectorat fut établi sur les territoires de Tadjourah, d'Ambabo, de Sagallo et du Gubbet-Kharab, et les îles Mouscha, qui devinrent propriété française, ainsi que Ris-Jibouti, à l'extrémité de la côte méridionale du golfe d'Obock. Nous avons donc aujourd'hui une région de plus de cent vingt mille kilomètres carrés sous notre influence directe. Le pays est sec et peu productif. Les populations soumises à notre domination sont les Danakils, les Somalis et les Gallas, venus des pays voisins. Le Choa et l'Abyssinie sont en relations commerciales assez fréquentes avec nos possessions. Ces peuples, au teint noir avec une

golfe Arabique, on est ravi de cette luxuriante végétation ; on respire avec joie ces balsamiques émanations. Cocotiers, bananiers, girofliers viennent à profusion ; la canne à sucre y est abondante. La ville est le grand marché de la côte orientale d'Afrique. Ses rues étroites et tortueuses sont fort animées. On y vend jusqu'à du poisson rôti et de l'eau fraîche. La population est un ramassis cosmopolite, aux costumes les plus divers. A signaler l'hôpital catholique et l'école d'arts et métiers dirigée par les Pères du Saint-Esprit.

Mais la mer est magnifique, la brise souffle du large ; nous abordons à Bagamoyo, où quelques rares maisons en pierre tranchent avec les cases de paille. Sur le terrain sablonneux poussent des palmiers, cocotiers, pêle-mêle avec des arbustes d'Europe ; c'est la plantation des Pères du Saint-Esprit, dont les ateliers de menuiserie et les forges occupent le personnel des enfants rachetés de l'esclavage. Stanley fut reçu à Bagamoyo ; il n'entra pas dans l'élégante chapelle, et, une fois loin de ses hôtes, il attaqua leur frugalité monastique, et il feignit de croire que le vin qu'on lui avait offert constituait le *bon ordinaire* des religieux. « Il n'aurait pas dû payer son hospitalité en aussi mauvaise monnaie, » dit avec raison le P. Ruellan dans son journal.

nuance verdâtre, sont, comme les Danakils, guerriers et pasteurs. Le meurtre est chez eux en honneur. Ils sont armés de javelots et de couteaux recourbés. Les Gallas ne portent pas le pagne comme leurs voisins. Ils ont la toge abyssine ; leur peau est blanche, si on la compare à celle des tribus qui les entourent. A Obock et dans les pays voisins, les missionnaires et les sœurs, venus de France, travaillent avec un zèle des plus louables à éclairer les populations ignorantes. On a décoré, en 1892, Mgr Taurin, jésuite, qui depuis quarante-cinq ans évangélise les Gallas.

Presque en face d'Obock, à l'entrée méridionale de la mer Rouge, sur la rive arabique, se trouve Cheick-Saïd ; placée en face de l'île anglaise de Périm, elle pourrait avoir une grande importance militaire ; elle appartient à la France depuis 1868.

C'était le 17 juin 1878 ; le P. Charmetant, chaussant les guêtres dont Livingstone se servait lorsque la mort le surprit dans ses excursions africaines, prit la tête de la caravane catholique. Le voyage fut long et pénible, dans la terre marécageuse, et il fallait se garer des crocodiles, qui pullulent dans les rivières et sur leurs bords. Ce reptile est toujours en embuscade ; il prend jusqu'aux oiseaux posés sur les branches qui pendent le long de l'eau. Au moment de passer le Kingani, le P. Charmetant embrassa et bénit ses compagnons, puis il donna l'ordre de départ aux piroguiers, et il resta sur la rive, afin d'obéir aux instructions qu'il avait reçues. Il avait le cœur gros, car, comme Moïse, il ne pouvait pas entrer dans la terre promise, mais la consigne était formelle. Le procureur général des Pères blancs, aujourd'hui directeur des écoles d'Orient, faillit, du reste, mourir en plein exercice d'apostolat, car la fièvre jaune l'avait guetté et saisi. Le précieux auxiliaire du cardinal Lavigerie en ressent encore à cette heure les trop durables effets.

Les missionnaires suivirent la route qu'avait prise Stanley ; mais où ce dernier avait semé l'épouvante, ils versèrent le baume de la charité. Ce fut un spectacle bien touchant que la messe célébrée le premier dimanche, en plein air, au milieu de ce pays sauvage. Le pittoresque s'ajoutait à l'auguste, et la nature semblait s'être parée pour mêler ses harmonies et ses splendeurs aux prières des hommes. Un missionnaire, le P. Pascal, était mort en route ; les neuf autres arrivèrent au Tanganika et dans l'Ouganda, ceux-ci à la fin de janvier 1879, ceux-là le 19 juin de la même année, après un voyage de plus de dix mois, depuis leur départ d'Alger, pour les premiers, et de quatorze mois et vingt-cinq jours pour les seconds.

Les eaux argentées des lacs de l'Afrique équatoriale semblaient former comme d'immenses baptistères, aux yeux émerveillés des missionnaires. Ils s'étaient séparés en deux groupes depuis Tabora. A Ouijiji, l'accueil fut satisfaisant, mais pour ne pas être gênés par les menées musulmanes, les Pères blancs se fixèrent un peu au nord, dans l'Ouroundi. Leur première demeure fut un hangar couvert en paille.

Les défrichements donnèrent d'excellents résultats. La campagne est jolie, et le sol aussi fertile qu'accidenté.

Dans l'Ouganda, les missionnaires reçurent l'autorisation de s'établir à Roubaga, capitale des États de Mtésa, qui leur fit une concession d'un hectare de bonne terre plantée de bananiers ; il leur donna un troupeau de bœufs, et leur fournit les matériaux et les ouvriers nécessaires à la construction d'une grande hutte de forme plus ou moins européenne.

Mtésa, il est vrai, avait reçu des cadeaux superbes. Mgr Lavigerie les décrit ainsi :

« Le sauvage cherche surtout ce qui brille, sans trop se préoccuper de la forme et de la fraîcheur des objets. J'avais donc eu la pensée de faire visiter, à Paris, le marché du Temple, au moment du départ de notre caravane, et d'y faire acheter les dépouilles de nos grandeurs déchues. On ne se figure pas ce qu'on y trouve, grâce à nos révolutions, d'habits de sénateurs ou de ministres, neufs encore ou peu s'en faut. J'en fis faire à bon compte une collection pour le roi Mtésa et sa cour. Je me rappelais le succès qu'avait eu, dans une mission de l'Amérique du Nord, un habit de suisse de paroisse, de la paroisse de Saint-Sulpice, si je ne me trompe, un habit rouge à la française, chamarré d'or. Il fut donné au chef sauvage d'une peuplade récemment devenue chrétienne. Quel ne fut pas l'étonnement du vénérable missionnaire de voir, à la procession du Saint-Sacrement qui avait lieu bientôt après, le chef indien se présenter fièrement revêtu, pour tout costume, c'était en été, de son habit à la française, à la tête de ses sujets, qui l'entouraient de leurs témoignages d'admiration. Le succès de nos habits de ministres a été le même sous l'équateur, où il était encore plus favorisé par la température. Mtésa n'a pas voulu être en reste de générosité avec les Pères. Il a, d'ailleurs, accordé toute liberté pour prêcher l'Evangile. »

La croix était plantée ; le bon grain allait germer promptement, les missions succéder aux missions. Les Pères blancs arrivent en nombre ; ils bravent les périls du voyage de Zanzibar aux lacs, les fatigues accrues par le manque de nourriture ; ils déjeunent avec quelques racines broyées ; ils dînent avec un quartier de girafe, ils montent et ils descendent toujours, ils franchissent les rivières, ils gravissent les montagnes, ils avancent sans cesse : ceux qui vont au Nyanza, par le nord, ceux qui se dirigent vers le Tanganika et les sources du Congo, par l'ouest. De Brazzaville jusqu'aux cataractes de la ligne de l'équateur, des caravanes remontent aussi. Il n'y a pas que des prêtres à accourir au pacifique assaut des pays nègres. Des laïques sont leurs auxiliaires, et le capitaine Joubert a installé à Saint-Louis, au sud de Mapla, sa suzeraineté en pleine route de l'esclavage. Les enfants des missions sont ses soldats. Pour mieux marquer son dévouement, il épouse une indigène. C'est le comble du sacrifice.

Ce Vendéen, qui fut le compagnon de Charette, a des émules parmi les anciens zouaves pontificaux. A Madagascar, c'est le sergent de Villèle, jésuite ; dans le Sahara, le caporal Voisin, missionnaire d'Alger, mort à la peine en 1883 ; au Gabon, le zouave Augouard, Père du Saint-Esprit et depuis vicaire apostolique du haut Congo français.

Partout des chrétientés ont surgi, des églises ont été construites, et leurs vocables remplacent même les noms des localités barbares. Sainte-Marie de Roubaga est comme la chapelle de Notre-Dame d'Afrique. Les martyrs de la *masse noire* sont, hélas! nombreux, et, selon la belle pensée de Mgr Lavigerie, on peut les rapprocher des chrétiens qui, il y a seize cents ans, tombèrent sur la colline où s'élevait Utique, colline que la liturgie nomme la *masse blanche* parce que, suivant la parole de saint Augustin, la chaux où ils furent ensevelis recouvrit ces martyrs comme d'un blanc linceul. Il y a dans l'histoire des faits d'héroïsme qui nous reportent aux premiers temps de l'Église. Mtésa était devenu ingrat. Son fils Mouanga tourna sa fureur païenne jusque sur les membres de sa propre famille convertis à la foi. Il cède à un ministre cruel, il ordonne des massacres. Rien n'ébranle le courage des victimes. Les enfants courent au supplice, en regardant le ciel et en confessant Jésus-Christ. Jamais Rome n'offrit de plus admirables exemples, et les sauvages de l'Ouganda égalent bien en férocité les fauves du Colisée.

Cent cinquante martyrs, dont trente et un jeunes pages du roi, sont massacrés et meurent en confessant leur foi. Les supplices atteignent le suprême degré de la cruauté. On coupe les pieds et les mains des patients, on les fait griller, puis on leur arrache du dos des lanières de chair, et on abandonne les infortunés à leur lente agonie. Ainsi périt le chrétien Mathias. On raconte que trois jours après avoir subi ces horribles traitements sans se plaindre, il vivait encore. Des esclaves qui allaient couper des roseaux, étant passés par là, entendirent une voix qui les appelait. Ils s'approchèrent. Le mourant les pria de lui donner un peu d'eau; mais épouvantés à la vue de ce malheureux, horriblement mutilé, ils prirent la fuite et le laissèrent consommer son sacrifice, privé, comme le divin Maître, du moindre soulagement, au milieu des plus atroces souffrances. Les hyènes et les oiseaux de proie, si nombreux dans le Bouganda, auraient, assure-t-on, respecté son corps, qui se serait séché au soleil.

— Massacre tous ceux qui prient, avait dit le roi Mouanga à Katikiro, le conseiller et l'exécuteur de cette tuerie.

Jamais consigne ne fut aussi ponctuellement accomplie. Mais Mouanga allait connaître ses vrais amis. En 1888, deux ans après la persécution ordonnée par lui et qui s'était calmée peu à peu, les Pères blancs et leurs fidèles pouvaient se croire aux catacombes. C'est la nuit seulement qu'ils se réunissaient, et encore devaient-ils avoir soin d'éviter les affluences nombreuses. Cependant, les musulmans, s'enhardissant, chassèrent Mouanga. Son successeur Karema, poussé par les quelques Arabes qui se trouvaient dans le pays, dépouilla les missionnaires de tout ce qu'ils possédaient, les jeta en prison. Un moment il fut question de les égorger ; la crainte de provoquer une intervention de la France fit adopter le parti de les expulser. Ils se réfugièrent dans le sud du lac, où ils parvinrent après dix-sept jours de navigation périlleuse, et fondèrent Notre-Dame des Exilés. C'est là que Mouanga vint demander asile à ceux dont il avait été l'ennemi acharné, et auxquels il allait devoir sa restauration. Les Bagandas, opprimés par leurs nouveaux maîtres, résolurent de s'en débarrasser. Les misères souffertes avaient éclairé ces âmes, et un grand mouvement religieux se produisit. Mouanga ne dut qu'à son titre de catéchumène d'être rappelé. Les missionnaires rentrèrent, et recommencèrent avec fruit leur œuvre apostolique. La sœur du roi se fit catholique, et elle épousa le général en chef de l'armée, qui était un chrétien, sans perdre son rang à la cour. La mission fut rétablie, et la prospérité revint avec la paix. L'abolition de l'esclavage fut ordonnée ; le pays put se croire délivré du joug musulman.

Au Tanganika, trois Pères, dont le P. Deniaud, ont été

tués dans une invasion des Wabikaris, en voulant délivrer un petit nègre, mais c'est là, heureusement, un crime isolé. Les Arabes, cependant, travaillent le pays, et il faut toujours être en garde contre des attaques suscitées par leur fourberie.

— Et vous, où étiez-vous, mon Père, pendant ces jours de calamités ?

— Avec mes frères, répondit simplement le missionnaire.

— Croyez-vous, du moins, que l'ère des malheurs soit finie ?

— Il n'est guère permis de l'espérer. Veuillez remarquer que notre situation a bien changé depuis 1878. Alors nous aurions pu procurer à la France, sans coup férir, le protectorat sur les grands lacs, bien nommés, puisque le Tanganika a deux cent cinquante lieues de long. Aujourd'hui, le partage s'est effectué au profit de l'influence anglaise, d'une part, et de l'influence allemande, de l'autre. On nous a garanti la liberté religieuse, mais vous savez ce que valent ces promesses.

— Votre apostolat s'exerce-t-il sur un vaste espace ?

— Jugez-en : le vicariat apostolique de Nyanza a 650,000 kilomètres carrés de superficie. Il est difficile d'indiquer, même approximativement, sa population. Je trouve seulement quatre mille chrétiens et huit mille catéchumènes. Il comprend les stations religieuses de Sainte-Marie de Roubaga, Notre-Dame de Kamoga, dans le Bukumbi, Notre-Dame des Exilés, dans le Nyaghézy, Notre-Dame de Bon-Secours, dans l'île de Sésé. Je signale en passant le séminaire de Notre-Dame de Kamoga, où dix jeunes nègres ont commencé leurs études de latin, les quatre orphelinats où sont élevés deux cent cinquante enfants rachetés de l'esclavage.

Le provicariat apostolique de l'Ounyanyembé a 240,000 kilomètres carrés. Sa population, décimée par la chasse aux esclaves, s'élève à environ huit cent mille habitants. Son premier poste, fondé à Tabora, centre arabe, fut transporté à quelques kilomètres dans le nord-est, à Kipalapala, et encore a-t-il fallu diriger les cent cinquante enfants rachetés vers Notre-Dame des Exilés, pour les soustraire à la surexcitation des Arabes.

Un poste, reliant à mi-chemin le Nyanza et le Tanganika, est en voie de fondation dans l'Ousambiro. A Zanzibar se trouvent un petit orphelinat et la procure, relevant de celle de Paris, dirigée avec tant de zèle par le P. Louail.

Le vicariat apostolique du Tanganika a 170,000 kilomètres carrés. Sa population est inconnue; elle est à la merci des Arabes, qui ont à Ouijiji leur foyer de traite. Son chef-lieu est Notre-Dame de Karema, entouré de plusieurs villages chrétiens. Saint-Jean d'Ufipa est sa station principale. Il y en a cinq autres secondaires.

Le provicariat apostolique du haut Congo a 270,000 kilomètres carrés. L'esclavage fait des coupes sombres dans ces populations, dont il est impossible de fixer le chiffre. Le chef-lieu de la mission est Lavigerieville, entre le Massanzé et l'Ougouma; Mapla et Saint-Louis sont les deux autres stations, mais il y a encore quinze chrétientés et trois chapelles.

On compte mille chrétiens baptisés, et plusieurs milliers de catéchumènes qui viennent se grouper en petits villages autour des stations.

Le provicariat du Nyassa, tout récemment fondé, a 320,000 kilomètres carrés. Ici encore la traite rend tout dénombrement impossible.

L'unique station à cette heure est Mponda. J'en ai fini avec la statistique.

— Mais elle est pleine d'intérêt, car elle renferme l'histoire de l'Église naissante. Quel est le caractère des indigènes?

Quels sont les plus grands obstacles que vous rencontrez pour leur conversion ?

— Les indigènes seraient d'humeur douce si les superstitions ne les rendaient facilement féroces. Ils croient à un être supérieur, *Moungou*, mais ils sont obsédés par la peur des sorciers. Ils se couvrent d'amulettes. Ils dansent pour conjurer le mauvais sort, ils battent du tambour pour écarter la tempête.

Mon confrère, le P. Guillemé, missionnaire à Mapla, expose ainsi l'origine des Wagovas d'après la croyance des indigènes :

« Les deux premiers hommes de ce pays vinrent du ciel. La faim rend ingénieux, dit-on, et comme ils étaient hommes, ils eurent faim, et pour satisfaire ce besoin de notre humaine nature, ils cherchèrent de la nourriture, goûtèrent de toutes les herbes, fouillèrent toutes les racines. Parmi ces dernières, ils en découvrirent une d'une saveur toute spéciale et délicieuse au goût. Ils prirent les branches et les racines de cette plante pour en propager l'espèce ; les branches seules poussèrent pour donner de nouvelles racines semblables aux premières. C'était le manioc, qui, encore de nos jours, est la base des aliments qui composent l'ordinaire de nos sauvages et qui donne le tapioca d'Europe.

» Plus tard, ils découvrirent un autre fruit agréable à la vue et délicieux au goût, c'était la banane, qu'ils surent transformer en pombé (espèce de vin). Ils transmirent ce secret à leurs descendants, qui savent maintenant profiter et même abuser de ses propriétés enivrantes.

» Les premiers parents des Wagovas aimaient à se promener, paraît-il, et un jour, pendant leur promenade, ils trouvèrent par hasard un petit tronc d'arbre creux, le ramassèrent et s'en servirent pour y mettre leur nourriture ; c'était l'invention de la première assiette de bois, dont on se sert encore aujourd'hui. Cette première assiette ayant besoin d'être nettoyée, on la porta à la rivière où, je ne sais comment, elle glissa et échappa des mains de la femme qui, de ce temps, faisait déjà la cuisine et la lessive, pour tomber à l'eau. Au lieu de couler au fond, comme ils s'y attendaient, l'assiette surnagea sans faire eau et flotta, entraînée par le courant; elle fut perdue. Ils retournèrent à leur case tout tristes de la perte d'un meuble si utile, en pensant au moyen de le remplacer. Ils reprirent leurs anciennes feuilles de banane pendant que l'homme s'ingéniait à en tailler une autre dans le tronc d'un arbre. La nouvelle assiette terminée, on l'employa, on la lava, et toujours elle flottait sur l'eau sans la laisser y entrer. De là l'idée ingénieuse d'en creuser une très grande pour y monter, marcher sur l'eau et pêcher le poisson dans le Tanganika. Ce fut l'invention des bateaux qui maintenant sillonnent le lac en tous sens, et qui ne diffèrent de leur premier type que par leurs dimensions; tous étant des troncs d'arbres coupés sur les montagnes, creusés sur place à coups de hachette et ensuite descendus dans le Tanganika.

» Ce premier homme et cette première femme eurent de nombreux enfants qui peuplèrent le pays en se dispersant de tous les côtés. Tout fut bientôt cultivé, et le désert disparaissait rapidement par la présence des hommes qui se multipliaient; lorsque tout à coup apparut dans le pays un monstre horrible à six têtes qui ne se nourrissait que de chair humaine; il dévorait les hommes, les femmes et les enfants, venant les chercher jusque dans leurs villages. Il dévora ainsi beaucoup de monde, diminua considérablement le nombre des habitants, et menaçait même de les anéantir tous. Plusieurs avaient bien essayé de l'arrêter en lui résistant en face, mais tous étaient morts victimes de leur héroïsme.

» Les forces humaines semblaient être impuissantes contre cet ennemi redoutable ; le chef du pays, alarmé des ravages qu'il faisait parmi ses sujets, résolut, pour se débarrasser de ce fléau, de consulter les fétiches étrangers, puisque les siens étaient incapables de rien faire contre le monstre. Il envoya donc son fils, dont le nom est resté en grande vénération dans tout le pays, trouver un grand sorcier qui demeurait bien loin, très loin, dans un pays étranger. Le fils du sultan marcha longtemps, bien longtemps, traversa beaucoup de rivières, parcourut beaucoup de déserts, escalada plusieurs montagnes ; enfin, après bien des souffrances et beaucoup de privations, il arriva chez le sorcier. Celui-ci, après de longues communications avec ses fétiches, découvrit le moyen de détruire le monstre. Il lui remit, comme armes, des harpons très aigus et un couteau coupant comme un rasoir, avec lesquels il pouvait aller attaquer le monstre à six têtes. Confiant dans les armes et les promesses du sorcier, l'envoyé revint chez son père, raconta les principaux incidents de sa mission, et, dès le lendemain de son arrivée, alla avec ses armes au-devant de la bête, qui l'avala d'un seul trait, tout vivant, armes et bagages. Il se dit : Je suis perdu, le sorcier est un farceur. Mais, une fois dans le ventre de l'animal (c'est le narrateur qui parle), il réfléchit un peu et s'aperçut qu'il était encore vivant, armé comme auparavant. Alors il se lève et se retourne pour déchirer avec ses armes le monstre qui rugit, bondit, se roule sur lui-même en gémissant. Le vainqueur sortit de l'arène où il était enfermé, revint dans son village dont il fut le plus grand chef.

» Les habitants furent désormais tranquilles jusqu'au jour néfaste et à jamais regrettable où les traitants firent leur apparition dans le pays. Maintenant encore, ces pauvres sauvages sont à la recherche d'un libérateur pour chasser ces

UN ROI ET SES MINISTRES

autres monstres qu'on appelle chasseurs d'esclaves. Missionnaires et pasteurs, nous gardons contre ces odieux ravisseurs le petit troupeau qui nous entoure. »

— Le pays de ces missions de Nyanza et du Tanganika est-il fertile? demanda Louis d'Arminel.

— Oui, et la terre y rend au centuple tout ce qu'on lui confie.

— Et la population?

— Par la légende que je viens de vous conter, vous pouvez juger de leur naïveté. Comme dans toute l'Afrique, on trouve les indigènes en butte à la domination musulmane. Les mœurs sont celles des habitants du Soudan. Voulez-vous quelques traits distinctifs des coutumes et usages des Wagovas?

— Volontiers.

— Je commence par le mariage. La femme est la chose du mari qui l'a achetée. Voici la cérémonie. Après le repas de noces, au moment où les parents vont remettre la marchandise, ils envoient chercher chez le fiancé une natte et une pioche. Le lendemain, celui-ci vient et trouve la jeune fille assise sur la natte qu'il a envoyée, devant elle un panier de bouillie surmonté de la pioche. Il prend avec cet instrument, servant de cuiller, un peu de bouillie qu'il présente à la jeune fille. Celle-ci mange la moitié de cette bouillie et passe le reste à son futur, qui invite alors tout le monde à goûter ensemble au plat commun. Puis, quelques cruches de pombé aidant, la gaieté se manifeste par des chants et des danses au son des tambours.

Si la gaieté s'exprime par le rire, la tristesse ne se traduit point par les larmes. Lorsqu'une mort survient, tout le village est dans le deuil et entonne un chant destiné à indiquer le chagrin ressenti. On lie alors le défunt dans une natte, on l'enterre assis, les genoux repliés sur la poitrine et les bras croisés. Une fois dans la fosse, tous les parents viennent tour à tour, sans pleurer (c'est défendu), jeter une pierre au défunt. La femme arrive la dernière déposer à ses pieds le pot et la cuiller qui servaient à cuire sa nourriture pendant qu'il vivait. Elle revêt ensuite ses habits de deuil, ce qui consiste à se ceindre le front et la poitrine de trois feuilles de bananier. Le lendemain tout est fini. Est-ce seulement là-bas qu'on pense peu aux trépassés ?

Pour certains personnages marquants, comme le chef d'une nombreuse famille, on plante un pieu grossièrement taillé, qui a la prétention injustifiée de rappeler les traits du mort. Les parents font de temps en temps devant ce pieu le sacrifice d'une poule et arrosent la terre avec du pombé. S'ils négligeaient ce devoir, le défunt viendrait la nuit les réveiller à coups de balai ; s'ils sont fidèles à ces offrandes, il leur indique les endroits où ils trouveront des trésors, du poisson et du gibier. Le culte des morts est, on le voit, intéressé.

Le respect des faibles est inconnu ; l'amour paternel et maternel n'existe guère au Tanganika. Il n'est pas rare de voir un père et une mère se lasser de soigner leur enfant malade ou trop chétif pour être vendu comme esclave ; ils l'assomment et le jettent dans les broussailles. Ce sera la pâture des hyènes pour la nuit suivante !

— Oh ! quelle horreur ! N'y a-t-il pas quelque exagération ? Ces faits monstrueux sont-ils certains ?

— J'ai vu les cadavres des pauvres petits, et j'ai pu, en maintes occasions, sauver la vie à des négrillons en les achetant à leurs parents.

— Quelles sont les causes de l'esclavage ? Et comment se fait-il que toute une race se laisse ainsi subjuguer et avilir ?

— Il y a quatre causes principales.

Les tribus d'Afrique sont toujours en guerre les unes contre les autres, ce qui a fait dire non sans raison, hélas ! que l'Afrique perd son sang par tous les pores. Or, tout prisonnier est esclave. Il connaît son sort, et il faut bien qu'il s'y résigne, sous peine d'une mort immédiate.

Les vagabonds qui errent de village en village sont à l'affût d'une proie à saisir. S'ils trouvent un enfant, une femme dans un endroit isolé, ils l'emportent. C'est encore un contingent pour l'esclavage.

Je vous ai dit que des parents dénaturés vendaient aussi leurs fils et leurs filles.

Enfin, il y a des Arabes qui ont organisé de véritables chasses à l'homme. Partout où ils passent, le sang est versé. Un malheureux se réfugie-t-il sur un arbre, on l'abat d'un coup de fusil s'il ne descend pas, aussitôt découvert, pour tendre le cou aux chaînes de fer. C'est ainsi que poussant devant eux ce bétail humain, les écumeurs de l'Afrique augmentent à chaque pas leur butin, et gagnent les côtes, notamment de Zanzibar, où les négriers attendent leur chargement ; depuis quelques années, l'exportation par mer est rendue difficile par une plus vigilante surveillance du littoral. Aussi les marchands de chair humaine prennent-ils les routes intérieures allant au Maroc ou en Égypte, et au Soudan ou au Dahomey. On ne peut se figurer la cruauté de ces scélérats, qui ne comptent pour rien la vie d'un homme, qui se rient de ses douleurs, abandonnant les corps des victimes qui succombent sur le chemin, où les bêtes fauves et les oiseaux de proie viendront déchiqueter le cadavre. Le cardinal Lavigerie a décrit avec une éloquence indignée ces atrocités ; je ne vous les redirai point. Mais sachez qu'aucun tableau n'est exagéré, que l'imagination n'est pour rien dans ces descriptions de crimes de lèse-humanité. J'ai vu des malheureux attachés par des cordes traversant leurs oreilles sanglantes ; j'en ai vu d'autres tomber mourant de faim et de soif après des marches forcées de nuit et de jour, sous le bâton des bourreaux. A Ouijiji, il y avait tant de cadavres d'esclaves que les hyènes, repues, ne pouvaient suffire à les dévorer. Elles s'étaient dégoûtées de la chair humaine ! Il fallut prendre des mesures sanitaires pour prévenir la peste.

Pour les reconnaître, on marque les esclaves au visage en leur faisant de larges blessures ou de profondes brûlures, puis on se met en route. Un peu de bouillie et parfois de viande desséchée ou salée, voilà la nourriture. Quant à l'eau, elle est rationnée ; les esclaves peuvent boire seulement une fois par jour ; et ils s'en vont ainsi haletants, sous un soleil brûlant. Je vous ai dit que les *traînards* étaient tués en route. Aux étapes, une inspection est passée. Les marchands d'hommes assomment les infortunés que l'excès de fatigue désigne pour une mort prochaine. A quoi bon s'embarrasser de ces non-valeurs ? Chaque coup de barre de bois derrière la nuque procure une économie de nourriture, et leurs camarades de captivité pourront, en les voyant pendus aux branches de l'arbre sous lequel a lieu la halte, méditer sur la nécessité de ne pas se plaindre et de se bien porter.

— Quelles abominations ! Et elles sont fréquentes ?

— Moins aujourd'hui. L'œuvre antiesclavagiste a déjà porté quelques fruits. Mais il faut se défier de l'astuce nègre. C'est ainsi que le gouvernement belge faisait à Tippo-Tib une rente de vingt mille francs souscrite par Stanley, qui, le nommant gouverneur de Stanley-Falls, l'avait chargé de combattre et capturer les négriers, ses anciens complices. Or Tippo-Tib n'a point renoncé à faire la traite. Autant vaudrait charger de la douane un contrebandier. Il a reçu très bien Trivier, remontant le Congo, et cet explorateur fait de son hôte un éloge aussi vif que peu mérité. Notre compatriote n'a pas eu le temps, dans la rapidité de sa course transversale, de s'apercevoir des pièges tendus à sa bonne foi dans un pays dont il ne connaissait pas la langue et d'où il a rapporté des notes trop sommaires. Mais il a traversé l'Afrique d'un océan à l'autre, et il n'a pas besoin, pour parler des contrées équatoriales, de faire appel aux voyageurs étrangers, Stanley, Wissmann ou Serpa Pinto. Il a montré beaucoup de ténacité et de courage.

Lui aussi a vu l'esclavage en action, et il l'a flétri en termes vigoureux. Il a constaté que dans les possessions allemandes et portugaises, la traite était encore pratiquée. La France a été la première des nations à combattre cet exécrable négoce, que l'Église condamne et réprouve, et qui est comme une tache dans notre siècle de civilisation et de progrès.

— Dites-moi, mon cher Jean, est-ce que vous allez retourner dans ces pays dont vous nous avez parlé avec tant d'émotion?

— Oui, cher monsieur. Mais j'irai d'abord en Algérie, où m'attendront de jeunes médecins voulant bien se dévouer à notre œuvre. Pour conquérir l'âme des nègres, il faut soigner leur corps.

— C'est une belle mission que la tienne, mon ami, dit le curé. Et si j'avais quelque vingt ans de moins....

— Par exemple, vous nous quitteriez? Mais alors tout le Tuco vous suivrait, monsieur le curé, s'écria Victor.

— Oh! mon cher enfant, ne vous animez pas. Je suis vieux, et je dois me préparer pour un tout autre voyage.

— Lequel? demanda Charles.

— Celui d'où l'on ne revient pas.

— Le train n'est pas prêt heureusement. Et vous avez encore du bien à faire.

— Il faut en laisser à son successeur, sous peine d'être égoïste. En attendant, je vais rêver noir.

Un coup de sonnette retentit à la porte du château.

— Minuit, qui peut venir à cette heure?

Un domestique entra :

— Pour M. Charles, une dépêche.

— Bravo ! Je pars avec le colonel Archinard !

— Quoi, déjà !

— Excuse-moi, mon père, mais on va se battre de nouveau au Soudan. Et je serai au foyer de l'action.

— Heureux frère !

— Oh! Victor, prends patience, le Dahomey pourrait bien te valoir quelque campagne.

— Mauvaise nouvelle à apprendre à ma femme, mon cher monsieur le curé.

— Chargez Mlle Nadèje de la commission.

— Excellente idée ! Merci.

Charles et Victor reconduisirent le pasteur et le missionnaire, tandis que Louis restait avec son père, dont il avait remarqué l'émotion.

En regagnant leur demeure, Victor dit à Charles :

— Tu disais plus vrai que tu ne le supposais tout à l'heure. Je ne voulais pas troubler la soirée de famille, mais j'ai reçu avis officiel de me tenir prêt à embarquer. Il se prépare quelque chose à l'intention du roitelet Behanzin.

— Pauvre mère ! Elle va avoir un grand chagrin ! Louis va rester encore quelque temps, et j'espère bien le détourner de l'idée d'aller au Congo.

— Cela ne sera pas facile.

— Je le crains ; on pourrait, cependant, lui démontrer qu'il ne verra là-bas rien de nouveau après Brazza et ses émules.

A quelques jours de là, les deux frères étaient partis pour leur destination respective.

Ce double départ attrista beaucoup M. et Mme d'Arminel, mais la résignation vint peu à peu. Il faut, comme dit le proverbe, « se faire une raison, » et les devoirs des fils envers la patrie imposent certaines épreuves que les parents doivent accepter sans murmure.

Il restait, d'ailleurs, au Tuco, Louis qui redoublait de prévenances et d'entrain, et Mlle Nadèje, dont l'aimable pié<!---->, charmait le château, des maîtres aux domestiques.

VI.

Encore le Soudan. — Prise de Nioro. — Fuite d'Ahmadou. Les victoires du colonel Archinard.

Le colonel Archinard, qui était venu prendre en France quelques mois de repos, rentrait au Soudan en septembre 1890.

Il allait recommencer contre Ahmadou l'expédition interrompue par les mauvais temps. A peine arrivé à Kayes, il lui faut surveiller Samory, abondamment approvisionné par les Anglais de Sierra-Leone en fusils à tir rapide et munitions, et qui envoie des secours à Kinian assiégée par notre allié le roi Tiéba. Et voilà que le 10 décembre, le village de Oualia, à l'est de Koniakary, a été pillé par les Toucouleurs d'Ahmadou. Nos spahis accourus au bruit de la fusillade ont infligé une leçon énergique aux agresseurs. C'est le début de la campagne dans le Kaarta. Le lendemain, la colonne se mettait en marche.

Nous avons sous les yeux le volumineux rapport du colonel Archinard, qui raconte avec détails la campagne dans laquelle Charles d'Arminel eut l'occasion fréquente de déployer avec ses camarades son bouillant courage et ses qualités militaires. Nous ne pouvons suivre pas à pas nos troupes par un récit technique des opérations, mais nous citerons les principaux épisodes de l'expédition.

La colonne comprenait 42 officiers et 113 soldats français ; le contingent indigène, 6 officiers et 464 hommes de troupes régulières, 368 spahis, 54 servants d'artillerie, plus les conducteurs et les domestiques. Le service du transport était fait par 180 chevaux et 416 mulets. Il faut ajouter au personnel ci-dessus indiqué les auxiliaires, ainsi répartis : 300 du Bondou, 300 du Guémou, 400 du Khasso, 100 du Logo, 100 du Kamera, et 100 Maures, au total 1,300.

Le départ eut lieu le 17 décembre, et le 1ᵉʳ janvier, le colonel Archinard, après les brillants combats de Niogomera, de Korriga et de Katia, entre à Nioro. Charles d'Arminel pénètre vers midi dans la ville avec l'avant-garde. La cité n'est pas défendue. Ahmadou a fui pendant la nuit ; assis au pied d'un baobab, durant le dernier engagement, il a vu disperser ses dix mille hommes, et son découragement est extrême.

Tout est désert dans Nioro et aux environs ; on ne rencontre que quelques vieillards ou quelques infirmes errant dans les rues tortueuses ou sur les terrasses des habitations, construites selon la mode bambara, et entourées de murs. Nioro n'est pas fermé par une enceinte ; ses alentours sont très cultivés ; les légumes font les délices des soldats, qui se proposent de venir visiter les plantations de tabac, et boivent, en passant, aux nombreux puits des jardins. Le capitaine d'Arminel est bien renseigné ; il traverse les marchés divers, et gagne la place sur laquelle se trouve l'entrée de la forteresse. Le « tata d'Ahmadou » forme un grand quadrilatère, dont le plus petit côté a 177 mètres de long et le plus grand 197, si les chiffres du colonel Archinard sont exacts, et ils doivent l'être. Au centre est un mamelon d'où l'œil plonge sur les dattiers des environs et sur les plaines sablonneuses qui font suite aux champs de mil et de maïs. Les murs sont formés d'épaisses pierres plates ainsi qu'à Koniakary, mais maçonnés comme les moellons de Koundian, tandis qu'à Ségou la terre seule est employée. Cinq tours à deux étages de feux flanquent le tata. En traversant la forteresse et après avoir longé de sinueux corridors, nos soldats pénètrent dans l'habitation d'Ahmadou, meublée à l'européenne et où se trouve le seul lit de Nioro. Le capitaine d'Arminel l'essaie et le déclare excellent. Il le réserve pour le colonel, mais celui-ci, qui entre avec son état-major, l'affecte à un de ses officiers gravement malade, le capitaine Lejeune, qu'une fièvre hématurique devait emporter quelques jours après.

C'est dans cette chambre que s'échangent les souhaits du jour de l'an, et le conseil prend place sur le canapé et les fauteuils Louis XV qu'Ahmadou ne lui a cédés qu'à contre-cœur.

— Pour nos étrennes, dit le colonel, nous allons visiter la case du célèbre El-Hadj-Omar. Elle ne doit pas se trouver loin d'ici.

— A côté, mon colonel, dans cette cour.

— Vous êtes tout orienté. Mes compliments.

— Je les reporte sur Mage, mon colonel. Car je dois a son intéressant ouvrage ce renseignement et beaucoup d'autres.

— La modestie sied aux braves et aux savants, capitaine d'Arminel. Et maintenant, allons-y voir, comme dirait un gamin de Paris.

La maison d'El-Hadj-Omar, le père d'Ahmadou, était, de même que celle qu'il avait jadis occupée à Ségou, construite en forme de kiosque arrondi, avec un toit conique et en paille; l'air circule entre le toit et les murs. Le conquérant avait voulu, par ce spécimen d'architecture toucouleur, marquer sa domination. Toutefois, pour les parois, la terre remplaçait les grossières tresses de paille de Ségou.

C'est là qu'Ahmadou se réfugiait pendant les orages, car il a peur, comme un enfant peu courageux, des coups de tonnerre. Quelques vieux sabres et la canne du commandeur des croyants, quelques drapeaux sont accrochés le long de la muraille. La fuite précipitée n'a pas permis d'enlever ces objets. Le capitaine d'Arminel a exploré la ville, et il a fini par mettre la main sur un Toucouleur blessé. La tenue de cet ennemi indique qu'il avait un grade élevé. Longtemps il se refuse à parler; il croit son maître prisonnier. Mais on lui apprend qu'il s'est dérobé.

— Ah! s'écrie-t-il alors, lui pas brave comme son père, lui pas valoir Montaga, son frère, qui, ici-même, se fit sauter plutôt que de se rendre à Ahmadou! Les guerriers lui conseillaient de mourir à leur tête, mais je vois bien qu'il a préféré son plan : aller à Kolonima, et de là, s'il ne se décide pas à tenter une attaque pour reprendre Nioro, suivre la route du Macina.

— Quels peuvent être ces cavaliers sur la colline?

— Ceux d'Ali-Bouri, un vaillant du Djoloff. Mais ils se retirent. Le pays voit avec joie cesser la domination d'Ahmadou.

— Tu auras la liberté, si tu as dit vrai.

— Regarde, voici les sofas qui viennent se soumettre. Et le Toucouleur montrait des bandes qui gagnaient la ville, sans armes.

Charles d'Arminel alla rendre compte de sa conversation au colonel Archinard, qui bientôt reçut de nombreuses députations des villages voisins. Il les accueillit avec une bienveillante fermeté. Après avoir laissé reposer ses troupes et mis la ville en état de défense contre tout retour offensif ou contre un blocus éventuel, le commandant en chef partit le 3 janvier avec la colonne expéditionnaire. Le jour même elle entre à Youri, et la bataille s'engage non loin de là, à Léva. Ahmadou, surpris, se sauve en toute hâte, tandis que ses soldats font face et luttent avec intrépidité. L'incendie de Léva éclairait bientôt après leur déroute complète.

Si nos contingents indigènes avaient exécuté les ordres reçus, on s'emparait d'Ahmadou qui, exténué de fatigue, s'était jeté à bas de sa monture, et, couché sur la terre, avait dit aux siens (le colonel Archinard mentionne le propos dans son intéressant rapport) : « Les Français peuvent me tuer là, s'ils veulent ; je ne bouge plus. » Mais nos auxiliaires avaient évité tout contact avec le chef toucouleur. Ahmadou, en se réveillant, n'était plus résigné à mourir ; il s'engagea dans le Bakhounou, remonta jusqu'à Oualata et se dirigea de là vers l'est. Les Maures lancés à sa poursuite pillèrent ses bagages, mais il parvint néanmoins à arriver au Niger et à gagner le Macina.

Le combat de Bandiougoula, dans lequel le commandant Ruault fit 700 prisonniers, dissipa les derniers rassemblements toucouleurs. Le colonel Archinard pouvait procéder à l'organisation administrative et militaire du Kaarta. Durant la campagne, l'ennemi avait perdu plus de 3,000 hommes et un drapeau, une grande quantité d'armes, 300 chevaux, plusieurs centaines d'ânes, 5,000 têtes de bétail. De notre côté, il y avait eu 3 morts et 53 blessés, — sans comprendre les contingents auxiliaires, — durant ces combats et ces marches.

La campagne continua par la prise de Kankan. Samory incendiait ses villes et villages en les évacuant. Il n'épargna pas sa capitale, Bissandougou, et se réfugia du côté de Sanankoro.

Dans ce pays ravagé, où « les oiseaux ne chantaient plus, » où toute culture était anéantie par la marche des vainqueurs et la fuite des vaincus, il y eut de nombreux engagements.

C'était le fusil au poing qu'on se frayait un passage, et chaque instant des alertes nouvelles s'ajoutaient aux fatigues extrêmes de ces étapes successives dans des régions à conquérir.

Le colonel Archinard avait chassé Ahmadou, refoulé Samory, consolidé notre puissance à Ségou et à Sanssanding, où il avait intronisé des souverains placés sous la dépendance immédiate d'un résident français. Le roi Tieba n'avait pris Kinian, la ville qui était pour lui une perpétuelle menace, qu'avec le secours du capitaine Quiquandon, aussi brave soldat qu'explorateur érudit et audacieux. Dans le Dinguiray, Aguibou, frère d'Ahmadou, avait fait sa soumission et s'engageait à servir plus fidèlement que son autre frère, Mounirou, dont les promesses n'avaient pas été tenues. C'est ce dernier qu'Ahmadou était allé rejoindre, avec l'intention, réalisée depuis, de le supplanter dans le Macina.

Voici comment Aguibou formulait son adhésion à la puissance française :

« Je suis le premier des Toucouleurs qui se soit rallié sincèrement. Quand on fait un trou et qu'il en sort un rat, tout le monde est étonné ; on s'écrie : Tiens ! voilà un rat ! Tout le monde le regarde. Si, de ce trou, il sort d'autres rats, deux, trois, quatre.... on les regarde encore, mais on s'en étonne beaucoup moins que du premier, et c'est toujours du premier qu'on parlera d'abord. Moi, je suis ce premier rat. Je demande à ne pas avoir à en rougir ; aujourd'hui, je suis entre les mains de Français, je viens chercher des ordres. »

Et comme Aguibou voyait accueillir ses offres de services et jeter un oubli généreux sur ses antécédents, il ajouta en recevant le pouvoir :

« Aujourd'hui, tu me donnes un bâton ; un bâton en lui-même n'est pas grand'chose : c'est un bâton, et voilà tout ; mais un bâton donné par les Français n'est pas un simple bâton, c'est un objet précieux, c'est plus qu'un bâton qui serait en or, parce que ce bâton-là donne la puissance. J'étais semblable à un pigeon, et personne ne fait attention à un pigeon ; mais, aujourd'hui, je suis avec vous et avec les vôtres, je ne suis pas seul, et si on ne fait pas attention à un pigeon, tout le monde, cependant, regarde une bande de pigeons. »

Après avoir séjourné un mois à Siguiri, le colonel Archinard partit pour Kayes. C'est à Kita qu'il eut avec Aguibou l'entrevue que nous venons de raconter. Le 26 juin, il rentrait à Kayes, et dix jours après, il s'embarquait sur un petit chaland pour se rendre à Saint-Louis et de là en France.

Il avait le droit d'être fier de son œuvre, et sans se faire de périlleuses illusions sur la solidité des amitiés laissées en pays noir, il pouvait espérer que les populations délivrées de la tyrannie sanglante d'Ahmadou et de Samory, — pour ne parler que des chefs, — conserveraient quelque gratitude pour le drapeau libérateur. Lorsqu'il avait pris le commandement supérieur du Soudan français, l'étendue territoriale des provinces administrées par nous et sur lesquelles notre action s'exerçait, réelle et effective, était d'environ 20 millions d'hectares. Au départ du colonel Archinard, elle atteignait le chiffre de 33 millions d'hectares, non compris les 12 millions des royaumes de Samory et de Tieba. Comme terme de comparaison statistique, disons que la superficie de la France est de 52 millions d'hectares, celle du Sénégal de 12 millions, et enfin celle des rivières du Sud, avec le Fouta-Djallou, de 9 millions.

Chez les Frères de la Mennais.

Charles d'Arminel avait fait toute la campagne, et il n'avait reçu qu'une blessure légère en apparence, une piqûre de flèche, mais la flèche était empoisonnée avec le suc d'une plante vénéneuse (le strophantus), et une vive inflammation se manifesta dans les chairs atteintes. Lorsqu'il parvint à Saint-Louis, il fallut bien reconnaître qu'il était hors d'état d'être transporté en France.

— Si li vouloir, li guérir, lui dit un jour Yolof, qui l'avait toujours suivi.

— Et que faut-il faire?

— Demander bon frère Victrice.

— Il est donc médecin ?

— Non pas comme monsieur le major, mais li connaît remèdes noirs. Camarade à moi sauvé par lui coup de flèche comme capitaine. Frère Victrice, avant venir Saint-Louis, a vécu avec noirs de Casamance. Li savoir tous poisons.

— Eh bien, va prier le major de venir.

— Pas major, frère Victrice.

— Non, le major, d'abord.

Le médecin militaire était un de ces hommes de cœur et de savoir comme on en rencontre beaucoup à la tête du service médical de nos régiments.

— Ma foi, mon cher capitaine, le meilleur médecin est celui qui guérit. La science n'a pas encore trouvé l'antidote efficace du strophantus. Il est fort possible que la plante curative ne soit pas ignorée des nègres, et par suite du frère dont vous parle Yolof. A votre place, je n'hésiterais pas, et, quant à moi, je serai très heureux de prendre une leçon de thérapeutique locale.

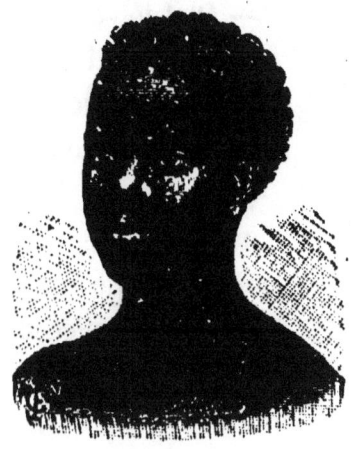
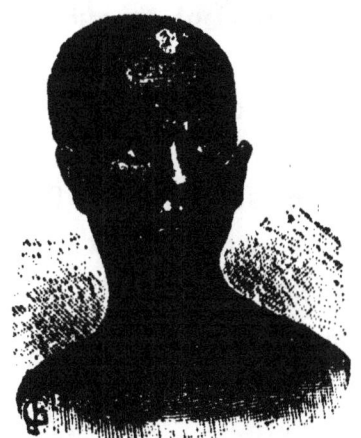

AUTRES TYPES DIVERS

Le soir même, Charles d'Arminel était transporté dans l'établissement des frères. Une chambre bien aérée lui servait d'ambulance. Auprès de son lit se tenait un religieux qui veillait le malade en proie à une crise violente. De temps en temps, il approchait des lèvres de son hôte une tisane dont il le priait de prendre quelques gorgées. Peu à peu, l'agitation cessa et fit place à une prostration complète.

— Une goutte de cordial, capitaine.
— Merci, j'ai besoin de dormir.
— Il ne faut point de sommeil en ce moment.
— Oh! je vous en supplie!
— Inutile. Il est nécessaire de veiller. Le mal est lâche, il vient lorsque nous ne savons pas le regarder en face. Racontez-moi comment vous avez été blessé.

— A l'assaut du tata d'un petit village. Je n'ai rien senti pour ainsi dire, à peine quelques gouttes de sang ont-elles coulé. La plaie s'est vite fermée. Je me croyais guéri ; à parler franc, je ne m'écoutais guère tant qu'a duré l'action, mais depuis, il a bien fallu être plus attentif au mal. Le poison m'a miné, et....

— Oh! tout danger disparaîtra promptement si vous suivez mes ordonnances, or la discipline est une vertu militaire et religieuse, dit le frère Victrice en souriant. De quel département êtes-vous, mon capitaine ?

— Du Gers. Mais je connais votre costume : chapeau à la romaine, soutane sur laquelle se détache le grand crucifix de cuivre. Nous avons à Pavie une succursale de Ploërmel. Nous la devons au zèle pieux de Mgr de la Croix d'Azolette, qui honora par ses vertus le siège primatial de la Novempopulanie et des deux Navarres.

— Pavie, oui, tout près d'Auch, j'y suis allé au sortir du noviciat.

— Alors, nous sommes compatriotes.

— Oui, et puis, si loin de la France, les distances s'effacent et l'on est voisin à une centaine de lieues près.

— J'admire votre œuvre, et je désirerais la connaître mieux. Je voudrais surtout l'apprendre par la vie de son fondateur. Ne pourriez-vous pas me faire une petite biographie parlée?

— Cela n'est assurément pas difficile. Mais un pauvre *ignorantin* n'est savant qu'avec son livre. Accordez-moi trois minutes pour aller prendre celui-ci à la bibliothèque.

Quand le frère Victrice revint, il entendit un ronflement prononcé.

— Quoi! déjà! Allons, mon capitaine, la consigne n'est pas de ronfler.

— Mille excuses, cher frère, mais le sommeil m'a foudroyé.

— Tenez, avalez encore ce cognac de ma composition, il vous réveillera.

L'officier avait à peine pris le breuvage tonique que le sang remontait à ses joues.

— Merveilleuse boisson! Vous la nommez?

— Ploërmeline.

— Va pour Ploërmeline puisqu'il n'y a pas moyen d'en savoir plus long. Toujours est-il que je me sens beaucoup mieux.

— Oh! pas d'illusions qui amènent les déceptions. Il vous faudra encore longtemps avant d'avoir votre *exeat*. Le strophantus a opéré sur un corps fatigué, et il a exercé de profonds ravages. Grâce à Dieu, tout ira bien si vous voulez m'obéir. Cela vous reposera du commandement.

— Et si je suis bien sage, vous me raconterez une histoire.

— Volontiers. Voici celle que vous m'avez demandée tout à l'heure.

— Je suis tout oreilles.

— Nous sommes à Saint-Malo, le 8 septembre 1780. En ce jour de la Nativité de la sainte Vierge, naissait au n° 3 de la rue Saint-Vincent, à deux pas de la maison qui avait servi de berceau à Chateaubriand, Jean-Marie de la Mennais.

Dès sa plus tendre enfance, le fils de l'armateur que Louis XVI avait anobli, en récompense de patriotiques et charitables services, se distingua par sa piété et son énergie. Il fut, durant la période de la Terreur, l'enfant de chœur des prêtres proscrits. Lorsqu'en 1801 il se présenta à l'ancien évêque de Saint-Malo, qui habitait alors Paris, pour entrer dans les ordres, Mgr de Pressigny le conduisit rue de Vaugirard, dans l'édifice occupé aujourd'hui par l'Institut catholique.

— Nous sommes, dit-il au jeune homme, dans la chapelle de l'ancienne abbaye des Carmes. Ici même, il y a neuf ans, le 2 septembre 1792, l'archevêque d'Arles, les évêques de Saintes et de Beauvais, trois vicaires généraux, quarante supérieurs de couvents ou de séminaires, et avec eux une foule de prêtres et de moines qui avaient refusé le serment révolutionnaire, furent sabrés ou fusillés en haine de la religion. Voici les traces du massacre ; l'immense tache de sang n'est pas effacée, et les bourreaux vivent encore : pensez-vous, mon fils, qu'ils ne recommenceront pas ?

Jean-Marie de la Mennais répondit :

— Ils peuvent recommencer, Monseigneur. En Bretagne, j'ai vu des prêtres monter à l'échafaud. Leur sang, qui coulait sous le fer impie des persécuteurs, a fait naître les premiers germes de ma vocation, et ce sang répandu à flots me donne, comme celui qui recouvre ces pierres, la ferme résolution de verser le mien pour la même cause. L'exemple est devant moi, Monseigneur ; avec la grâce de Dieu, j'aurai la force de le suivre. Être ministre de Jésus-Christ et martyr, n'est-ce pas double bonheur et double gloire ?

L'évêque attira le jeune homme dans ses bras.

— J'attendais cette réponse, et je vous avais bien jugé, mon fils. Préparez-vous à l'ordination.

Huit jours après, le 21 décembre, à la chapelle des Ursulines, Jean-Marie de la Mennais recevait les ordres mineurs et le sous-diaconat; il fut ordonné diacre, à Rennes, le 24 septembre 1803, et prêtre le 25 février suivant. Je passe sur son temps de vicariat à Saint-Malo, où il cumulait les fonctions de professeur à l'école ecclésiastique. Chanoine honoraire de Rennes, il est bientôt appelé dans le diocèse de Saint-Brieuc comme vicaire général de Mgr Caffarelli, et à la mort de ce prélat, élu par le chapitre vicaire capitulaire, avec charge d'administrer ce vaste diocèse. Ici, je renonce à narrer les travaux multiples de l'abbé infatigable. C'est à Saint-Brieuc qu'après avoir appelé les frères des Écoles chrétiennes, il fonde la communauté des sœurs de la Providence et l'institut des *Petits Frères*, qui iront à Josselin, puis à Ploërmel, et se confondront fraternellement avec les recrues de l'abbé Deshayes, le curé d'Auray.

Devenu, après sept ans de travaux apostoliques et par obéissance, vicaire général du grand aumônier de France, l'abbé Jean-Marie de la Mennais quitta le diocèse de Saint-Brieuc pourvu enfin d'un nouveau pasteur. Il rendit dans ce poste élevé d'inoubliables services. Mais il garda son humeur enjouée. Peu soigné dans sa tenue, il était l'objet des taquineries de la cour. Deux dames l'ayant un peu plaisanté sur sa toilette négligée.

— Eh ! ne voyez-vous pas, Mesdames, qu'elle fait pénitence pour les excès de la vôtre ?

En 1824, il rentra en Bretagne, content du bien qu'il

avait pu accomplir, ayant refusé les honneurs de la mitre, et résolu de se consacrer tout entier à ses œuvres, auxquelles il allait ajouter l'école des Hautes Études de Malestroit.

En voilà assez pour une fois. Demain, je vous donnerai quelques détails sur notre institut. La distraction est utile, mais la fatigue serait nuisible à votre état. Et puis, le courrier de France part ce soir, et vous voudrez, sans doute, écrire à vos parents.

— Oui, quelques mots. Je me sens très bien, et je pourrai faire une lettre, pourvu qu'elle ne soit pas trop longue.

Quand le frère Victrice se fut retiré, Charles d'Arminel prit la plume.

« Saint-Louis, le....

» Ma chère maman,

» J'espérais bien, après la campagne du colonel Archinard, aller t'embrasser ainsi que papa. Mais ce plaisir m'a été refusé. La blessure que j'ai reçue à la fin de l'expédition m'a mis hors d'état de voyager. Grâce aux bons soins du frère Victrice, — car je suis pensionnaire des frères, tout comme si j'avais dix ans, — la flèche ne laissera aucun souvenir fâcheux, mais j'ai beaucoup souffert. Les poisons des sauvages sont subtils; heureusement, le religieux qui me traite est expert en l'art de guérir à la façon des noirs, et bientôt je serai tout à fait remis. Ne soyez donc pas inquiets.

» On prépare en ce moment une nouvelle colonne qui sera commandée par le colonel Humbert. Ma place y est tout indiquée. Je vous reviendrai ensuite, avec un bon et long congé. J'ai appris que Victor s'était distingué au Dahomey. Cela ne m'a pas étonné ; il y a de la graine d'amiral dans le cerveau fraternel.

» Et Louis a-t-il renoncé définitivement à ses voyages d'exploration ? Je souhaite qu'on puisse le fixer. Dis-le-lui de ma part. Quant à Nadèje, sa vocation solide s'affirme de plus en plus, si j'en crois — et comment ne pas le croire ? — notre vénéré curé, dont j'ai trouvé une affectueuse lettre à mon retour de Kayes. Chère sœur, elle est bien digne de servir dans la phalange admirable des « bonnes sœurs. »

» J'ai reçu des nouvelles de Jean ; le Père blanc est revenu dans l'Ouganda. Il paraît que les affaires s'embrouillent, que les Anglais, comme à Madagascar, nous suscitent là-bas des difficultés. Je n'en suis point surpris. Ces insulaires ont la haine de la France, et leurs ministres protestants sont les ennemis acharnés de l'Église. Ces vendeurs de cotonnades, dans lesquelles ils glissent quelques bibles falsifiées, trouvent qu'il est plus facile de calomnier nos missionnaires que de les imiter. Au Soudan, nous avons ramassé sur les champs de bataille des fusils d'importation anglaise. Samory les avait achetés à des traitants de Sierra-Leone, contre des livraisons d'esclaves. Voilà, prise sur le fait, la morale britannique ! Il y a loin des déclarations humanitaires dont les Anglais assourdissent le monde à leurs actes de honteuse complicité avec les musulmans, marchands de chair humaine.

» Écris-moi souvent et longuement, ma chère maman, embrasse pour moi père, frère et sœur, n'oublie pas ma petite cargaison d'affectueux respect pour le presbytère, et garde pour toi de ces baisers la plus grosse part, car je vous aime bien tous, et toi en particulier.

» Ton fils affectionné,

» CHARLES.

» P. S. — J'ai lu sur les journaux qu'à Paris, un malotru avait insulté le fils d'Ahmadou, le petit Abdhou-Lahi, qui avait été fait prisonnier à Ségou. Outrager un captif, un enfant, c'est lâche. On a condamné l'insulteur, et nous tous ici, qui avons combattu le roi toucouleur, nous applaudissons à la protection que la loi française accorde au fils du vaincu. Nous avons acquis la certitude, par les correspondances trouvées à Nioro, que Samory, Ahmadou, étaient d'accord, malgré leurs intérêts divers, contre les soldats de la France. Ces gredins, beaucoup plus intelligents qu'on ne le suppose, comprennent que nous venons affranchir les peuples soumis à leur écrasante domination, et ils font la guerre non par patriotisme, mais par cupidité. La civilisation gêne leur commerce, et la liberté menace leur tyrannie. En deux mots, voilà l'histoire du Soudan. Nous allons de l'avant, et l'ennemi se replie, sauf à reparaître bientôt. Tous les ans, l'hivernage nous force à rentrer dans nos garnisons, d'où nous repartons à la belle saison. Cependant, chaque fois, nous gagnons du terrain, nous échelonnons des postes, et c'est ainsi que le drapeau se montre sur tous les points de ces régions désolées par les déprédations des bandits nègres.

» Mais mon *post-scriptum* s'allonge démesurément.

» Je m'arrête, en vous embrassant tous, de nouveau, bien tendrement. »

Le lendemain, le frère Victrice fut ravi du bon état dans lequel il trouva son malade, qui causa gaiement, malgré l'agitation encore un peu excentrique du pouls.

— Votre lettre est maintenant en route pour la France, mon capitaine. Le paquebot est parti il y a deux heures. Cela vous a fait du bien d'écrire à votre famille.

— En effet, je constate une grande amélioration, et si ce n'était pas la fièvre....

— Vous vous porteriez comme le pont Neuf. Mais la fièvre

est une compagne tenace; enfin, nous la chasserons, soyez tranquille.

— Comment pourrais-je me montrer impatient sans être ingrat? Vous me pansez si bien.

— Je panse et Dieu guérit, comme disait Ambroise Paré, un savant qui était en même temps un grand homme de foi.

— Oh! il y a encore beaucoup de croyants, et dans l'armée peut-être plus qu'ailleurs.

— C'est ce qui nous console et nous donne bon espoir pour la patrie. Le peuple, voyez-vous, n'est pas mauvais, quoi qu'on en dise, et les efforts de l'instruction chrétienne ne sont pas perdus.

— Assurément. Les frères du bienheureux de la Salle et de M. de la Mennais ont répandu une bonne semence, et dans l'enseignement secondaire les ordres religieux ont rivalisé d'ardeur avec le clergé séculier, afin de faire fleurir la moisson pour Dieu et pour la patrie. Ici même, vous avez eu de brillants succès. Vous tenez en échec le mahométisme, et Mgr Kobès en vous appelant, en 1841, dans son vicariat apostolique des Guinées et de la Sénégambie, fit acte de bon patriote.

— Mais vous avez donc étudié l'histoire de notre Institut?

— Non, et vous m'avez promis de me la dire. Mais comment ne pas voir ce qui éclate à tous les yeux? Partout où sont les frères de l'Instruction chrétienne, l'islamisme recule. Votre collège et vos écoles, ici, ont fait des prodiges. N'est-ce pas l'amiral Protêt qui, en 1851, disait, en couronnant les élèves, au frère Eutyme : « Vous n'avez pas à me remercier de l'intérêt que je prends à vos écoles; c'est vous-même, ce sont MM. les frères, qui, par vos soins, vos peines, les résultats que vous obtenez, éveillez naturellement une sympathie générale que je regarde comme un devoir pour le gouverneur. »

Ainsi parlèrent les autres amiraux et gouverneurs.

Le général Faidherbe pensait autant de bien du frère Eutyme que le vicaire apostolique, qui en disait : « Il exerce sur les enfants une surveillance providentielle. » Et l'on peut étendre l'éloge du frère Liguori, dont la mort fut en 1876 un deuil officiel et universel, au frère Didier, au frère Magloire, qui, — ce dernier en 1891, — ont reçu des médailles d'honneur, tant pour leur dévouement scolaire que pour les progrès imprimés par eux à la culture. Vos élèves sont au conseil général, à la Chambre de commerce, dans la municipalité, dans les administrations diverses, dans nos régiments, où ils donnent l'exemple du courage et de la discipline. Le frère Pascal, votre directeur principal, et le frère Cyprien, votre supérieur général, ont le droit d'être fiers de la colonie religieuse. A Saint-Louis, il n'y a eu qu'une voix, au conseil privé comme sur la place publique, pour le maintien intégral des cadres des frères du Sénégal. A Rufisque, depuis 1888, l'école laïque a été, sur la demande des habitants, remplacée par une école chrétienne. Et vos cours d'adultes? Ah ! si j'étais le gouvernement, je ferais plus encore que de vous admirer, je vous aiderais. Les frères valent une armée contre la perversion musulmane, pour le triomphe de notre patrie sur la barbarie africaine. Je voudrais grossir vos rangs, vous fournir des locaux scolaires, vous amener à la suite de nos colonnes.

— Plaise au ciel que vous deveniez gouvernement ! Vous venez de faire si bien notre éloge, que je ne sais comment vous remercier.

— La chose est facile. Complétez mes notes de soldat par une lecture spirituelle. Montrez-moi les débuts de l'œuvre dont, mes camarades et moi, nous avons salué ici l'utile épanouissement.

— Je souscris avec gratitude à votre désir.

M. Jean-Marie de la Mennais avait remarqué qu'au milieu des passions encore déchaînées, l'œuvre du bienheureux de la Salle se développait lentement. Il écrivit un opuscule qui fit une profonde impression sur l'opinion; c'était la condamnation du système de l'école mutuelle. Paris, la province, s'émurent, et les frères des écoles chrétiennes furent appelés dans les villes; dans la capitale, quarante-cinq établissements s'ouvrirent. Le grand vicaire capitulaire de Saint-Brieuc avait déjà établi dans la ville épiscopale une maison de frères. Mais, avec son coup d'œil observateur, il comprit que le mal de l'impiété avait gagné les campagnes, et qu'il fallait le combattre dans chaque village. Or, la constitution des frères de la Doctrine chrétienne enjoint à ceux-ci de vivre en commun et d'être trois au moins dans la paroisse. Cette règle ne permet pas les fondations rurales. M. Jean-Marie de la Mennais décide qu'il y a urgence à combler la lacune que ne pouvait prévoir le bienheureux de la Salle, car, de son temps, les écoles de hameaux étaient tenues par le clergé. Il choisit en 1817 trois jeunes ouvriers et paysans, les réunit dans sa maison de la rue Notre-Dame, leur donne des leçons d'orthographe, d'arithmétique, fortifie leur instruction religieuse, les forme à l'obéissance, leur adjoint bientôt des compagnons. Le succès ne se fait pas attendre. Les *Petits Frères* s'en vont dans les paroisses, un par un; ils sont logés et nourris au presbytère, et leur traitement est modeste. Les communes veulent toutes avoir des écoles chrétiennes, et, dans ce but, se créent parfois de singulières ressources. M. de la Mennais cite le fait suivant : « A X., d'après l'avis du conseil municipal, on ouvrit un cabaret au compte de la paroisse, et tous les habitants s'engagèrent à aller boire de préférence dans ce cabaret privilégié, dont les profits étaient appliqués à l'entretien du frère et de son école. » L'intention était bonne, mais « si jamais école n'a été plus riche, » n'est-ce point parce que l'on abusa du cabaret ?

La Bretagne demanda, à elle seule, tant de frères, que le personnel manqua. Il fut impossible de fournir tous les maîtres désirés, et l'on dut établir un tableau d'expédition. Cependant, l'œuvre recrutait de nombreux novices, et son fondateur déployait une activité qui n'était jamais en défaut. C'est l'époque où l'aumônier de Ploërmel mettait pour suscription sur ses lettres : A M. l'abbé de la Mennais, *sur les grands chemins de Bretagne.*

Plus tard, le gouvernement invita les frères de l'Instruction chrétienne à se charger de l'enseignement primaire aux colonies. C'est ainsi que nous sommes au Sénégal, aux Antilles, etc. Dans le monde entier, l'œuvre de l'abbé de la Mennais, reconnue en 1822 par le gouvernement, bénie et approuvée dans ses Règles et Constitutions par le Souverain Pontife en 1851, a rayonné, et chaque jour elle voit croître son influence. Si vous allez à Ploërmel, vous verrez que l'Institut a fait des progrès, même en architecture, et que nous nous nommons légion.

C'est le 26 novembre 1860 que notre vénérable fondateur s'éteignit, à l'âge de quatre-vingts ans, emportant dans le tombeau les regrets de ses enfants en Dieu et du monde catholique. Ai-je besoin d'ajouter qu'il s'était saintement préparé à la mort ?

— C'était le couronnement d'une vie d'apôtre. Mais vous ne m'avez rien dit, mon cher frère, du grand chagrin de votre illustre maître, qui fut à la fois un écrivain puissant, un penseur remarquable et un homme d'œuvres.

— Un chagrin ? Il en eut un bien cuisant, en effet. Ce fut son frère. A l'institut, on n'en parle jamais.

— C'est encore de la charité pour le malheureux apostat, dont la larme suprême sur sa couche désolée a été le seul témoignage de remords. Pie IX avait eu raison de s'écrier : Ces deux hommes n'étaient pas frères !

Si j'osais, je vous demanderais de compléter votre récit en me parlant un peu de vous.

— Oh ! moi, c'est bien simple. Enfant de Ploërmel, j'ai grandi auprès de la chapelle; lorsque j'ai été en âge de prononcer des vœux, j'ai revêtu la robe de l'institut, placé sous la protection spéciale de la sainte Vierge, et.... me voilà. J'ai été envoyé ici parce que je jouis d'une excellente santé. J'aime beaucoup les noirs, et vous voyez qu'ils ont du bon, car ce sont eux qui m'ont appris à soigner les blessures faites par les flèches empoisonnées. Mais, assez causé, mon capitaine ; c'est l'heure de prendre votre potion.

On pense bien qu'avec la convalescence, les conversations se multiplièrent et se prolongèrent. Le frère Victrice connaissait dans tous ses détails le Tuco et ses habitants lorsque, remis sur pied, Charles d'Arminel quitta son hôpital particulier pour reprendre son service.

Ses désirs avaient été exaucés ; il était désigné pour rejoindre la colonne expéditionnaire du Soudan, qui allait poursuivre sans l'achever l'œuvre du colonel Archinard.

La fin de la campagne.

La campagne à laquelle participa, non sans éclat, le capitaine Charles d'Arminel amena la prise de Bissandougou, Kérouane, Sanankoro et Toukoro, où la défaite de Samory fut éclatante. Nos troupes s'emparèrent de 70,000 cartouches, 95,000 capsules, 12,000 balles, 20 tonnes de poudre, 80 barres de sel, 60 tonnes de riz, des dents d'éléphant, et de la plupart des cadeaux qui lui avaient été remis par la mission Peroz. Le 14 février 1892 comptera dans les fastes de notre armée soudanienne. Cependant, après la prise de sa place d'armes, l'almamy continua les hostilités.

Il fut battu en dix-sept rencontres, parmi lesquelles celles de Fabala et de Bécé, positions défendues par des palanques et des palissades barrant les marigots. A Bécé, le chef des griots fut tué, et Samory éprouva des pertes considérables.

Le colonel Humbert, après avoir approvisionné pour un an les postes de Sanankoro, Kérouane et Bissandougou, rentra à Siguiri et de là se dirigea, le 20 avril, sur Kita et Kayes. La campagne était terminée et le mauvais temps ajoutait à la fatigue des troupes, qui avaient livré seize combats du 10 janvier au 14 mars.

Enregistrons, pour finir ce tableau sommaire de la campagne, la reconnaissance dirigée, le 27 avril, par un de nos nouveaux postes de la vallée du Milo. Samory, surpris, faillit tomber entre les mains de nos soldats, auxquels il n'échappa que par une fuite précipitée. Dans cet engagement fut mortellement atteint le lieutenant Biétrix qui déjà, en 1891, avait été mis par le colonel Archinard à l'ordre du jour de la colonne.

Pendant que nos soldats remportaient victoires sur victoires, un courageux officier, le capitaine Ménard, était tué près de Kani. Il venait d'explorer pendant dix-huit mois les pays de la Côte d'Or au Niger et achevait sa mission lorsqu'il dut, en février, prendre parti pour le roi Fakourou-Bemba, qui attaquait Seguela, village de Samory, mais fut repoussé. Assailli dans sa case, blessé à l'épaule gauche, Ménard tua vingt-neuf guerriers de Sekouba. Le feu ayant été mis à son habitation (sanié), il s'élance au dehors en tiraillant et est atteint d'une blessure mortelle au moment où il traversait un cours d'eau. Les cinq tirailleurs qui avaient combattu à ses côtés étaient morts. Le reste de son escorte parvint à gagner Bammako.

Du côté de Ségou, la perception de l'impôt avait servi de prétexte au soulèvement organisé par les gens de la province de Baninko, annexée aux États de l'ancienne capitale d'Ahmadou, qui, bien que toucouleur, possédait un parti remuant parmi les Bambaras rebelles à l'influence des chefs implantés par le colonel Archinard.

C'est dans une de ces révoltes locales que le lieutenant Huillard fut tué avec son interprète, près de Souba, à 50 kilomètres de Ségou. Le capitaine Briquelot vengea sa mort dans trois combats successifs qui dispersèrent entre Souba et Baroelé les révoltés Peulhs et Bambaras.

Le dernier mot n'est pas dit au Soudan. Ahmadou travaille le Sanssanding et le Ségou. Samory, qui continue à recevoir des Anglais de Sierra-Leone des armes échangées contre des esclaves, — ce qui met deux fois l'Angleterre en dehors du droit des gens, — ne cesse pas de dévaster le pays, dépeuplé à ce point qu'on ne compte plus qu'un homme par kilomètre carré. Nos postes sont toujours sur la défensive, et le système des colonnes qui vont périodiquement les ravitailler est très onéreux par suite de l'extension croissante de notre occupation. Un grand coup reste donc à frapper pour ouvrir l'ère de la pacification. L'épée de la France veille à la garde du drapeau.

Elle achèvera l'œuvre commencée par Faidherbe et si vaillamment poursuivie par ses successeurs.

VII.

Au Dahomey. — Les amazones. — Behanzin. — Les grandes coutumes. — Les captifs. — Le P. Dorgère et le traité. — Les victoires françaises.

Pendant ce temps, il se passait au Dahomey de graves événements auxquels Victor d'Arminel prenait part. Nous allons les raconter.

Il y avait autrefois trois monarchies dans la partie de la côte des Esclaves connue aujourd'hui sous le nom de Dahomey. Leurs capitales étaient Wydah (Juda), Alladah et Canna. Or, il arriva que le roi d'Alladah étant mort, l'un de ses trois fils, qui se disputaient le trône, se réfugia auprès de Da (serpent), roi de Canna, qui se montra très généreux, mais qui, las de ne pouvoir satisfaire sa cupidité, lui dit : « Veux-tu donc bâtir des cases sur mon ventre? » Le malheureux prince avait prévu le sort qui l'attendait. Quelque temps après, fait prisonnier, Da était jeté vivant dans une fosse qu'on appela Abomey, et son ventre servit d'assise au palais de Dahomey (ventre de Da). De là le nom du royaume unifié par le fratricide dont fut victime le roi d'Alladah, et par la défaite du souverain de Wydah.

Le Dahomey présente cinquante kilomètres de côtes et pénètre à cent cinquante kilomètres vers le nord. Nos possessions de Porto-Novo confinent dans l'est à Lagos, qui est aux Anglais, et dans l'ouest à Togo, par Grand-Popo et

Agoué. Ce fut une grande faute que de céder aux Anglais et aux Allemands des territoires en ces parages, où nous pou-

LIBREVILLE
(Gravure extraite des Colonies d'Afrique. — Quantin.)

vions assurer à notre commerce des transactions actives.
Nos relations avec le Dahomey remontent à plusieurs siècles. Dès le XIVᵉ siècle, nous avions à Wydah un établisse-

ment qui fut plus tard fortifié. En 1670, la compagnie des Indes avait décidé le roi d'Alladah à envoyer une ambassade à la cour de France, et la chronique du temps a conservé la liste des cadeaux offerts à Louis XIV : deux coutelas à jour fabriqués dans le pays, deux sagaies très bien travaillées, une veste et un tapis de fil d'écorce d'arbre, dont la finesse et les ornements étaient du meilleur goût. La réception eut lieu à Versailles, où l'ambassadeur se rendit dans le carrosse du roi, tandis que ses enfants montaient dans le carrosse de la reine. La cour tout entière, le Dauphin et le duc d'Orléans, les princes, ducs et pairs, entouraient Louis XIV qui, couvert de diamants, était assis sur un trône élevé. Les compagnies française et suisse, les deux compagnies de mousquetaires, étaient aussi de la fête.

En 1851, un traité reconnut « l'intégrité du territoire du fort français (de Wydah) ; en 1868, Kotonou (lagune des morts) nous était concédé avec une bande de plage d'une vingtaine de kilomètres de largeur sur six kilomètres de profondeur. La guerre de 1870-1871 suspendit notre action sur les côtes occidentales d'Afrique, mais, en 1878, les bases des conventions antérieures étaient élargies, et nous établîmes sans opposition, en 1885, une garnison à Kotonou en même temps que nous installions quelques miliciens à Porto-Novo, dont le roi Toffa s'était, en 1863, et depuis, en 1883, placé sous le protectorat français. Tout d'un coup, le roi du Dahomey, Glé-Glé, fit sommation d'évacuer et Kotonou, qu'il niait nous avoir cédé, et Porto-Novo, qu'il considérait comme une dépendance de ses États. Il ne fut pas répondu à ces injonctions. En mars 1869, les troupes dahoméennes envahirent le royaume de Toffa, pillèrent les plantations de Porto-Novo, dont les habitants se réfugièrent éperdus sur le territoire anglais de Lagos. A Kotonou, les gérants de nos factoreries étaient contraints, sous peine d'être chassés de la ville, de comparaître debout, tête nue, devant la populace armée de bâtons et de lances, et de reconnaître l'autorité du roi de Dahomey. A Wydah, les factoreries françaises étaient fermées, alors que les commerçants étrangers n'étaient pas inquiétés.

C'en était trop. Le lieutenant-gouverneur des Rivières du Sud reçut la délicate et périlleuse mission d'obtenir des explications sur les actes déloyaux de Glé-Glé. Comme les cadeaux rétablissent parfois l'amitié, M. Bayol était porteur de nombreux présents, parmi lesquels se trouvait un superbe casque de cuirassier dont la crinière était peinte en vert, couleur royale du Dahomey.

Arrivé au Bénin le 1er octobre 1889, le délégué français se rendit à Porto-Novo, d'où il adressa à Glé-Glé une lettre lui demandant d'envoyer à Kotonou un représentant muni de pleins pouvoirs. Il ajoutait : « Je suis chargé de vous remettre des présents qui vous sont envoyés de France. Je m'empresserai de le faire dès que toutes les affaires seront terminées. »

Glé-Glé répondit qu'il n'avait pas de traducteur capable et demandait qu'on lui envoyât quelqu'un pour lui traduire la lettre. M. Bayol partit le 16 novembre pour Abomey, où il arriva le 25. Il a ainsi narré dans son rapport officiel la réception qui lui fut faite :

« Nous avons été reçus par une députation solennelle composée de huit grands chefs escortés par des milliers de soldats tirant des salves de mousqueterie. Des indigènes avaient des pavillons anglais surmontés d'une tête de mort. Huit coups de canon ont été tirés pendant les toasts qui me furent portés par les envoyés du roi.

» Un peu avant la nuit, j'arrivais sur la grande place du palais, couverte d'une foule que j'estime à quinze ou vingt mille personnes. Tous les chefs du Dahomey, en costume de guerre, se tenaient sous d'énormes parasols, aux postes qui leur avaient été désignés. Il nous a fallu faire trois fois le tour de la place avant de descendre de hamac et de pouvoir complimenter le roi.

» Da-Da-Glé-Glé a quitté son trône pour nous recevoir ; il a tenu à écarter les morceaux de bambou qui séparent le terrain réservé à lui seul et à ses femmes, et s'est entretenu avec moi pendant un quart d'heure. Il m'a surtout parlé de sa puissance, m'a répété qu'il était le plus grand roi de l'Afrique et que ses soldats étaient invincibles. La foule l'a acclamé en l'appelant Quini ! Quini ! Quini ! (le lion des lions), et le roi, satisfait, après m'avoir présenté au prince héritier, Kon-Dô (le requin), est remonté sur son trône en continuant de fumer une longue pipe à tuyau d'argent, et je me suis retiré. »

La mission fut logée chez le trésorier général. Elle était surveillée de très près et M. Bayol ressemblait plutôt à un captif qu'à un hôte diplomatique. Le 23, durant un lunch chez Kon-Dô, les cadeaux destinés au roi furent remis à son héritier, qui remercia vivement et invita les membres de la mission à assister aux fêtes données sur la place du palais pour inaugurer les grandes coutumes. Les processions de fétiches étaient grotesques, mais les sacrifices humains étaient odieux. La plupart des malheureux égorgés appartenaient au royaume du Porto-Novo, placé sous le protectorat de la France, et bien que M. Bayol n'assistât pas à ces exécutions, les Dahoméens s'arrangèrent pour le contraindre, lui et ses compagnons, à contempler chaque jour les victimes des cérémonies sanglantes. Nos compatriotes ne pouvaient qu'à force de précautions éviter les mares de sang qui entouraient la demeure royale.

M. Angot, secrétaire de M. Bayol, dit à ce sujet :

« Il nous fallut, le 1ᵉʳ décembre, pour entrer chez le roi, passer au milieu de dix-huit têtes d'hommes fraîchement coupées et déposées, de chaque côté de la porte, sur deux petits monticules de sable.

» Une large flaque de sang humain masquait l'entrée de la demeure royale; il nous fallut beaucoup de précautions pour n'y point marcher. Dans l'intérieur du palais, je vis également plusieurs têtes fraîchement coupées.

» Le lendemain, en nous rendant, à une heure et demie, au palais du roi, seize nouvelles têtes avaient été placées aux mêmes endroits que la veille.

» Avant d'arriver à l'endroit où se tenait le roi, on nous fit passer au milieu de quatre potences au haut desquelles, pendus par les pieds, la tête en bas, étaient deux malheureux hommes morts dans cette position après avoir été mutilés et avoir eu les yeux crevés et les dents cassées. »

Les grandes coutumes commencées, Glé-Glé devint invisible. Il tomba malade, et M. Bayol, dont la santé était fort ébranlée, fut averti qu'il serait prudent de sa part d'abréger les négociations. Éviter de signer un traité et lui substituer une lettre au président de la République, telle fut la pensée du représentant français pour sortir de l'antre dahoméen. Kon-Dô dicta, M. Angot écrivit, M. Bayol signa; le lendemain, 28 décembre, la mission quittait Abomey et à marches rapides parvenait le dernier jour de l'année à Kotonou. Il était temps. Glé-Glé venait de mourir, à l'âge de soixante-quinze ans, et si cet événement avait eu lieu avant le départ des Français, nul doute que ceux-ci n'eussent été massacrés.

Que disait la lettre? Elle portait la reconnaissance du vasselage du roi Toffa vis-à-vis du Dahomey, constatait que ces derniers réclamaient la circulation exclusive de l'Ouémé, fleuve navigable des lagunes jusqu'au nord d'Abomey, et représentait Glé-Glé comme n'ayant pas conclu le traité de 1878. Les cabécères (chefs) qui avaient consenti cette convention avaient été décapités ; Kotonou était revendiqué comme faisant partie d'un territoire dont le Dahomey ne céderait jamais une parcelle. Aux reproches qui lui étaient adressés pour ses razzias, le roi nègre répondait par une énumération de griefs plus nombreux que concluants.

Ce singulier échantillon épistolaire n'avait, en réalité, aucune valeur, et M. Bayol avait cru, vu la situation, pouvoir le parapher ; du reste, il se réservait d'obtenir le châtiment des affronts reçus et des injures imposées par l'odieux tyran et son fils.

Kon-Dò, qui, sous le nom de Behanzin, avait pris le pouvoir, montra bien lui-même le cas qu'il faisait des négociations entamées.

Dès le milieu de janvier, M. Bayol, jugeant la situation menaçante, demandait des secours. Le 17 février, des tirailleurs gabonnais débarquaient du *Sané*, et trois jours après arrivait le commandant Terrillon avec les tirailleurs sénégalais.

Le wharf n'était pas alors construit, et le passage de la barre était difficile. Les requins sont là prêts à dévorer les infortunés dont la pirogue chavirerait. Le 21, le commandant Terrillon prenait de vive force Kotonou ; le 23, l'avant-garde de l'armée dahoméenne était taillée en pièces, mais le petit nombre de nos soldats rendait la position critique. Il fallait garder Kotonou et Porto-Novo ; or, les auxiliaires fournis par Toffa n'étaient pas plus sans peur que sans reproche. Le 1er mars, une reconnaissance du côté de Wydah donna lieu à un combat acharné de cinq heures.

A bord du *Sané* on suivait avec attention les mouvements

de l'ennemi. Le capitaine de vaisseau Léopold Fournier venait d'apprendre le guet-apens de Wydah, et un transfuge embarqué à Grand-Popo l'avait averti que Kotonou était à la veille d'être attaqué.

Un carré d'officiers de marine est toujours fort animé. Celui du *Sané* offrait ce soir-là un spectacle d'un mouvement exceptionnel. On allait, on venait, on se communiquait les nouvelles avec empressement.

— Dites donc, d'Arminel, interrogea un jeune enseigne, est-il vrai que nos missionnaires, dont le P. Dorgère, notre agent consulaire, M. Bontemps, et les représentants des maisons Régis et Fabre, aient été arrêtés à Wydah? Vous qui avez pu descendre à terre, vous devez avoir des détails sur cet acte qu'il faudra punir?

— Oui, j'en ai, et beaucoup, car un chrétien qui a assisté aux scènes de trahison me les a narrées. Le P. Dorgère avait été prévenu dès le 15 février, par M. Bayol, que les hostilités allaient commencer et invité « à songer aux missionnaires. » Les Européens se réunirent à la factorerie Fabre, qu'ils mirent en état de défense. Pendant une semaine la garde fut montée avec vigilance. On voyait les Dahoméens se grouper de plus en plus nombreux, on les entendait pousser des cris sinistres qui se mêlaient au bruit du tambour et du tam-tam.

En tête de la colonne, avant les cabacères, marchent trois nègres : le premier portant le bâton du roi, le second le grand couteau à couper les têtes, le troisième un bassin d'argent sur lequel ces têtes seront offertes au roi.

Les assiégés se croient sauvés : une voile à l'horizon. La voile disparaît. Le surlendemain, nouvelle déception, un navire passe, mais ne fait aucun signal.

— Qu'étaient-ce donc que ces bâtiments?

— Je l'ignore. Le 24, un métis, dont il faut retenir le nom,

Candido Rodriguez, se présente à la factorerie et parlemente. Il vient en messager de paix, et décide les blancs à se rendre à la *Gore* (maison du gouverneur dahoméen), où siègent les autorités dahoméennes. Il est mielleux, insinuant, il affirme que la population ne comprend pas pourquoi les Européens s'enferment dans la factorerie, et que tous les cœurs sont à la paix. Je suis baptisé, et je jure sur la tête de mon père, sur les saints Évangiles, sur le Christ, que vous n'avez rien à craindre. Sur ces assurances, cinq délégués sont envoyés à la *Gore*. Ils reviennent enchantés de l'excellent accueil qu'ils ont reçu. Alors la factorerie se vide et tous les blancs sortent pour aller à leur tour à « la maison du roi. » Candido pousse un cri; aussitôt une centaine de noirs se jettent à dix contre un sur nos compatriotes qui, tout meurtris, les mains gonflées par les liens, ensanglantés, se voient soumis à un interrogatoire sommaire. A chaque instant, ils sont obligés de s'arrêter dans leurs réponses. Les soldats cherchent à étouffer celui-ci en lui enfonçant les doigts dans la gorge, arrachent à celui-là la barbe, les cheveux et le pincent aux jambes et aux bras.

Le P. Dorgère, pris particulièrement à partie, déploie une énergie surhumaine qui ne désarme pas les bourreaux. Il est, ainsi que ses huit compagnons, attaché à une grosse chaîne et jeté avec ses vêtements en lambeaux dans une case infecte, sans air et sans lumière. On les rive deux par deux à une barre de fer, et on les laisse sans eau et sans nourriture.

— Mais ce sont des bandits! Ah! vous nous paierez ces horreurs! dirent tous les officiers.

Victor d'Arminel poursuivit : Ils ont été dirigés sur Abomey, toujours la chaîne au cou et les fers aux pieds. Dieu veuille qu'il ne leur arrive pas malheur!

— Et les sœurs ?

— Le P. Dorgère les avait envoyées à Agoué.

— Si Candido tombe entre les mains du commandant Terrillon, on lui fera payer son parjure. Quel misérable !

— Et les amazones ? Est-ce que réellement elles valent leur réputation militaire ?

— Nous le saurons demain.

— Oui, si nous descendons à terre, mais il paraît que le commandant a défense d'engager la marine.

— Voilà un ordre singulier. Alors, nous allons faire la guerre à la lorgnette, et saluer de nos obus, gracieusement envoyés du bord, ces affreux moricauds !

— On l'assure. C'est vraiment ennuyeux de se trouver ainsi réduit à l'inaction.

— J'aurais été curieux de voir de près les guerrières noires. Et vous, d'Arminel ?

— Moi aussi. Il y en a une surtout qui aurait droit à une attention spéciale, Nausica, qui est une dignitaire du régiment des quinze cents femmes. Un témoin oculaire des sacrifices humains faits pour la dernière fête des Largesses a ainsi détaillé les causes de la faveur qui entoure cette jeune fille de vingt ans :

« Je vis passer un homme sur un akoko, sorte de porte-bagages dont les noirs se servent pour porter leurs calebasses ou leurs pots d'huile de palme. Ce malheureux était fortement ligotté sur ledit porte-bagages; un bonnet bambara, orné de la lune rouge, emblème royal du Dahomey, couvrait la figure jusqu'au nez; un morceau de bois, s'amincissant à chaque bout et taillé pour la circonstance, lui entrait dans la bouche, afin de l'empêcher de crier. Deux grands nègres véhiculaient ce fardeau; ils vinrent se placer devant le roi, qui parla au *mingam* (bourreau), lequel demanda à la foule si le roi faisait bien de sacrifier cet homme pour honorer la mémoire du précédent roi. Sur la réponse affirmative du peuple, Behanzin déclara qu'il allait envoyer ce captif à son père : le *mingam* fit au condamné toutes sortes de recommandations pour le défunt. Après quoi, les esclaves qui portaient l'*akoko* le jetèrent brusquement à terre. Le front du malheureux frappa durement le sol. Le *mingam* continua à distribuer ses ordres, et fit redresser le porte-bagages pour que le cou du supplicié donnât bien prise au couteau. Deux princesses étendirent alors devant le visage du roi un foulard de soie aux couleurs éclatantes, et Nausica s'avança. Armée d'un sabre du pays qu'elle tenait à deux mains, elle frappa la victime une première fois, puis une seconde, enfin une troisième. Après quoi, elle coupa tranquillement les dernières chairs qui rattachaient la tête au tronc, essuya avec sa main le sang resté sur l'arme et le but.

— Oh ! l'exécrable créature !

» Behanzin et toute l'armée l'acclamèrent. Et comme la foule restait muette, les amazones, interrompant leurs danses furieuses, se mirent à chanter la *Marseillaise* dahoméenne :

« Dahomey, Dahomey ! tu es le maître de l'univers. Tes filles, plus courageuses que les guerriers, ne reculent jamais devant l'ennemi.

» Dahomey, Dahomey ! tes filles sont plus courageuses que les hommes. Les lionnes sont plus terribles que les lions, car elles ont leurs petits à défendre. Et nous, les amazones, nous avons à défendre le roi, notre roi et notre dieu, Ki-ni-kini-hini !

» L'ennemi fuira devant nous. Et nous reviendrons victorieuses, en apportant des têtes sanglantes, pour les offrir aux fétiches. Dahomey, tu seras le maître de l'univers ! »

— Et que fait-on de tous ces crânes ?

— On en pave les cours du palais. Quant aux corps, ils sont jetés dans les fossés, devenus de véritables charniers. C'est par cent, par mille, qu'ont lieu ces « sacrifices humains. »

— Mais il faut en finir avec cette brute. Ce sera bientôt le cas de lui procurer une jolie fête des « Largesses. »

L'officier d'ordonnance du commandant Fournier entra.

— Eh bien, est-ce pour demain ?

— Peut-être bien. Ne craignez rien, on vous avertira, mes chers amis. De quoi parliez-vous donc ?

— Des amazones ?

— Continuez, je vous en prie. Et je suis l'auditeur le plus attentif de d'Arminel; c'est un conteur si instruit et si alerte.

— Merci du compliment, et reportez-le sur M. P. Vigné d'Octon. — Je cite mes auteurs.

C'est dans la tribu des Djeddis, l'une des plus robustes et les plus belliqueuses de la race Eoué, que les rois du Dahomey ont toujours recruté leurs bataillons féminins. Les femmes Djeddis ont des allures masculines, des traits grossiers et une vigueur corporelle peu commune. Aussi comprend-on que celles de leurs filles choisies par le *gaou* (chef de l'armée) pour être enrôlées dans la garde du roi, et qui ne donne que par son ordre, acquièrent, après un rude apprentissage militaire, des qualités physiques ne le cédant en rien à celles des soldats.

Grandes, sveltes, le visage osseux, les joues et les bras tatoués, le torse vêtu d'une tunique multicolore et flottante, serrée à la taille par une écharpe de velours, assez courte pour laisser voir de larges pantalons écarlates; sur la tête, une casquette blanche ornée de dessins fantastiques, tantôt d'une dent de requin ou de quelque amulette donnée par le grand féticheur ; à la main, un large bâton emmanché d'une forte lame de rasoir, telle apparaît prête à monter à l'assaut d'un *tata* l'amazone dahoméenne.

Sous cet accoutrement militaire, elle ne garde plus rien du geste, de la grâce et des sentiments de la femme ; en ses prunelles jaunes ne se reflète plus que la froide cruauté des vieux reîtres.

Entre Abomey, la capitale officielle, et Cana, « La Mecque du Dahomey, » non loin de la route royale et parmi les rizières et les champs de mil, s'étendent de vastes terrains vagues bordés d'aloès, de cactus et de figuiers de Barbarie qui atteignent en ces pays des proportions véritablement colossales. C'est là qu'à époques fixes se déroulent les spectacles militaires ordonnés par le roi.

En rangs serrés, la faux au poing, elles s'avancent, les noires guerrières, sous les regards des cabacères, au rythme bruyant des tambours, et saluent d'un « hou-hou » formidable le monarque accroupi sur sa natte, à l'ombre d'un bentanier. Il se redresse à peine pour les voir défiler, tandis que *Dada* (la reine) allume sa pipe d'écume, présent d'un traitant de Wydah. A deux cents pas, le bataillon s'arrête et se fractionne ; une moitié fait face à l'autre, et la danse de guerre commence. C'est, à n'en pas douter, le simulacre d'un combat.

Tambours, flûtes et trompes ont ralenti leur rythme ; la lance en arrêt, les amazones marquent le pas.

D'une voix sourde et rauque qui fait s'enfuir des broussailles les vautours chauves, les corbeaux en chasse, elles chantonnent l'air consacré au roi par les *griots*.

— *Griots*, qu'est-ce que cette bête-là ?

— Oh ! mon cher, le Sénégal et le Soudan en sont pleins.

Cette bête-là tient du charlatan et du jongleur ; ce parasite s'attribue un pouvoir surnaturel, exploite la crédulité des noirs, et est poète à ses heures. Jugez-en :

« Fils du requin, cousin du léopard (c'est à Behanzin que les griots s'adressent), tu es parmi les Fou (Dahoméens) le protégé de la « Grande Ombre. »

» A ta naissance, Niango, le dieu de la foudre, alluma le ciel de sa lumière et fit ta voix plus terrible que la voix des brisants.

» Fils du requin, cousin du léopard, tu es parmi les Fou le protégé de la « Grande Ombre.... »

— Assez de cette poésie, mon cher d'Arminel.

— Il y a beaucoup de couplets, je les saute. Longtemps se poursuit la cantilène narrant la vie et les exploits de Behanzin, tandis que le choc des lances, les claquements des mains des spectateurs scandent le refrain.

Le rythme des instruments se presse. Les amazones en deux rangs opposés cessent de chanter et reculent par petits bonds ; puis, quand la distance est suffisante, elles se chargent avec furie, tête baissée, et disparaissent dans le nuage de poussière soulevé par leurs pieds nus. Pourtant, la mêlée, loin d'aller en désordre, suit la cadence des tambours et des flûtes, jusqu'au moment où Behanzin frappe du bout de sa canne le tronc du bentanier. Alors, sans délaisser leurs armes, les mégères se rejoignent en poussant des hurlements que plus rien ne domine, ni les roulements des tambours, ni les notes stridentes des flûtes, ni les clameurs rauques des trompes. La galerie trépigne, ajoutant à la confusion générale par ses cris et ses chants.

Behanzin ne fume plus ; il a remis sa belle pipe d'écume à la *dada* qui, avec des précautions infinies, l'enferme dans l'étui où se trouvent gravés les initiales du roi et son bâton de commandement. Ses traits jusqu'alors impassibles se détendent, un éclair de curiosité passe dans son regard atone, et il avance la tête pour suivre la dernière figure de la danse.

Dans un suprême élan, la sarabande qu'aucune musique ne guide vient mourir à ses pieds, et avec un ensemble et un accord inattendus, chaque guerrière se prosterne, la lance couchée et la main gauche appliquée sur la nuque. Le roi daigne sourire; la perfection de ce dernier mouvement l'a charmé. Pendant que, haletantes, le corps ruisselant de sueur, elles se redressent et s'enroulent autour du bentanier, il fait un signe et l'on apporte en des calebasses le tafia réparateur. Elles viennent l'une après l'autre, et hument si goulument que, pour les arrêter, le cabacère doit les frapper au front après la minute accordée.

Stimulées par l'alcool, elles passent, sans autre repos, à la seconde partie du spectacle.

Leurs rangs formés, aux sons des flûtes et des tambours, elles se dirigent vers l'endroit de l'enceinte le plus hérissé de cactus, d'aloès et de figuiers de Barbarie. Ces buissons épineux, inextricables, représentent l'ennemi. Le gaou souffle dans la corne d'un bœuf, les peaux de léopards résonnent sous les baguettes des griots, et le noir bataillon s'élance. Les raquettes énormes des figuiers leur déchirent la chair, les feuilles aiguës des aloès et des cactus s'y enfoncent, et le sang paraît en gouttelettes pourprées sur leur peau couleur d'ébène. Mais rien ne les arrête; le bras gauche abritant les yeux, elles fouillent sans se lasser du bout de leurs faux la profondeur des taillis en poussant le cri des vraies batailles : « Hou! hou! kini! kini! » et se démènent comme si elles égorgeaient des ennemis.

Leur phalange, qui compte de nombreuses victoires remportées sur les voisins du Dahomey, est une phalange d'élite à laquelle sont confiées les avant-gardes et les missions les plus dangereuses. Aussi, dans l'organisation de l'armée *fou*, prennent-elles le pas sur les quatre brigades de sogans (cavaliers) et de softimata (fantassins) et n'obéissent-elles qu'au général en chef.

— Est-ce que l'armée dahoméenne est nombreuse?

— Elle se compose de 12,000 soldats réguliers et de 10,000 hommes environ provenant des contingents levés. Il faut noter dans les quatorze régiments « le régiment des musulmans. »

— Oh! nous en ferons incessamment le dénombrement. Quant à leurs armes, nous savons déjà, par les premiers engagements avec le commandant Terrillon, que les Allemands et les Anglais ont fait passer quelques fusils à tir rapide à Behanzin, dont les troupes ne possédaient que le long fusil de traite, et aussi des anciennes carabines françaises, — le mousqueton de la cavalerie en 1822. — C'est l'arme préférée des amazones.

— Quelle sottise de permettre la vente de nos carabines à toutes ces boîtes à cirage!

— Il y a aussi quelques *boucaniers* et quelques tromblons en cuivre, ces derniers de fabrication portugaise. Les soldats armés de tromblons s'appellent artilleurs.

— Et les canons?

— On en trouverait, en cherchant bien, une douzaine, mais les affûts manquent ainsi que les caissons, à ces vieilles pièces de petit calibre.

— Est-il vrai qu'en 1889, les Allemands aient offert au prince Kon-Dô un canon Krupp?

— Ils en sont bien capables et, au besoin, ils apprendront à Behanzin à le manœuvrer. Ces voisins, ici comme en Europe, seront toujours nos ennemis.

Les soldats dahoméens ont, outre leur fusil à pierre, un large couteau et l'*aglopo*, bâton en bois très dur. Quelques-uns sont armés de flèches et de sagaies, mais ce ne sera bientôt plus là qu'un souvenir.

C'est surtout à coups de couteau et d'aglopo qu'ils combattent. Ils pratiquent la guerre d'embuscade, attaquent avec ardeur, quitte à se disperser au premier échec.

— Tout cela, c'est la théorie.

— Nous ne tarderons pas à savoir la pratique.

— Chut ! dit l'officier d'ordonnance, et il s'élança sur le pont. Redescendant quelques minutes après :

— Je ne m'étais pas trompé, camarades. On se bat à terre.

Et il courut avertir le commandant.

En un instant, les ordres furent donnés.

— Chacun à son poste de combat !

Victor d'Arminel dirigeait le tir des obusiers sur la plaine, d'où arrivait maintenant très distinct le crépitement de la fusillade.

Que s'était-il donc passé ?

Les Français, qui n'occupaient Kotonou que depuis une quinzaine, n'avaient pu élever que des défenses provisoires. Trois postes abrités par de simples haies de branchages couvraient des côtés nord et ouest les factoreries où campaient les tirailleurs sénégalais. L'est et le sud étaient protégés par la lagune et par la mer. A huit cents mètres du nord de la factorerie Régis était établi le poste de grand'garde, composé de dix-huit tirailleurs. Le lieutenant Compeyrat, qui le commandait, était chargé de surveiller la forêt touffue et de prévenir ainsi toute surprise de ce côté.

Nos soldats se tenaient derrière une barricade composée de troncs d'arbres empilés les uns sur les autres et formant un angle ouvert du côté de la lagune ; des branches simplement jetées sur le sol complétaient l'enceinte de ce fort improvisé.

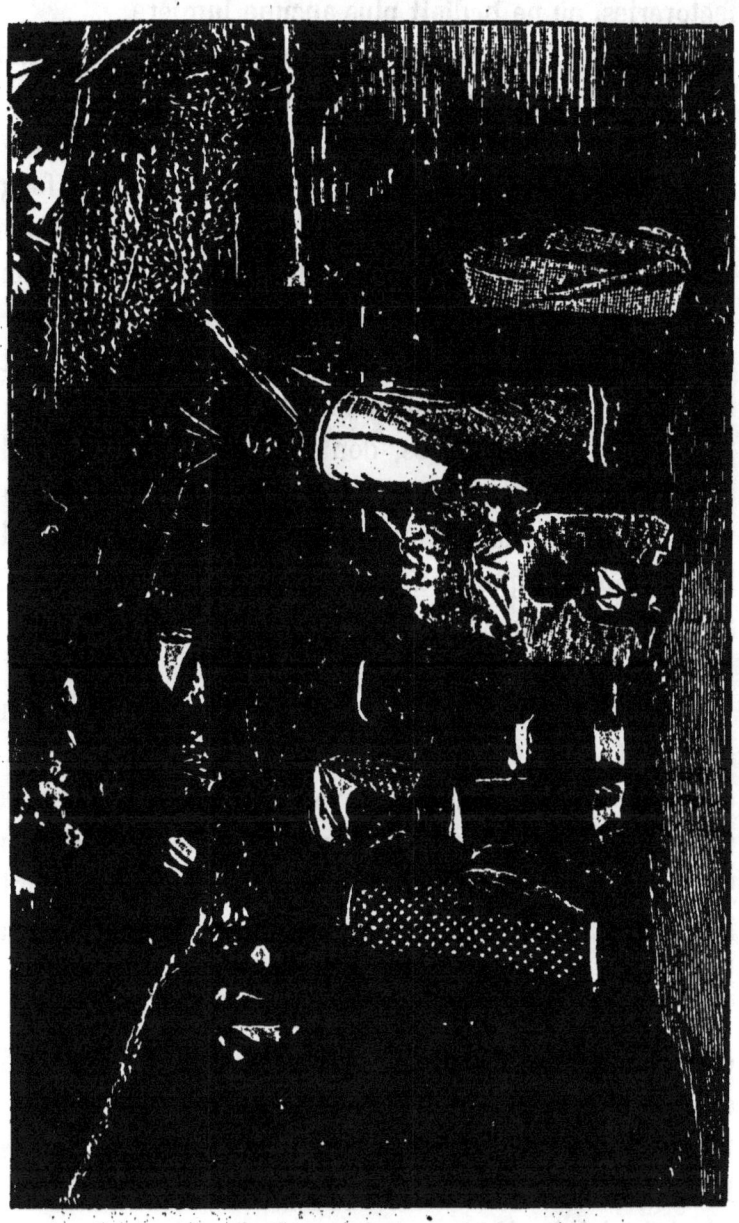

GABONAIS ET GABONAISES

A quelques mètres de cette redoute, un factionnaire se dressait, sondant la forêt silencieuse. Un orage avait obscurci le ciel, et les hommes grelottaient sous la pluie dans leur mince tunique. Comme leurs chefs, ils veillaient. Au loin, derrière eux, apparaissaient à travers la buée nocturne les factoreries, où ne brillait plus aucune lumière.

Cependant, des bruits bizarres, des frémissements de feuilles attirèrent bientôt l'attention de la sentinelle. Sur un signe, le lieutenant accourut. Tous deux, genoux en terre, regardaient et écoutaient. Le bruit persistait, les fougères et bruyères remuaient, bien que le vent fût complètement tombé. Tout d'un coup, au tintement des clochettes, surgissent de la forêt des bandes innombrables poussant des cris sauvages, entrecoupés de détonations précipitées. C'était Behanzin et son armée qui se ruaient sur Kotonou. En avant marchaient les amazones, dont on reconnaissait le colonel aux cornes d'argent fixées sur ses cheveux crépelés. Les féticheurs, les gardes royaux agitant la queue de cheval qui leur sert de marque distinctive, suivaient les amazones, puis venaient les troupes régulières et les volontaires levés à la hâte dans le royaume.

Les Dahoméens attaquaient la redoute. Le canon qui la défendait restait muet, car son chef de pièce avait été décapité. Les amazones, ayant franchi le rempart de feuillage, se roulaient par terre, essayant de saisir par les jambes et de renverser les tirailleurs, qui se défendaient à la baïonnette. Le lieutenant Compeyrat, atteint d'une cruelle blessure, ne perdait rien de son sang-froid. Il réunit les survivants et commanda des feux de salve répétés. Guerriers et amazones, dit la lettre d'un soldat, tombèrent autour d'eux comme des épis fauchés par les moissonneurs. C'est à ce moment que le *Sané* balaya la plaine de ses obus, tandis que le commandant Terrillon se portait à la rencontre de l'ennemi invisible. Un combat sanglant s'engagea autour du télégraphe, mais le poste avait été enlevé par les Dahoméens, qui ne tardèrent pas à être culbutés avec impétuosité. Pendant ce temps, le lieutenant Compeyrat, toujours debout, s'était fait un rempart des cadavres amoncelés autour de lui, et il avait réussi à refouler l'ennemi. A six heures et demie, Behanzin était en pleine retraite et complète déroute.

— Tiens, tiens ! Voilà au moins qui est logique, disait d'Arminel en sondant la plaine avec sa longue-vue, les chefs sont en tête des fuyards. Il est vrai que seuls ils ont des chevaux.

— Et Behanzin? demanda le commandant Fournier.

— Oh! le *requin* a fait un plongeon. Il a bien vite abandonné ses amazones, dont les corps jonchent l'entrée de la redoute. Elles sont braves, du moins.

Au même instant, une pirogue accostait le *Sané*. Le commandant Terrillon informait le commandant Fournier des résultats de l'attaque victorieusement repoussée. Il signalait parmi les morts Nausica, l'amazone favorite, qui gisait à côté d'un caporal d'infanterie de marine qu'elle avait tué d'un coup du sabre fétiche retenu à son poignet gauche par une cordelette. De la main droite, la guerrière tenait encore dans ses doigts crispés une carabine couverte de cauries.

— Nausica ! Mais c'est la mégère qui faisait parfois office de bourreau, dit l'officier d'ordonnance. D'Arminel, voilà l'épilogue de l'histoire que vous nous contiez hier.

— Le commandant Terrillon, qui prévoit de nouvelles alertes, me demande des secours. Je ne puis pas débarquer des hommes. Mes instructions sont formelles. Et cependant.... Que signalent les vigies?

— La débandade dahoméenne.

— Voilà qui tranche toute hésitation. Que l'on continue à escorter les fuyards avec des obus.

Et le commandant Fournier envoya ses félicitations au vaillant officier qui venait d'inscrire une victoire de plus dans les annales de la France.

Les Dahoméens, qui avaient perdu 300 soldats, s'étaient retirés vers l'Ouémé et se proposaient d'attaquer Porto-Novo. A Wydah, la situation devenait de plus en plus critique, à ce point que le consul allemand avait quitté son poste pour se réfugier au Cameroun. Tout en se préparant à marcher contre Wydah, dont le blocus avait été proclamé, le commandant Terrillon, qui venait d'apprendre sa nomination au grade de lieutenant-colonel, avait envoyé des renforts à Porto-Novo, et vingt-cinq marins du *Sané* avaient été débarqués.

On était sans nouvelles du P. Dorgère et des Français enlevés à Wydah. On savait seulement qu'ils avaient été conduits à Alladah et de là à Abomey. On ignorait les avanies multipliées infligées aux prisonniers obligés de traverser, enchaînés, les rangs de « la forêt noire, » c'est-à-dire d'une soldatesque abrutie ; devant eux, quatre têtes de tirailleurs sénégalais, déjà en décomposition, étaient promenées triomphalement au milieu des insultes les plus grossières et des gestes les plus menaçants. Le P. Dorgère priait Dieu et donnait à ses sept compagnons l'exemple d'un impassible courage.

Le bruit se répandit que Wydah allait être bombardé ; le commandant Fournier venait d'écrire une lettre très ferme pour réclamer les captifs. Behanzin se dit qu'il serait imprudent de ne point y donner satisfaction. Le roi nègre était alors dans sa résidence d'été, Cana-Gomé, située à soixante-dix kilomètres d'Abomey. Les prisonniers y furent conduits. Le soir même de leur arrivée, brisés de fatigue, ils comparurent devant Behanzin.

— Comment faudra-t-il saluer le roi ? demanda un des blancs.

Le cabécère répondit :

— Vous le saluerez de la main. Nous, noirs, nous nous prosternons le front dans la poussière devant Sa Majesté; vous, blancs, vous pouvez rester debout; car vous ne vous mettez à genoux que devant Dieu.

Le tyran nègre était accroupi, fumant une longue pipe dorée, au milieu de toute sa cour. Non loin de lui se trouvait une table chargée de mets. Invités à s'y asseoir, les prisonniers déclinèrent l'offre. Le roi porta alors une coupe à ses lèvres, mais — le détail nous est fourni par le P. Dorgère — nul ne le vit, nul ne devait le voir. Quand il boit, on étend devant lui un pagne ou un parasol, l'échanson crie : « Il fait nuit! » On s'incline profondément jusqu'au cri : « Il fait jour! » qui indique que le roi a fini de boire.

Behanzin se leva, dicta une réponse au commandant Fournier, dit qu'il n'avait pas peur, que si on lui rendait son territoire on aurait la paix, et termina ainsi :

— Maintenant vous êtes libres. Vous pouvez retourner à Wydah. Malheur à qui toucherait même à un cheveu de vos têtes! Avant de quitter la cour, recevez mes présents. Jamais blanc n'est entré dans mon palais sans en recevoir.

Et il fit remettre un pagne à chacun des captifs.

Après trois mois de martyre, nos compatriotes étaient libres et, le 6 mai, ils rentraient à Wydah.

A cette date, M. Bayol était rappelé en France, ainsi que le lieutenant-colonel Terrillon, dont la santé se trouvait très compromise. Le capitaine de vaisseau Fournier cédait à son tour le commandement des opérations à l'amiral de Cuverville, dont le guidon flottait sur la *Naïade*. Mais il s'était passé des faits importants. Relatons-les rapidement. Les 12 et 17 mars, la canonnière *l'Émeraude* bombarde Abomey-Calavy, où l'on supposait à tort que s'était réfugiée l'armée dahoméenne. Les 21, 23 et 25 mars, reconnaissances à Godomé. Le 27, nos détachements remontent l'Ouémé jusqu'à Dekamé, bombardent et incendient deux villages. L'ennemi ne tient pas ferme, mais le capitaine Oudart est tué de dix coups de fusil.

Le 20 avril, l'ennemi était signalé dans la direction de Djegou, à sept kilomètres nord-nord-est de Porto-Novo.

Le colonel Terrillon arrêta ses dispositions défensives et offensives. Le lendemain matin, à six heures et demie, il se mettait en route avec 300 hommes, trois pièces de campagne et des vivres pour trois jours. La colonne avança en carré, précédée par des éclaireurs du roi Toffa. Elle marchait depuis une heure et demie quand un feu de file partit d'un fourré. L'avant-garde des Sénégalais riposta. Mais bientôt des milliers de Dahoméens se ruèrent sur le carré qui leur infligeait, cependant, d'énormes pertes et les maintenait à une distance de deux cents mètres. A 300 contre 8,000 la partie était égale; le carré restait compact, pas un homme n'avait fléchi. Nos fusils Gras avaient consommé 2,500 cartouches, et les canons une centaine de boulets et d'obus. Les munitions allaient manquer. Le carré, sur un ordre donné, fit volte-face pour rentrer à Porto-Novo, et pendant trois quarts d'heure continua des feux de salve qui forcèrent les Dahoméens à se retirer. Behanzin apprit à Egbedji, où il s'était tenu prudemment, qu'il fallait renoncer à prendre la capitale de Toffa.

Plus de mille de ses guerriers avaient succombé. Il résolut alors de saccager le pays, entre Atchoupa et Agjéra d'un côté, et Porto-Novo de l'autre. Jusqu'à un kilomètre de cette ville, les plantations furent dévastées, les cases brûlées. La riche plaine ressembla à un désert. Ce furent les adieux momentanés de Behanzin, qui, en reprenant le chemin d'Abomey, fit des razzias d'esclaves afin de pouvoir, par des sacrifices humains, indice de réjouissance, faire croire au peuple que les Français avaient été battus.

Des reconnaissances nombreuses fouillèrent les alentours de Porto-Novo, mais l'ennemi était devenu introuvable. Un service solennel fut célébré par les missionnaires pour le repos de l'âme des morts tombés devant l'ennemi. Le lieutenant-colonel Terrillon y assista avec tout l'état-major. Ce brave officier supérieur emporta l'estime et les regrets de tous, bien qu'on n'eût qu'à se louer de son remplaçant, le lieutenant-colonel Klipfel, ancien chef d'état-major du général Brière de l'Isle au Tonkin. Quant à M. Bayol, il eut pour successeur M. Ballot. Le nouveau lieutenant-gouverneur n'était pas d'avis de traiter, mais le commandant Fournier dut obéir aux instructions transmises de Paris par le câble. Il envoya donc à Abomey un négociateur, M. Bernardin Durand, qui était encore retenu dans la capitale lorsque, dans le commencement de juillet, M. de Cuverville prit le commandement de terre et de mer. Lui aussi voulait en finir avec les atermoiements. Il estimait qu'il fallait frapper un grand coup, mais le ministre de la marine lui fit connaître que le gouvernement ne partageait pas cette opinion. L'amiral, qui avait déjà requis le P. Dorgère comme aumônier militaire à Kotonou, lui confia la mission dangereuse d'aller trouver Behanzin et de conclure avec lui un arrangement. Le missionnaire revint donc en diplomate dans les villes qu'il avait traversées la chaîne au cou. Et lorsqu'il pénétra dans le palais encore humide du sang des malheureux sacrifiés à d'exécrables superstitions, — les Dahoméens adorent depuis la lune jusqu'aux serpents, — il ne put s'empêcher de penser au passé et de craindre pour l'avenir. Mais Dieu soutenait sa vaillance et éclairait ses pas. Le P. Dorgère mena à bien la tâche dont il était chargé, obtint l'élargissement de M. Bernardin Durand et de son escorte, par l'entremise du grand féticheur, et, parti le 3 août pour Abomey, put quitter cette ville deux mois après, — tout est long au Dahomey. — Il rapportait l'instrument diplomatique, dont voici la teneur :

« Nous soussignés avons arrêté d'un commun accord l'arrangement suivant qui laisse intacts tous les traités et conventions antérieurement conclus entre la France et le Dahomey :

» Article 1er. — Le roi de Dahomey s'engage à respecter le protectorat français du royaume de Porto-Novo et à s'abstenir de toute incursion sur les territoires faisant partie de ce protectorat.

» Il reconnaît à la France le droit d'occuper indéfiniment Kotonou.

» Art. 2. — La France exercera son action auprès du roi de Porto-Novo pour qu'aucune cause légitime de plainte ne soit donnée à l'avenir au roi de Dahomey.

» A titre de compensation pour l'occupation de Kotonou, il sera versé annuellement par la France une somme qui, en aucun cas, ne pourra dépasser 20,000 fr. (or et argent).

» Le blocus sera levé et le présent arrangement entrera en vigueur à compter du jour de l'échange des signatures.

» Toutefois, cet arrangement ne deviendra définitif qu'après avoir été soumis à la ratification du gouvernement français. »

Il était temps pour Behanzin de se décider, car la *Naïade* venait de mouiller devant Wydah afin d'appuyer l'envoi d'un ultimatum.

Le traité du 3 octobre 1890, défectueux dans ses termes et incomplet dans ses stipulations, n'était approuvé ni par le P. Dorgère ni par l'amiral de Cuverville, mais le ministère, mal conseillé, voulait aboutir à une solution pacifique. Et Behanzin, très au courant de ce qui se passait en France, refusa toute autre concession. C'était donc une trêve plutôt que la paix qui venait d'être conclue, trêve dangereuse pour nous, puisque le roi de Dahomey allait payer, avec les 20,000 fr. versés pour son abandon des droits de la douane de Kotonou, des canons et des fusils perfectionnés. Les Anglais de Lagos et les Allemands de Togo sont des amis si obligeants qu'ils mettent même (nous l'avons dit) des instructeurs à la disposition du souverain nègre.

L'enlèvement d'otages, des pillages continuels ont rendu caduc en 1892 le traité dont nous n'avions pas, du reste, à nous féliciter. Le colonel Dodds, investi du commandement supérieur, et muni de troupes de renfort, n'était pas homme, si on le laissait faire, à marchander un châtiment exemplaire. Un blocus rigoureux de la côte a été la première réponse aux déprédations de Behanzin, qui a appris à ses dépens que le protectorat de la France sur Porto-Novo garantit la sécurité du roi Toffa, et qu'à Kotonou nous entendons être les maîtres, ainsi qu'à Wydah.

L'Ouémé est une route fluviale qui conduit tout près d'Abomey, et nos soldats étaient curieux de visiter les hangars en pisé dont l'assemblage irrégulier forme le palais du fils de Glé-Glé.

Les missionnaires africains de Lyon ont sur la côte des établissements florissants; ils font beaucoup de bien, et le jour où l'épée de la France aura fouillé les broussailles du chemin, leur apostolat prendra le plus heureux développement. Ce n'est point par une simple rencontre du hasard que l'amiral de Cuverville, aussi ardent dans sa foi que dans son patriotisme, a eu pour auxiliaire le P. Dorgère. La main de la Providence avait réuni ces deux hommes de cœur, ces deux

Bretons, comme pour montrer que la France est toujours le soldat de Dieu dans le monde.

Victor d'Arminel était parti à regret du Dahomey, et le *Sané* l'avait ramené en France au moment même où son frère Charles, complètement guéri, allait rejoindre la colonne expéditionnaire du Soudan. En débarquant une grande joie l'attendait. Le *Journal officiel* contenait sa nomination au grade de chevalier de la Légion d'honneur. A la colonne suivante, il lisait le nom de son aîné également décoré.

Courir au télégraphe et envoyer la dépêche ci-après ne fut que l'affaire d'un instant :

« M. d'Arminel, au Tuco,
» par poste Miélan.
» Arrivé bonne santé. Charles et Victor décorés. *Officiel* de ce jour. Vous embrasse. A bientôt.
» Victor. »

Comme on le devine aisément, le petit papier bleu causa une vive allégresse, et le vieux curé, averti, vint offrir ses cordiales félicitations.

Par une belle soirée d'automne, un homme à la figure amaigrie et basanée gravissait d'un pas alerte la côte de Riuzan. De temps en temps il scrutait l'horizon d'un œil perçant. Parvenu au sommet du plateau, il poussa une exclamation et se découvrit.

— Ah ! enfin, te voilà, mon cher clocher, dont la coupole ne rappelle que vaguement celle de Saint-Pierre, mais dont la grande croix posée un peu de travers, comme pour indiquer que les Gascons ont mauvaise tête, ombragea mon berceau et, si Dieu le veut, ombragera ma tombe ! Et voilà le château, l'*houstaou*, comme disent nos paysans, demeure bien-aimée ! Ses volets verts brillent au soleil, j'aperçois les vieux ormeaux, le grand chêne touffu, le frêne au feuillage blanchissant, les acacias aux longues épines qui croissent autour de l'antique fossé seigneurial. Voici le verger chargé de fruits, le jardin m'envoie le parfum de ses myrtes et de ses roses. Oh ! le pays ! le pays ! Mais je ne me trompe pas, un mouchoir s'agite : ma mère m'a vu, mon père essuie ses larmes de bonheur. Qu'aperçois-je ? C'est Louis qui accourt, et.... là, sur le chemin....

— Nadèje ! Nadèje !
— Victor !

Frère et sœur demeurèrent un instant embrassés.

— Louis !
— Victor !

Et l'accolade ne fut pas moins affectueuse.

Les paysans se retournaient dans les champs pour jouir de cette émouvante scène.

Mais l'officier de marine ne ralentissait point le pas.

L'avenue de peupliers fut promptement montée.

Sur le seuil de la maison paternelle il y eut de ces effusions dont ceux-là seuls qui les ont ressenties peuvent comprendre l'intense douceur. Un père, une mère, un fils, qui se revoient après une longue et lointaine séparation ! Ah ! mes jeunes amis, Dieu veuille vous donner ce bonheur et vous conserver longtemps ignorants des deuils, ce voile noir des chers souvenirs !

Il y avait à peine quelques minutes que la famille d'Arminel était assise dans le salon, où Phanor, le chien fidèle, qui y avait été admis par exception, prodiguait ses caresses à Victor comme pour lui dire : Moi aussi, je te reconnais ; soudain la porte s'ouvrit avec fracas.

— Ah! mille excuses d'entrer ainsi comme un ouragan, mais j'ai eu beau me presser, j'arrive en retard, et il fallait bien regagner le temps perdu.

— Monsieur le curé!

Et Victor d'Arminel l'étreignit avec bonheur.

— Monsieur le chevalier! je vous apporte votre premier ruban, à ce que je vois, car votre boutonnière n'est pas aussi rouge que je dois l'être.

L'excellent homme avait, il est vrai, le visage empourpré.

— Figurez-vous que je viens de bouleverser tous mes tiroirs pour trouver un brin de faveur écarlate. Peine perdue. Alors, ma foi, je me suis dit que la fabrique de la paroisse ne me reprocherait pas de couper un tout petit coin de la moire destinée au dais du Saint Sacrement. Et voilà! Comme je suis un égoïste, je vous demande la permission d'attacher sur votre poitrine cet insigne de l'honneur. J'usurpe sur les droits de papa et de maman, mais ils se rattraperont pour Charles et.... pour vous aussi, Louis. Ah! ne dites pas non. Cela viendra. Je ne suis pas un prophète, mais je vous le prédis.

Le soir, le château fut rempli de visiteurs. La commune entière voulut complimenter le nouveau chevalier.

— Voyez-vous, disaient entre eux tous ces braves gens, bon sang ne peut mentir.

Et l'officier rendait cordialement les poignées de main.

Une vieille femme s'approcha timidement de lui :

— Monsieur Victor, vous ne me reconnaissez pas ?

— Pardon, ma bonne Mariette, des *Coustères*.

— Je suis pauvre, mais je voudrais vous offrir quelque chose.

— Quoi donc ?

— Oh! ceci : la croix que j'ai détachée de mon chapelet.

Peut-être avez-vous perdu la vôtre ? Vous venez de si loin !

— J'accepte, mais ce ne sera qu'un échange, Mariette, voyez plutôt; et entr'ouvrant son uniforme, il tira un cordon au bout duquel brillait un minuscule crucifix d'argent. Tu y consens ? ajouta-t-il en s'adressant à sa mère.

Mme d'Arminel sauta au cou de son fils.

— Ma foi, dit le curé, voilà qui vaut tous mes sermons !

La maladie de Louis. — Entrée de Nadèje au couvent.

Depuis quelques mois, Louis d'Arminel était devenu triste, irritable, et son visage avait pris une teinte verdâtre. Il maigrissait à vue d'œil. Ses forces déclinaient. Sa famille, inquiète, décida qu'il irait à Paris consulter une célébrité médicale.

Il y avait foule dans le salon de consultations lorsque le jeune homme y pénétra. En entrant, on lui remit un numéro. Un domestique en livrée apparaissait par instants à la porte de l'appartement et servait d'introducteur dans le cabinet de l'illustre praticien.

Quand Louis d'Arminel, après deux heures d'attente, fut admis à déposer ses cent francs sur la cheminée du docteur :

— Monsieur, lui dit celui-ci, votre cas est clair. Vous avez une hypertrophie du foie.

— Cependant, le foie ne me fait pas mal.

— Ah ! par exemple ! Veuillez me laisser procéder à l'auscultation, et nous allons voir.

— Toc ! toc ! Rien encore, mais voici le siège du mal.

Ce disant, le médecin frappa d'une main sûre un coup sec. Louis d'Arminel poussa un cri de douleur.

— Oh! mais la citadelle est fortement atteinte. Chose bizarre, on jurerait que vous avez contracté le germe de cette maladie aux colonies.

— Je suis allé au Sénégal, au Soudan et au Gabon.

— Trois pays avec lesquels vous devez, sous peine de mort, ne pas renouveler connaissance.

— J'avais, cependant, l'intention de partir pour l'Afrique occidentale avec une des missions qui se préparent à explorer les pays voisins du haut Congo.

— Monsieur, je ne connais aucun remède contre l'obstination, répliqua sèchement le docteur. Voici une ordonnance pour votre hypertrophie : Vichy l'été et des infusions de boldo l'hiver. Avec cela vous vivrez longtemps et sans souffrances. Mais, je vous le répète, pas de voyage au pays noir !

— Je suivrai votre conseil, bien qu'il m'en coûte beaucoup, Monsieur, et je vous remercie.

Louis d'Arminel revint au Tuco sinon avec bonne mine, du moins avec le cœur plus léger.

— Que t'a dit le médecin, mon enfant ?

— Il m'a défendu, ma chère maman, toute exploration, en m'annonçant que si je partais je ne reviendrais certainement pas.

— Condamné à la vie de famille à perpétuité. Oh! l'arrêt n'est pas rigoureux.

— Papa, tu connais ma tendresse pour vous, mais je t'assure qu'on aime de loin comme de près, et j'aurais bien voulu....

— Oui, oui, je sais, tu avais l'envie immodérée de présenter tes hommages au roi Makoko, l'ami de M. de Brazza. Tu désirais admirer les missions des Jésuites dans le Zambèze, tu te proposais de serrer la main à certain Père blanc sur les bords du Nyanza, etc., etc. Faire mieux que Stanley, que Cameron, aller où n'a pu pénétrer Livingstone, passer au delà des voies tracées par Serpa Pinto, ne pas laisser à Émin-Pacha le terrain libre, tremper tes pieds dans le lac Tchad, et, qui sait, revenir par le Sahara, tout cela au risque de rester en chemin comme Crampel et tant d'autres.

— Je l'avoue.

— Il est réalisable, n'en déplaise au docteur parisien.

— Tu crois?

— Je l'affirme. Nous compléterons notre bibliothèque, nous compulserons tous les documents officiels, nous étalerons dans notre cabinet de travail de vastes cartes, nous suivrons Mizon, Monteil, Trivier et leurs émules.

— Quoi! tu consentirais, papa, à....

— Pardon, je me suis mal expliqué. Je serai du voyage, mais tu te doutes bien qu'avec ma jambe de bois....

— Oh! il y a des porteurs.

— Penses-tu que ton père va se mettre, à son âge, à courir le monde, et qu'il me laisserait ici solitaire? dit sur un ton de reproche Mme d'Arminel.

— Le voyage se fera autour de notre chambre. Nous aurons soin de ne pas trop nous attarder dans les étapes.

— Enfin, je comprends, répondit Louis en riant. Voilà l'obsession coloniale vaincue. En vérité, où donc avais-je la tête tout à l'heure?

— A Brazzaville, probablement.

— Je ne sais; en tout cas, mon cœur était resté ici. Mais que sont devenus Victor et Nadèje?

— Victor a accompagné sa sœur à Notre-Dame de Lourdes. Ils rentreront par le train.... Ou plutôt voilà nos deux voyageurs.

Nadèje était radieuse.

— Savez-vous pourquoi sœurette est si contente? dit Victor

après un échange de baisers entre tous les membres de la famille.

— Qu'importe la cause pourvu que la joie existe ?

— Nadèje rapporte de son pèlerinage la certitude que sa vocation s'accomplira.

— Oui, j'en conviens, interrompit la jeune fille. J'étais agenouillée à la grotte, où les fidèles se pressaient nombreux dans un petit coin à côté des béquilles, pendues en *ex-voto* à la voûte ; je priais avec ferveur. Tout d'un coup, il se passa en moi quelque chose que je ne puis définir. J'aperçus au delà des mers une statue entourée de milliers et de milliers de noirs. La Sainte Vierge contemplait cette foule avec une bonté maternelle ; à chacun de ses regards un fétiche se détachait du cou des pauvres nègres. J'entendis alors ces paroles : « Je suis l'Immaculée Conception. » Et de toutes ces lèvres païennes s'échappa ce cri d'amour : *Ave, Maria!* Je vis s'élever instantanément des sanctuaires, un évêque au milieu de ses prêtres. Des écoles s'ouvrirent ; je reconnus....

— Les sœurs de Saint-Joseph de Cluny ?

— Précisément. J'étais là en extase, quand Victor me touchant l'épaule me dit :

— Veux-tu, sœurette, que nous allions dans la chapelle du Rosaire ? Je n'ai pas oublié que Notre-Dame de Lourdes est aussi l'étoile de la mer. L'extase avait pris fin, mais la joie dure dans mon cœur.

— Ma chère Nadèje, répondit Mme d'Arminel, tu pourras, quand tu le voudras, réaliser tes pieux désirs. Louis a pris sa résolution définitive. Pour cause de santé, il ne quittera plus le Tuco.

— Tu es donc sérieusement malade ? demanda la jeune fille avec une tendre inquiétude.

— Rassure-toi, Nadèje ; sous la réserve de ne pas aller

dans les pays chauds, ma santé est garantie par la faculté.

Le consentement donné, le trousseau fut vite établi. Le curé se chargea de toutes les démarches, et il voulut accompagner à la maison-mère la postulante.

— Dieu vous récompense de vos vertus! lui dit-il en la bénissant.

AHMADOU

(Gravure extraite des Colonies d'Afrique. — Quantin.)

La porte se referma. Il y avait une religieuse de plus dans la phalange de la Mère Javouhey. Au Tuco, les pleurs coulèrent, mais tempérés par cette foi qui donne une douceur même au sacrifice.

Lorsque Mme d'Arminel était sur le point de manquer de résignation :

— Voyez-vous, Madame, se permettait d'insinuer le digne pasteur, le meilleur gendre, c'est le bon Dieu!

VIII

Au Congo. — M. de Brazza.

Victor était allé reprendre son quart à bord. Louis suivait avec ponctualité le traitement prescrit, et la santé revenait peu à peu. Son père le secondait dans ses travaux d'explorateur sédentaire, et il apportait un entrain affectueux à sa tâche.

— Et d'abord, qu'est-ce que le Congo ?

— On comprend sous cette dénomination nouvelle une étendue quatre fois supérieure à la superficie de la France. Le Gabon y a été administrativement fondu, et Libreville est devenue la capitale du gouvernement.

— Allons-nous parcourir ce vaste territoire ?

— Je crois que ce serait inutile. J'ai vu le Gabon, le Fernand-Vaz. Si tu le veux bien, nous remarquerons d'abord les montagnes qui, comme des marches d'escalier, s'étagent en terrasses et courent parallèlement au rivage, distantes de cent à deux cents kilomètres. Ce sont les talus extérieurs du plateau africain ; on les appelle *Monts de cristal* ; au nord de l'Ougoué, *Sierra Complida*, entre cette rivière et le Congo. Leur hauteur moyenne est de trois cents à cinq cents mètres.

— Et les rivières ?

— Nous nous en occuperons en suivant leur cours avec les explorateurs.

— Chose curieuse. Avant les voyages de Barth, de Livingstone, de Speke, on connaissait moins l'Afrique, il y a trente ans, qu'au XVIᵉ siècle. Diégo de Gama, en 1548, avait découvert l'embouchure du Congo ; Lopez a donné son nom au cap qui est le sommet du delta formé par une ancienne île, que les alluvions de l'Ougoué ont réunie à la terre ferme. Il avait, trois siècles avant Speke, découvert les secrets des sources et des crues du Nil, ce qui n'a pas empêché Stanley, en 1871, de prendre le Congo pour le Nil. Et sur la route qu'il a suivie le voyageur anglo-américain avait été également devancé par l'explorateur portugais en 1598. Il ne faut pas louer le temps passé aux dépens du présent, mais il convient de ne point méconnaître ce qui fut fait avant nous.

La part de la France dans cette partie du continent noir est grande. On la doit à M. Savorgnan de Brazza.

Quatre hommes ont laissé des traces particulières de leur passage dans les régions africaines.

Livingstone a exploré pendant trente ans l'Afrique. Il a découvert les magnifiques cataractes de Mosi-ou-tounya, où le Zambèze précipite ses eaux dans un abîme deux fois plus profond que celui des chutes du Niagara, le lac Nyassa qu'il côtoya du nord au sud sur la rive occidentale pendant plus de trois cent quatre-vingts kilomètres. Il avait poussé, d'autre part, jusque dans le grand bassin fluvial dépendant du bassin de Lobisa et atteint ainsi, sans se rendre un compte exact de sa découverte, les sources du Congo. A Ouijiji, il fut retrouvé par Stanley, tandis que le bruit de sa mort avait couru en Europe. Hélas ! quelque temps après, Cameron, envoyé pour le ravitailler, apprit que le célèbre voyageur était mort de la dysenterie sur les bords marécageux du lac Bengweolo, au village de Tichtambo. Le corps, conservé dans du sel, fut porté par les serviteurs de Livingstone à Zanzibar, distant de deux mille deux cent quarante kilomètres. Il repose dans l'abbaye de Westminster, au milieu des gloires nationales de l'Angleterre.

Cameron, officier de la marine britannique, dans laquelle il sert encore, a vérifié et complété les derniers travaux de Livingstone ; parti de Bagamoyo, il arriva très malade à Katombela, et de là à Saint-Paul de Loanda, après avoir parcouru cinq mille kilomètres, dont dix-neuf cents en pays inconnus des blancs. Il avait souffert la faim, assisté aux scènes de la traite en pays portugais, vécu au milieu de malheureux mutilés sur un simple caprice du maître. Ses récits dépassent en horreur ceux de Livingstone.

— J'ai lu ces pages émouvantes. Mais le comique se mêle au tragique. M. Bory, dans son livre sur les *Grands explorateurs de l'Afrique*, raconte ainsi la réception de Cameron à la cour de Kaguomenbé, ville qui n'a pas moins de cinq kilomètres de circonférence :

« Tout en l'accueillant fort bien, les officiers chargés de recevoir les étrangers surent admirablement l'exploiter et lui faire payer un haut prix l'honneur de présenter ses hommages à leur maître.

» Tout dans cette cour nègre était réglé avec un cérémonial si rigoureux que Cameron faillit s'attirer des désagréments pour avoir manifesté l'intention de s'asseoir pendant l'audience sur sa chaise au lieu d'accepter un des sièges qu'on accordait aux visiteurs. Quand les fonctionnaires, reconnaissables à un gilet de couleur écarlate, eurent réglé les détails de la présentation, le roi parut. Grande fut la déception du voyageur de voir dominer sur ces dignitaires si méticuleux, si européennisés, un souverain dont le costume royal se composait d'un vieil habit et d'un vieux pantalon noir passés n'importe comment. Un vieux châle écossais couvrait les épaules, les deux bouts rejetés en arrière ; un vieux chapeau à larges bords couvrait la tête. Bien qu'on fût encore à une heure matinale, le puissant monarque était aux trois quarts ivre. Ses premières paroles furent pour faire son éloge et donner de son pouvoir une idée extraordinaire. Ce thème dura longtemps, puis fut couronné par l'invitation, en cas de retour, de fournir à une majesté de son importance des cadeaux plus dignes de lui. Pour terminer l'audience, l'auguste souverain alla chercher une bouteille d'eau-de-vie dont il versa quelques gouttes à la ronde, puis il se livra à une représentation chorégraphique des plus désordonnées en demandant à sa bouteille un fréquent réconfortant. Quand elle fut vide, la séance fut levée.

» Des gardes du corps veillent sur cette singulière majesté, et quand le monarque part en campagne, l'honneur de porter son chapeau appartient au capitaine. Cette coiffure royale joue, en cas de guerre, le rôle que joua, dit-on, à Fribourg, le bâton du grand Condé; il est lancé par-dessus les palissades du village à emporter. C'est à qui s'élancera pour le reprendre; celui qui est assez heureux pour y réussir est le héros de la journée, il reçoit une récompense magnifique. »

Dix-huit mois après le retour de Cameron, Stanley, déjà connu par sa première expédition à la recherche de Livingstone, se remit en campagne. Il a raconté ses souffrances et ses combats. La hache à la main, il a dû se faire jour à travers des forêts inextricables; il a soutenu dix-huit engagements contre les naturels, il a eu à se défendre contre les cannibales acharnés par terre et par eau à sa poursuite; la maladie a dispersé son escorte; il a mis cent trente et un jours pour franchir les chutes et les rapides du Congo qui engloutirent plus d'un homme de sa suite. Il a passé en conquérant dans ces régions, laissant partout le souvenir de son courage, mais aussi de ses cruautés. Son exploration miscientifique, mi-guerrière, a abouti à la fondation de comptoirs de commerce et à la constitution de l'État libre du Congo, sur lequel la France a un droit reconnu de préemption au cas où l'Association internationale africaine viendrait à renoncer à sa colonie.

M. Savorgnan de Brazza, Romain d'origine, mais Français de cœur, et ayant acquis par ses services des lettres de grande naturalisation allait, lui aussi, parcourir l'intérieur de l'Afrique. Mais à la fermeté indomptable il a su joindre la douceur; il a pu ainsi réaliser une œuvre plus importante, plus durable que celle de Stanley. Il a uni la ténacité de Livingstone à l'habileté de Cameron; sans le céder en rien comme hardiesse à Stanley, il l'a surpassé en équité et en sagesse politique. Les traités qu'il a conclus, et pour ne parler que du plus connu, le traité avec le roi Makoko, ont mis entre les mains de la France un pays riche dont le climat est moins meurtrier que celui du Sénégal et du Gabon, et dont les habitants, à part quelques tribus anthropophages sans cesse refoulées vers le nord-est, sont très favorables à la pénétration de la civilisation.

Lorsque Brazza et Stanley se rencontrèrent à Mdambi-Mongo, le second, qui traçait une route entre Vivi et Stanley-Pool, eut une attitude hautaine à l'égard du premier, qui descendait la rive droite du Congo, après de pénibles incursions vers la rivière Niari. Aujourd'hui, l'Anglo-Américain a beau répandre le fiel de ses critiques, la renommée de Brazza surpasse la sienne. Sur la rive gauche du Congo, les blancs sont exécrés : on se souvient de Stanley ; sur l'autre bord, au contraire, la sécurité est complète, la cordialité sincère ; on aime Brazza.

Les détails sont ici inutiles; les résultats parlent assez haut.

Un enseigne de vaisseau, secondé par son frère et quelques dévoués compagnons, Ballay, de Lastours, Dufourcq, Mizon, Précille, Fourneau, etc., a procuré à la France des possessions considérables. Il les a organisées, et le jour n'est pas éloigné où la richesse commerciale viendra par surcroît à la nation généreuse dont on a pu dire avec raison : Partout où passe le drapeau de la France, une grande cause le précède et un grand peuple le suit.

Brazza avait, en 1872, vingt ans, lorsqu'il fut attaché comme enseigne à la division navale de l'Atlantique sud. Dès l'école navale, il s'était passionné pour les récits des explorations de M. Aymès, dans le lac Ougoué, et il trouva à Libreville MM. de Compiègne et Marche, qui rentraient de leur excursion fructueuse quoiqu'incomplète sur l'Ougoué; Ces deux voyageurs s'étaient avancés à 460 kilomètres dans l'intérieur; ils avaient dû s'arrêter devant l'hostilité des Ossyeba, en guerre avec les Okanda favorables aux deux Français. Brazza remonta le Komo, mais le service du bord avait ses exigences.

En 1875, il obtenait une mission qui consistait à reconnaître les sources de l'Ougoué. C'est lui-même qui en avait ainsi précisé la portée. M. Marche était de la partie. L'expédition dura deux ans. La maladie avait forcé M. de Brazza à stationner à Lopé, où il rencontra le docteur Lenz, voyageur autrichien auquel on a fait gravement un mérite d'avoir suivi la voie ouverte par les explorateurs français, après avoir attendu un an des Okanda la permission de sortir de la ville dont les indigènes le rançonnaient.

Les Ossyeba sont de nature belliqueuse ; ils forgent le fer et emploient à la chasse le temps qui n'est pas pris par la guerre contre les Okanda. Ces derniers pratiquent le commerce, et font preuve de plus de ruse que de scrupules. Détail curieux : les femmes s'arrachent soigneusement les cils. Elles se peignent le corps avec toutes sortes de couleurs délayées dans de l'huile de palme. C'est horrible et cela sent fort mauvais.

M. de Brazza, parvenu près des chutes Poubara, constata que l'Ougoué n'était plus navigable. Il fallut donc renoncer à cette voie fluviale pour pénétrer dans l'intérieur. Il s'avança alors vers l'est par la route de terre, et se trouva dans le pays des Batékés, marchands d'ivoire, qui transportent les dents d'éléphant à dos d'homme jusqu'au Lefini, affluent du Congo. Les Batékés sont de nature querelleuse et cupide. Ils tentèrent de piller les voyageurs, mais un jour M. de Brazza ayant fait enterrer devant son campement une caisse de poudre, les naturels crurent que quelque fétiche y était renfermé, et s'éloignèrent prudemment.

Leurs chaussures étant usées, les voyageurs durent marcher nu-pieds, car les souliers de rechange étaient pourris, bien qu'ils fussent renfermés dans un coffre métallique. Ces héroïques déguenillés reçurent au Gabon une chaleureuse ovation, et à sa rentrée en France, l'explorateur, qui avait parcouru treize cents kilomètres, dont huit cents à pied, en des régions jusqu'alors inconnues, fut acclamé comme le méritaient ses admirables services et ses précieuses observations sur les pays qu'il venait de traverser dans sa campagne de trois ans.

Stanley projetait de conquérir de vive force le commerce des pays noirs ; il traçait déjà dans sa pensée la route qui devait servir au transport dans les eaux du Congo des vapeurs démontables destinés à desservir les stations du grand fleuve.

Brazza, qui avait appris au Gabon les « exploits » de Stanley, fut frappé du parti à tirer de l'Alima, navigable à

90 kilomètres de l'endroit où s'arrêtent les pirogues de l'Ougoué, et par laquelle des canots à vapeur pourraient descendre le Congo jusqu'aux chutes qui barrent son accès par l'Atlantique. Douze mille kilomètres de circulation fluviale à travers les contrées les plus fertiles de l'Afrique allaient donc être ouverts à la France par la découverte de l'Alima. A peine rétabli, Brazza sollicita une nouvelle mission afin de s'assurer par des moyens pacifiques le bon vouloir des populations riveraines.

La famine vint encore compliquer la situation. Il fallut vivre de fourmis blanches, de chenilles, rats, chauves-souris, et autres mets tout aussi peu ragoûtants. Mais on était arrivé sur les bords de l'Alima qui, disaient les naturels, « se jette dans un grand fleuve où l'on peut toujours aller devant soi. » C'était le Congo. Ah! si Brazza avait pu se douter que Stanley venait en quelque sorte de le coudoyer le long du fleuve! On descendit l'Alima, et l'on s'arrêta à un village de Bafourous, situé à une centaine de kilomètres de là. Il fut possible d'acheter des pirogues, mais, pour cela, toutes les difficultés n'étaient pas vaincues; les Bafourous avaient équipé une flottille; ils se concentraient de village en village. Attaqués, les Français ripostèrent, et la justesse de leur tir rapide effraya leurs ennemis. Ce succès ne pouvait être décisif. M. de Brazza se décida à remonter vers le nord et à reprendre la marche par terre. Ses munitions s'épuisaient, il importait de les ménager, car on n'était pas à bout de chemin. Les Batékés se montrèrent d'autant plus hospitaliers qu'ils avaient vu que les blancs étaient plus forts que les Bafourous. Chez les Umbétés, où il parvint sans encombre, l'accueil fut bon. M. de Brazza gagna la Licona, et reprit le chemin de l'Ougoué. Le convoi était dans un état lamentable.

Il partit, et en juin 1880, au confluent de la Passa et de

l'Ougoué, il fonda Franceville, et expédia une flottille de plus de quarante pirogues à la rencontre de M. Ballay, qu'il supposait rendu à la côte avec le personnel et le matériel convenus. Les pagayeurs avaient été choisis parmi les Adouma et les Okanda ; ainsi cessaient les divisions locales qui nuisaient à la circulation sur le fleuve.

M. de Brazza se dirigea vers le Congo. Il allait droit aux Bafourous, avec lesquels, dans sa première expédition, il avait dû échanger quelques balles, et qui monopolisaient le commerce jusqu'au grand fleuve.

Il leur envoya un drapeau français et une cartouche pour leur faire comprendre qu'ils avaient à choisir entre la paix et la guerre. Il avait visité en passant les Abuma, tributaires de Makoko, et se lançait plus avant vers le sud, lorsqu'un envoyé de ce grand chef le rejoignit et vint lui apporter une invitation de son maître. M. de Brazza se mit en route, traversa le Léfini sur un radeau, et s'engagea à travers un plateau désert, au risque d'une insolation. Après quarante-huit heures de marche, il se trouva, vers minuit, en face d'une immense nappe d'eau.

— Le Congo ! s'écria-t-il avec émotion.

Et il poursuivit son chemin.

Makoko reçut son hôte avec les plus vifs témoignages de sympathie. Le voyageur était assis sur ses ballots; le roi s'étendit sur une peau de lion et s'accouda sur des coussins. La peau de lion est un attribut royal. Le grand féticheur, se précipitant à genoux, serra tour à tour les mains du souverain et de l'explorateur.

La présentation était faite. Makoko félicita M. de Brazza, il lui dit que le renom de ses desseins pacifiques était venu jusqu'à lui; il se plaignit avec véhémence de Stanley. Pour marquer son affectueuse confiance envers le représentant de la France, dont celui-ci exposa les intentions bienveillantes, il consentit à la fondation de deux stations, l'une dans le haut Alima et l'autre sur le Congo, à N'tamo, qui bientôt changera de nom.

— « Prends cette terre et porte-la au grand chef des blancs pour lui rappeler que nous lui appartenons », avait dit Makoko, qui plaçait ainsi sous le protectorat de la France ses États s'étendant sur les deux rives du Congo navigable entre Brazzaville et l'Oubanghi.

M. de Brazza, en réponse à cet hommage, fit planter le drapeau français devant la demeure de Makoko, auquel on expliqua que, par ce symbole, la France le couvrait de sa protection.

Cet accord se fit conjointement avec les Bafourous, qui, venus à un grand palabre, se rendirent aux avis de Makoko et aux exhortations persuasives de M. de Brazza. Les chefs indigènes jetèrent dans un trou des balles, de la poudre, des pierres à fusil; M. de Brazza et ses hommes y déposèrent des cartouches. Sur le tout on planta un arbre.

— Voilà la guerre enterrée si profondément que ni nous ni nos enfants ne pourront la déterrer, déclara l'un des principaux Oubanghis.

Et M. de Brazza répondit :

— La paix ne sera troublée que lorsque l'arbre qui en devient le gage produira des balles, de la poudre et des cartouches.

En échange d'une poire à poudre vide qui lui fut remise comme emblème pacifique, l'officier donna à chaque chef un pavillon pour sa pirogue. La descente du fleuve présentait un aspect imposant et pittoresque.

A l'issue de grandes fêtes données à M. de Brazza, celui-ci fut transporté dans une magnifique pirogue, qui, après cinq jours de navigation, atteignit Stanley-Pool, sur la rive droite duquel se trouve N'tamo, clef du Congo intérieur, car ce village est le dernier avant les rapides. M. de Brazza prit, au nom de la France, possession de tout le territoire cédé par le roi Makoko, et le 1er octobre 1880, les trois couleurs nationales flottaient au-dessus de la nouvelle station. Ce fut M. de Lesseps qui, président de la société de géographie de Paris, proposa de désigner la nouvelle résidence française par le nom de son fondateur. N'tamo est ainsi devenu Brazzaville ; son premier commandant a été le sergent Malamine, auxiliaire dévoué et courageux.

M. de Brazza avait le droit d'être satisfait ; il restait préoccupé. Le bas Congo étant impraticable, l'Ougoué d'un parcours long et difficile, il se disait qu'une autre voie d'accès devait exister. Mais forcé de se ravitailler, il revint au Gabon. Se transportant ensuite à Franceville, il alla procéder à l'établissement d'un poste dans le haut Alima. Puis il se rendit dans la vallée du Niari-Kiliou et suivit la rivière de ce nom jusqu'à son embouchure, arrivant ainsi à la mission catholique de Landana, par le chemin le plus court de Brazzaville à Loango.

La deuxième expédition était terminée le 17 avril 1882, mais le travail de pénétration se continuait par les soins des collaborateurs de M. de Brazza, sur la demande duquel le gouvernement venait de faire occuper, par les marins du *Sagittaire*, le port de Loango.

Les Chambres avaient sanctionné le traité avec le roi Makoko. Une troisième mission fut confiée le 21 mars 1883 à Brazza ; aidé de ses compagnons, MM. Ballay, de Chavannes, Decazes, Dolisie, Dutreuil de Rhins, de Lastours, Pleigneur, — ces deux derniers morts à la peine, — M. de Brazza s'attacha à étendre son action, à fonder des postes nouveaux, et prépara ainsi l'acte général de la Conférence de Berlin, dont toutes les décisions ne répondirent pas à ses vœux, mais qui reconnut définitivement, le 26 février 1885, les droits de la France sur toute la rive droite du Congo, y compris la vallée très riche du Niari-Kiliou ; par contre, l'État libre du Congo reçut les postes de la rive gauche.

M. de Brazza procéda d'une façon solennelle à la ratification du traité avec Makoko. Son voyage fut une marche triomphale dans les régions où jadis il avait été accueilli avec défiance et, parfois, à coups de fusil.

M. de Brazza, tour à tour nommé lieutenant de vaisseau et capitaine de frégate, ayant reçu la grande médaille d'or de la Société de géographie, ne fut pas, cependant, à l'abri de certains déboires. Il avait accompli sa mission au nom du ministère de l'instruction publique. Mais en 1886, il revint au Congo avec le titre de commissaire général du gouvernement français. Depuis lors, il poursuit sa conquête pacifique, non sans se heurter souvent au mauvais vouloir des agents de l'État libre, qui finira par devenir sol français. Dans le nord-est, les frontières conventionnelles sont sans cesse reculées ; dans l'intérieur, des routes sont tracées, des villes s'élèvent, et les laptots, engagés volontaires, composent l'armée de la nouvelle possession.

L'action religieuse concorde avec l'action nationale. La lettre toute récente du P. Sand, missionnaire à Buanzo, nous donne à ce sujet d'intéressants détails que nous transcrivons :

« Au point de vue politique, le bassin du Congo se divise en cinq districts :

» *A la côte :* 1° le district de Loango, qui s'étend jusqu'à Buenzo, dans l'intérieur ; 2° le district de Mayumba entre Loango et Cette-Cama.

» *A l'intérieur :* 1° le district de Brazzaville ; 2° de la Sangha, et 3° de l'Oubanghi.

» Chaque district comprend plusieurs stations dont les principales sont, *pour Loango :* Cette-Cama, Quillou, Nyanga.

» *Pour Mayumba :* 1° Pointe-Noire ; 2° Massaba, Loudoma, Komba.

» *Pour Brazzaville :* Manyanga, Liranga, Bangui, Mango.

» A la tête de chaque district se trouve un administrateur, et pour les stations un chef de station avec un personnel en rapport avec l'importance du district ou de la station.

» La force armée mise au service de l'administrateur ou du chef de station est composée de *laptots* (les laptots sont des Sénégalais qui s'engagent comme soldats. On admire en eux une fidélité et un courage à toute épreuve).

» *Au point de vue religieux,* la colonie du Congo est divisée en deux vicariats apostoliques, confiés à la congrégation du Saint-Esprit et du Saint-Cœur de Marie : les vicariats du bas Congo et du haut Congo ou Oubanghi.

» Loango, ville située sur le littoral au 4°45' latitude sud, est le chef-lieu du district de ce nom. C'est la résidence de l'administrateur. Le personnel blanc comprend, en outre, un docteur de la marine, un préposé du Trésor, un secrétaire, un garde-magasin, un commis de douane, un brigadier de douane et un chef de la poste.

» Quarante laptots composent la force armée de Loango. Loango est également la résidence du vicaire apostolique du bas Congo, Mgr Carrie. La mission catholique, dont le personnel compte neuf missionnaires, y dirige des œuvres importantes et prospères. Elle y possède, en effet, un grand et un petit séminaire, un noviciat de Frères indigènes, une école normale, une école professionnelle et une école primaire fréquentée par cent quarante enfants (1).

» Il y a aussi à Loango une école de filles au nombre de cent, dirigée par les sœurs de Saint-Joseph de Cluny. Deux villages complètement chrétiens sont déjà sortis de la mission de Loango. Cette-Cama est située dans l'île de Calley, formée par la rivière Ngado, au 2°16' latitude sud, à deux heures de la plage. La rivière Ngado est parsemée d'îles très nombreuses et toutes très fertiles. Le pays est riche, beau et bien peuplé. Les indigènes, quoique barbares entre eux, sont cependant bien disposés pour la mission, qui ne compte encore (vu sa fondation récente, 1890) qu'une œuvre de garçons fréquentée par trente élèves.

» A Mayumba la mission possède un village chrétien desservi par trois missionnaires.

» Buanzo, poste abandonné par le gouvernement et cédé à la mission, est situé à douze jours de la côte, sur la route qui conduit de Loango à Brazzaville, dans la belle vallée du Niari, et à deux cents mètres à peine de la rivière de ce nom, au confluent de la Buanza.

» La station de Saint-Joseph de Linzdo, à 550 kilomètres de la côte, à 383 mètres au-dessus du niveau de la mer, compte un personnel de quatre missionnaires ; une œuvre de garçons, au nombre de cent ; une école de filles, située au village chrétien de Saint-Isidore et dirigée par une personne chrétienne de ce village ; deux villages chrétiens, gracieusement cachés par de superbes bananiers.

» Les Ballalis, nos voisins, sont bons, même timides et surtout plus travailleurs que les Batékés, marchands d'ivoire, et

---

(1) Les prix consistent en fil, aiguilles, couteaux, étoffes, instruments de menuiserie et d'agriculture.

par conséquent, comme toutes les tribus qui s'occupent d'agriculture, plus disposés à recevoir le double bienfait de la foi et de la civilisation.

» Brazzaville, capitale du haut Congo, au 4°16'55" latitude sud, 15°16'14" longitude est de Greenwich, est située sur le Stanley-Pool.

» Brazzaville est également la résidence du vicaire apostolique de l'Oubanghi, Mgr Augouard.

» Enfin, la station de Saint-Louis de Liranga, placée au confluent de l'Oubanghi et du Congo, à 1,100 kilomètres du littoral.

» Les populations environnantes de Liranga sont les plus anthropophages du Congo.

» En dix-huit années, la mission catholique a fondé douze établissements de missionnaires et quatre de religieuses ; établi un séminaire, un noviciat de Frères indigènes ; créé des écoles dirigées par des instituteurs noirs sortis de ces établissements, des ateliers, des hôpitaux, des pharmacies, établi partout des jardins, des champs pour les grandes cultures, et a constitué plusieurs villages complètement chrétiens.

» Voies de communication :

» Il existe trois voies de communication pour aller de la côte à Stanley-Pool. La première a été ouverte par M. Stanley et Mgr Augouard, sur la rive droite du Congo, de M'Boma à Stanley-Pool.—La seconde suit la rive sud du même fleuve entre Noki et le Pool ; la troisième et la plus récente est celle de Loango, ouverte par l'expédition de M. de Brazza.

Jusqu'à présent les voies de communication ne sont guère que d'étroits sentiers de 30 à 40 centimètres de large, grimpant en ligne droite sur les montagnes les plus escarpées et n'ayant de rationnel que leur tracé d'une montagne à l'autre par le sommet d'une arête qui sert de point de repère.

» Les populations du Congo, comme le faisait déjà remarquer Mgr Carrie dans une relation d'un voyage accompli dans l'intérieur, sont beaucoup plus denses qu'on ne le croit généralement. Pas un ruisseau, en effet, pas un coteau, pas

GUERRIER BAMBARA
(Gravure extraite des Colonies d'Afrique. — Quantin.)

une vallée qui n'ait son village, plus ou moins grand, plus ou moins apparent.

» Les habitations des indigènes étant très basses et les édifices publics absolument inconnus, il faut être dans le village même pour le voir. En outre, les populations ne sont ni affairées ni tapageuses. On les voit peu pendant la chaleur du jour, et l'on dirait qu'elles ne se réveillent que pendant la nuit. C'est au coucher du soleil que commencent les chants et les danses, le bruit du tam-tam et les cérémonies des sorciers.

» La population du Congo est formée de différentes tribus dont les principales sont :

» *Les Louanyos* ou Bavilés, habitants du Loango.

» *Les Balombas*, à Mayumba et Cette-Cama.

» *Dans le Haut Fleuve :* les Babongas, les Achyras, les Baïkas, etc.

» *Dans l'intérieur :* les Bakugnis, les Babomgas, les Bakombas, les Batékés.

« *Sur la route de Brazzaville :* les Balalis, les Babuendis, les Ba-Congas.

» *Au Stanley-Pool :* les Batékés.

» *Dans l'Oubanghi :* les Baloïs, les Bondjas (les plus féroces).

» C'est surtout au milieu de ces populations que l'on peut voir combien la paresse est la mère de tous les vices et de toutes les misères.

» Pas de routes, pas d'agriculture, pas d'industrie, pas de commerce ; par suite, un peuple sale, mal vêtu et amaigri par les privations : voilà ce que l'on rencontre partout dans ce pays du Congo, où pourtant le climat est bien plus doux, le ciel bien plus beau, le sol bien plus riche que celui de l'Europe.

» Que manque-t-il donc à ces populations pour qu'elles vivent heureuses, au sein de l'abondance ? L'amour du travail et la foi. Et c'est aussi ce que nous nous efforçons de leur inculquer. Par le travail, en effet, nous ferons de ces pauvres sauvages d'abord des hommes, puis, les élevant un peu plus haut que la matière et la vie présente, nous espérons en faire des chrétiens. »

L'anthropophagie existe d'une façon particulière dans le

haut Oubanghi. Manger de la chair humaine est un régal et un titre d'honneur. L'esclave est tout simplement une viande de boucherie. On le met à l'engrais, si, après des incisions pratiquées dans le dos, il n'est pas jugé à point. On l'enferme dans une cage afin de hâter l'embonpoint. Si la maigreur persiste, on le noie, comme inutile.

Dans le cas, au contraire, où la graisse paraît suffisante, on casse bras et jambes au malheureux, qu'on immerge dans le fleuve, la tête seule sortant hors de l'eau, on le laisse ainsi toute une nuit afin de rendre plus facile à enlever l'épiderme noir. Les intestins sont des morceaux de choix. La tête bouillie dans de l'eau aromatisée de piments devient le plat du lendemain.

M. Dolisie, un des auxiliaires de Brazza, raconte qu'au cours d'un voyage d'exploration il aborda dans un village où il demanda du bois pour son vapeur. Au milieu des indigènes, il en remarqua un qui vidait une écuelle avec une grossière cuiller de bois. C'était tout simplement un crâne dont le cannibale absorbait la cervelle encore toute fumante!

La civilisation chrétienne a détruit presque entièrement l'anthropophagie dans les autres parties du Congo, mais dans l'Oubanghi, à Saint-Louis, les missionnaires nouvellement arrivés n'ont pu encore obtenir la cessation des horribles festins. C'est en pleine région cannibale qu'ils sont allés, la croix à la main, et le *Léon XIII* fait flotter le drapeau tricolore sur le fleuve, le long des rives duquel noirs et léopards font assaut de férocité.

Le Congo est, des nombreux fleuves qui arrosent le pays, le plus important. Sa largeur varie de 4 à 40 kilomètres, et ses eaux noirâtres coulent sur une longueur de 4,856 kilomètres.

Nos ports sont établis sur ce parcours, comme sur l'Ougoué,

l'Oubanghi et les autres rivières dont il est inutile de citer les noms. Les missions catholiques s'y rencontrent à côté des établissements militaires ; ainsi à Franceville, à Lastoursville, à Lambéréné, situé tout près du confluent du N'Gounié et qui est le point commercial le plus important de l'Ougoué. Les églises qui ont été élevées sont pour la plupart en fer, et ont été envoyées de Paris dans l'ouest africain par pièces numérotées.

Nous n'insisterons pas sur les productions du Congo, à peu près les mêmes que celles du Gabon; le gibier n'y est pas très abondant. On y trouve cependant, outre des vols innombrables de perroquets gris, la caille, la pintade, la perdrix, le pigeon.

Comme minéraux, citons le cuivre, le plomb, le fer, l'étain, l'argent. L'agriculture commence à prospérer autour des postes et des missions. L'ébène, les bois de teinture comme le santal, les dents d'éléphant, les arachides, la gomme, le caoutchouc, constituent les objets d'échange contre de la verroterie et des colonnades. Les diverses peuplades aiment beaucoup nos étoffes, et les bouteilles sont par elles très recherchées, ainsi que la poudre et les armes. L'eau-de-vie, dite de traite, n'obtient qu'une trop grande faveur. Les miroirs font les délices des Congolaises, qui ne dédaignent pas les soieries. Il y a bien quelques tissus fabriqués et teints dans le pays, ainsi que des bracelets forgés avec le cuivre local, mais ces objets sont moins estimés que ceux d'importation européenne. Le climat est chaud, surtout durant l'hivernage, d'octobre au 15 décembre et de février au 15 mai. L'élévation et l'humidité simultanées de la température provoquent la fièvre et l'anémie. La dysenterie est également fréquente et meurtrière.

La végétation est très active dans ce sol tour à tour surchauffé et inondé. La banane et le manioc, l'igname et la patate douce y foisonnent. Le cocotier vient bien et vite; l'avocatier donne des fruits dont le beurre rappelle celui du karité du Niger. Le jacquier, arbre à pain, fournit de gros et bons fruits, le manguier et le dika (dont le produit ressemble au cacao), l'oranger, le citronnier, le goyavier, le muscadier, l'ananas, méritent bien aussi une mention, et nous ne devons pas oublier le poivre, le piment, la canne à sucre et même la vigne, mais celle-ci à l'état sauvage.

Le Congo est un pays d'avenir; toutefois, beaucoup de difficultés sont encore à vaincre. Si les habitants ont une vague notion de Dieu, cette notion est obscurcie par les plus abjectes superstitions. La peur du surnaturel abaisse les âmes et provoque des cruautés inouïes. C'est ainsi que, parfois, on enterre femme et enfants tout vivants avec le chef de la case. Dans l'Oubanghi, on réserve un ou deux membres de la famille afin d'alimenter le repas de deuil. Les hippopotames paraissent régal trop vulgaire pour honorer la mémoire du mort.

La France a dans le Congo une colonie destinée à prospépérer, si des fautes d'organisation ne viennent pas compromettre l'œuvre de M. de Brazza et les travaux apostoliques des missionnaires.

M. d'Arminel et Louis n'avaient pas, en une seule leçon, étudié l'histoire, la géographie, l'ethnographie des habitants du vaste territoire dont Brazza venait de doter notre pays. Ils avaient patiemment feuilleté les documents officiels, les journaux des explorateurs, les *Missions catholiques*, et suivi, en quelque sorte pas à pas, les événements accomplis. Nous avons dû donner à leurs travaux une forme concise, car ce que nous voulions, c'était présenter à nos lecteurs la physionomie du pays que Louis avait le regret de ne pas avoir pu parcourir. Cette tâche nous a été rendue facile — qu'on nous permette ce mot personnel — par le souvenir de nos voyages en ces régions, où nous avons eu le plaisir peu enviable de fréquenter les anthropophages, gens qui en valent bien d'autres, du reste, lorsque l'envie de croquer un homme ne leur vient pas. Nous étions, à l'époque dont nous parlons, presque un enfant et d'une maigreur qui n'a pas tenté l'estomac de nos compagnons de route. Si nous avions eu la mine grassouillette et les côtes bien garnies, il est probable que le plaisir d'écrire la *France au pays noir* nous serait présentement refusé.

Mais revenons dans le cabinet de travail de M. d'Arminel et de son fils.

— Voilà du nouveau! dit Louis en ouvrant son journal. Le lieutenant de vaisseau Mizon a fait sa jonction avec Brazza, en route pour le lac Tchad, et le Soudan est relié au Congo; le commandant Monteil est arrivé par la voie de Say, sur le Niger, à Kouka, voisine de Barroua, le point de limite assigné à l'influence française sur le lac Tchad. Dybowski a vengé Crampel, et M. Maistre poursuit sa mission toujours vers le lac Tchad.

— Mais c'est un triple succès. Vive la France!

— Oui, vive la France! Et honneur aux pionniers de la civilisation!

— Pourrais-tu suivre sur la carte les chemins parcourus?

— Essayons, en nous aidant des notes envoyées par les explorateurs.

La mission de Brazza.

Monté sur le *Courbet*, qui a de très réelles qualités et comme vitesse et comme bateau d'exploration, M. de Brazza a mis quatre jours pour se rendre de Bonya, notre poste de la Sangha inférieure, à Ouesso, station établie au confluent du N'goko avec la Sangha. Mais, en amont d'Ouesso, la vitesse a été réduite par prudence. Lorsqu'on connaîtra les passes, la Sangha sera aisément navigable en toute saison jusqu'à Ouesso. Quant au passage d'Ouesso, on pourra même le franchir en déchargeant les bateaux. Du reste, le *Courbet* est arrivé en parfait état, tout prêt à remonter plus haut.

Sans perdre de temps, M. de Brazza profita des facilités que lui procurait la navigabilité relative de la Sangha pour pousser le *Courbet* plus au nord. Il parvint ainsi à Makela, par 3°43', point où peuvent remonter facilement les petits vapeurs à faible tirant d'eau.

Le 4 janvier 1892, M. de Brazza se trouvait au pied des rapides de Bania par 4°0'30" nord, dans le village du chef N'Djoumbé; c'est le point où, au cours de son exploration, M. Fourneau avait campé. Le commencement des rapides se trouve, d'après les indigènes, à une très petite distance en amont.

A quelques kilomètres en amont de Makela cesse le pays de la brousse et commence le pays découvert, avec des collines formant un plateau élevé de cinquante à soixante mètres au-dessus du niveau du fleuve.

Les indigènes appartiennent à la race bakalais-akota du haut Ougoué et du nord. M. de Brazza commence à les comprendre. Depuis le confluent de l'Ikela et de la Massiepa, la population est très dense et de relations très faciles; les vivres, manioc, bananes et farine de maïs, sont en abondance. Les indigènes ont des approvisionnements de vivres en grenier.

Partout la mission a été accueillie avec enthousiasme ; elle montait escortée par des pirogues nombreuses indiquant les passages et les roches.

Les populations riveraines appartiennent à la race des Manzé et ont tous leurs villages dans les îles, même celles inondées aux crues. Elles cherchent ainsi un abri contre les populations de terre ferme — les N'Déré — et s'aventurent difficilement au delà du voisinage immédiat des rives. Les populations plus intéressantes pour l'avenir sont celles de la terre ferme. M. de Brazza croit trouver après les N'Déré un mélange de N'Déré et de Peuls et plus loin de vrais Peuls. Il est entré en relations avec les N'Déré à Makela.

Après Makela, il a vu un chef qui est venu de vingt kilomètres de la rive avec un certificat d'identité remis par M. Fourneau. Il se trouve tout près du pays où il y a eu une première escarmouche. C'est par là que la nouvelle de l'arrivée de M. de Brazza s'est répandue utilement chez les N'Déré.

Le commissaire général s'est installé sur la rive et a choisi un point pour établir la station de Bania dont M. Decressac a commencé la construction, qui est poussée activement ; les indigènes apportent en quantité les matériaux. Les relations avec les N'Déré s'établissent peu à peu. M. Blot est parti depuis trois jours pour aller chez le chef Djambala qui, il y a un an, avait fait à M. Fourneau un excellent accueil. M. Blot a rencontré en route le fils de Djambala, porteur du traité et du pavillon remis par M. Fourneau ; il venait à sa rencontre. M. Blot lui a fait rebrousser chemin et a continué avec lui sa route vers le chef Djambala.

A la date du 12 janvier, M. de Brazza n'avait encore avec

lui que quatre Européens, MM. Decressac, Blot, Denis et Patreille. Après avoir établi un petit poste chez Djambala, M. de Brazza devait redescendre au confluent pour remonter la Massiepa, qui lui paraît être plus importante que l'Ikela et former le cours supérieur de la Sangha. C'est pour cette raison qu'il a évité de donner au poste le nom de Sangha, et l'a appelé « Banca, » nom du rapide.

Une fois de retour de la Massiepa, le *Courbet* a franchi les rapides de Bania et a pu mouiller dans l'Ikela, vis-à-vis des villages où, le 13 mai 1891, M. Fourneau, attaqué par les indigènes de Nzaoué, avait dû enlever les pirogues qui ont assuré sa retraite vers les postes de la Sangha.

La mission Mizon.

Le 15 septembre 1890, M. Mizon avait quité la France et s'était rendu directement de Bordeaux au Niger. Il tenta de remonter ce fleuve en canot à vapeur portant pavillon français. Le mauvais vouloir de la Compagnie royale anglaise et les obstacles qu'il rencontra au début de son voyage d'exploration sont vainement niés par l'Angleterre. Dans le bas Niger, il fut frappé de deux balles : l'une au bras, l'autre à la cuisse. Deux mois il resta sur le flanc; mais il en réchappa, contrairement peut-être à l'espoir de ses rivaux, et par la Benoué il arriva de Lokodja à Yola, capitale de l'Adamaoua. Le sultan lui fit, malgré les défiances que les Anglais avaient semées contre lui, une bonne réception et s'empressa de lui fournir tous les renseignements désirables, ajoutant ces mots : « Tant que tu seras sur mes terres, tu n'auras rien à craindre. »

De Yola, la « Versailles africaine, » M. Mizon descendit à

Ngaoundéré; puis il poursuivit sa route vers le sud-est en traversant des plateaux bien cultivés, où le blé pousse abondamment et où, par suite de l'élévation du sol, le thermomètre descend parfois jusqu'à zéro. On était alors en janvier.

Une série de petites rivières prennent naissance sur ces plateaux et se réunissent plus loin pour former un gros cours d'eau, le Kadéi, que M. Mizon a descendu jusqu'à Djambala, village assez important par son commerce et où il apprit l'attaque dont la mission Fourneau avait été la victime un an auparavant.

L'explorateur a constaté que sur tout ce parcours les populations sont de mœurs très douces; elles venaient cependant de soutenir entre elles une guerre occasionnée par des questions de concurrence commerciale et au cours de laquelle les champs avaient été dévastés et les maisons brûlées. Des cadavres gisaient encore sur le sol. Impossible de trouver à manger; pas le moindre gibier à l'horizon. Pendant quatre jours, on dut jeûner, mais on n'en était pas plus triste pour cela, ajoute gaiement le narrateur.

Un peu au-dessous de Djambala, M. Mizon reçut un émissaire de M. de Brazza : « Si vous désirez que nous conférions ensemble des choses de ce pays, répondit M. Mizon au gouverneur du Congo français, descendez le Mambère; moi, je continuerai à descendre le Kadéi, et si les dires des indigènes sont vrais, si ces deux rivières se rejoignent en se jetant dans la Sangha, nous nous rencontrerons forcément au confluent. »

C'est, en effet, ce qui arriva. Quelques jours plus tard, les deux explorateurs étaient réunis. Du 7 au 10 avril, MM. de Brazza et Mizon restèrent ensemble.

Ainsi se trouvait résolu le problème géographique relatif à la séparation du bassin du Niger de celui du Congo; résolu aussi le problème de la limitation des Allemands dans leurs possessions du Cameroun, complètement circonscrites par la route qu'ont suivie nos deux compatriotes, l'un partant du nord, l'autre partant du sud. M. Mizon a la gloire d'avoir comblé un des vides de la carte d'Afrique et d'avoir exploré des régions que, malgré tous leurs efforts, ni les Allemands ni les Anglais n'ont encore pu atteindre.

Après avoir quitté M. de Brazza, M. Mizon continua à descendre la Sangha et le Congo, et il arrivait ainsi à Brazzaville le 27 avril.

Grâce à l'intrépidité dont il a donné tant de preuves au cours de sa laborieuse exploration, M. Mizon a pu franchir en quatre mois les sept cents kilomètres qui séparent Yola de l'île de Comasa, où il s'est rencontré, selon le dessein poursuivi, avec M. de Brazza. Il n'avait comme escorte que huit nègres, des Pahouins, paraît-il, et, dans ce parcours à travers une région complètement inconnue, il a non seulement résolu le problème géographique relatif à la séparation du bassin du Niger et du bassin du Congo, mais encore conclu avec les chefs indigènes des conventions qui complètent l'œuvre commencée dans le bassin de la Sangha par Cholet, Gaillard et Fourneau et si hardiment reprise par M. de Brazza. Une mention est due à son ami Félix Trchot, et aussi à la petite négresse Samabou, fille d'un chef de la Bénoué, où Mizon l'a ramenée. L'enfant a vite appris la langue française, et, disent les gazettes, est mise à la dernière mode.

Voici la dépêche officielle par laquelle M. de Brazza a fait connaître sa jonction avec M. Mizon :

Ile de Comasa, sur la Massiepa, par 3°40' de latitude nord, 0 avril 1892.

Je vous annonce que le lieutenant de vaisseau Mizon, sortant de l'Adamaoua, a pris contact, le 23 mars, avec le poste français établi auprès du chef de Djambala, à 80 kilomètres au nord-est des chutes de Bania. Le 4 avril, il s'est rencontré avec moi à Comasa (?), où j'étais monté à sa rencontre. Son voyage s'est accompli partout sans coup férir et en toute sécurité, bien qu'il n'eût que huit indigènes pour toute escorte.

Les populations ne sont nullement fanatiques jusqu'au territoire occupé effectivement par les Français.

La ligne de partage des eaux entre le bassin de la Bénoué et celui de la Sangha a été franchie par 6°30' de latitude nord.

Mizon a reçu un bon accueil partout et a été considéré comme le représentant de la France.

En somme, la France peut espérer de l'Adamaoua d'importantes relations commerciales. Ma mission, dit M. Mizon, était purement scientifique et commerciale. Je n'ai pas tiré un coup de fusil, et partout les populations m'ont reconnu comme le représentant de la France. Je n'ai éprouvé de difficultés au cours de mon voyage qu'avec les Anglais. Toutes les facilités, au contraire, je les ai obtenues de la part des indigènes, et je n'ai vraiment été en sécurité que lorsque je me suis trouvé hors de la sphère d'action de la Compagnie royale anglaise du Niger.

Le voyage de M. Mizon avait duré vingt mois, et n'avait coûté qu'une centaine de mille francs.

Il a valu à la France des traités précieux, notamment celui qui a été conclu avec le royaume d'Adamaoua, désormais placé sous l'influence française.

M. Mizon a barré la route du Tchad aux Allemands du Cameroun et réparé autant qu'il l'a pu la faute énorme qui fut commise lorsqu'on abandonna à une société anglaise les comptoirs du bas Niger et de la Bénoué, faute déplorée par le commandant Mattei, dont nous avons relaté les tristes pressentiments et les patriotiques alarmes.

La mission Dybowski et le massacre de la mission Crampel.

M. Dybowski, d'origine polonaise comme son nom l'indique, avait été envoyé par le comité de l'Afrique française pour appuyer la marche en avant de Crampel se dirigeant du haut Oubanghi vers les bassins du Chari et du Baghirmi, afin d'y acquérir des droits avant les voyageurs allemands. Il était maître de conférences à l'école d'agriculture de Grignon, et fut séduit par l'occasion qui s'offrait à lui d'accroître le domaine scientifique en même temps que la puissance de la France.

M. Dybowski s'embarqua le 10 mars 1890 à Bordeaux pour Dakar, où il arriva onze jours après. De là il prit la route du Congo.

A Loango, M. Dybowski recruta les porteurs qui lui étaient nécessaires, et c'est sur ces entrefaites que survint le massacre de la mission Crampel.

Dès qu'il connut la nouvelle, M. Dybowski se porta sur le haut Oubanghi.

Il partit de Banghi le 25 octobre et le 3 novembre il campait à Bembé, où Crampel avait séjourné. Son escorte est ainsi composée : 46 laptots, dont 6 rengagés de la mission Crampel, 31 porteurs divers et 18 Pahouins porteurs armés.

M. Dybowski marche à l'avant-garde avec M. Nebout, l'ancien compagnon de Crampel. A Makobou, à Balao, ils retrouvent encore des traces du passage de leur infortuné prédécesseur. Ils avancent à marches forcées et traversent le territoire des Dakwas, où ils se ravitaillent. L'explorateur raconte ainsi son voyage mouvementé :

« Les guides ne veulent pas sortir du territoire des Dakwas, qui sont en guerre avec les N'Gapous. Tandis que nous traversons un village, un vieux s'élance en travers du chemin et crie :

» — Ne va pas plus loin. Crampel s'est avancé, et il est mort. Biscarrat y est allé, et il a été tué.

» Donc, le 20 au matin, les guides nous abandonnent ; mais, deux heures après, je les vois revenir couverts de sueur. Ils savent que les musulmans (Tourgous) nous attendent au passage d'un mauvais marais situé à deux heures de là. Je fais charger les fusils. Arrivée au marais, l'avant-garde va reconnaître le chemin ; les musulmans étaient effectivement campés là, mais ils se sont enfuis à notre approche. La colonne traverse le marais et pénètre chez les N'Gapous. Les villages sont déserts : les indigènes ont fui, abandonnant tout. Nous campons ; je fais voir que je ne viens pas pour faire la guerre et que nous paierons les vivres très cher. Mais rien ne bouge. Ce n'est que le lendemain qu'un indigène armé jusqu'aux dents s'avance en parlementaire. Je le rassure. Je lui dis que nous n'avons aucunement l'intention de faire la guerre aux N'Gapous, que les indigènes réfugiés dans la forêt peuvent donc revenir. Les femmes et les enfants restent cachés, mais les hommes s'approchent peu à peu et nous vendent des vivres ; ils me promettent même des guides pour nous conduire chez le chef Yabanda, dont le village est à trois jours de marche. Le pays est très fertile et aussi bien cultivé que chez les Dakwas.

» Les musulmans continuent, paraît-il, de fuir devant nous. Le 22, après avoir traversé une superbe forêt de bambous, nous campons, à midi, auprès d'un marais. Le village de Yabanda est à une demi-journée. Je fais dire à ce dernier de venir, qu'il aura des cadeaux. Les indigènes m'apprennent alors qu'un Sénégalais de la mission Crampel a pu s'échapper des mains des musulmans et qu'il est chez Yabanda. Mais les musulmans qui sont dans le pays le cherchent et le réclament. J'ai hâte de savoir ; cependant je n'ose m'avancer avec ma colonne, de peur de faire fuir encore les musulmans. Par deux fois, j'envoie chercher Yabanda. Il arrive enfin ; je le rassure et je lui fais des présents. Il m'amène justement le Sénégalais qui s'est enfui d'El-Kouti. Le pauvre noir n'a plus qu'un lambeau d'étoffe autour du corps. Son arrivée cause une grande joie dans le camp ; lui-même est tout ému et heureux de retrouver enfin des amis.

» Je procède avidement à l'interrogatoire de ce Sénégalais de la mission Crampel, Moussa-Sibi :

« Moussa faisait partie de l'escorte de Biscarrat lorsque ce dernier se trouvait au village de Makorou. Dès que Biscarrat apprit la nouvelle de la mort de son chef, il envoya Moussa-Sibi et Amadi-Diavoro en courriers vers El-Kouti, afin de savoir au juste à quoi s'en tenir. Des musulmans leur servaient de guides ; ils eurent soin de conduire les laptots par des chemins détournés, afin d'éviter de leur montrer le vrai, le plus court. Il leur fallut donc huit jours de marche pour atteindre El-Kouti. Là, ils furent désarmés; on leur dit que, s'ils ne cherchaient pas à s'enfuir, ils seraient traités en hommes libres.

» Moussa put alors recueillir les renseignements suivants au sujet de la mort de Crampel. Peu de temps après que le chef de mission eut renvoyé M. Lauzière (mort durant l'expédition) vers M. Nebout, il reçut d'un sultan du nord une lettre écrite en arabe, qui l'invitait à venir lui-même ou à envoyer un de ses blancs, qui pourrait ramener des bêtes de somme et des hommes. Crampel, croyant enfin pouvoir se procurer les moyens de transport dont il avait si grand besoin, résolut de partir en avant avec Mohammed ben Saïd, en laissant ses bagages à la garde d'Ischekkad. Il quitta El-Kouti un jour du commencement de mai, à quatre heures du matin. A midi, il s'arrêta et fit établir son campement. Il écrivait son journal lorsqu'il fut rejoint par une troupe de musulmans qui s'approchèrent de lui, l'entourèrent, comme ils le faisaient souvent à El-Kouti. Il les pria de s'écarter un peu. A ce moment, il reçut, par derrière, un coup de hache à la tête et tomba. Au même instant, Mohammed ben Saïd, qui était sans armes, fut poignardé. Le Sénégalais Sadio voulut faire feu; mais il fut tué à coups de sagaies. Les corps de Crampel et de Saïd furent abandonnés dans les herbes. Le même jour, les assassins revinrent à El-Kouti.

» Ischekkad, qui était depuis quelque temps très aigri, aurait alors trahi, ainsi que deux Sénégalais, Demba-Ba et Amadi-Paté. Ils se seraient offerts à attirer MM. Biscarrat et Nebout dans un piège. Ischekkad serait même allé à Makorou et se serait trouvé là, caché dans les environs, quand Biscarrat a été tué.

» Après le meurtre de Crampel, la dernière lettre qu'il avait écrite fut portée à M. Nebout, que l'on espérait attirer à son tour dans le guet-apens.. Il aurait certainement subi le même sort que Biscarrat, si Thomas, un bassa, n'avait réussi à s'enfuir et n'était venu le prévenir, alors qu'un jour seulement le séparait de Makorou. Après l'assassinat de Biscarrat, tous les hommes furent reconduits à El-Kouti. Moussa y retrouva : Mahmadou N'Diaye, Demba-Ba. Amadi-Paté dit Sir, Diogou, Fodé-Manzari, Oury-Diallo, Sidi-Suliman et Samba-Assa, tous libres, mais désarmés. Les autres, ainsi que les porteurs, avaient été, peu de temps après, dirigés vers le Baghirmi.... Ischekkad aurait eu sa part de butin et serait également reparti vers le nord. Moussa-Sibi a vu Amadi-Paté et Demba-Ba enseigner aux musulmans le maniement des armes avec des fusils pris à la mission. Moussa proposa à ses compagnons de fuir, mais il fut trahi par Amadi-Paté et tous furent enchaînés. Remis en liberté, Moussa-Sibi s'enfuit avec Amadi-Diavoro; malheureusement, ils ne connaissaient pas le pays. Bientôt, mourant de faim, ils furent repris.

Quelque temps après, Moussa-Sibi proposa de nouveau à Diavoro d'essayer de regagner le sud. Diavoro s'y refusa et

INTÉRIEUR A PORTO
(Gravure extraite des Colonies d'Afrique. — Quantin.)

Moussa-Sibi partit seul. Il parvint cette fois à atteindre Makorou. Les N'Gapous de ce village (Makorou, village du chef M'Poko), quoique tributaires des musulmans, le traitèrent bien et favoriseront sa fuite chez Yabanda. Là, il se cacha, n'osant traverser seul les villages langouasi.

» Je demandai à Moussa-Sibi des renseignements sur El-Kouti. Suivant lui, ce n'est pas même un village, mais plutôt un lieu de campement où se rencontrent les bandes qui viennent périodiquement piller les N'Gapous. Chez les musulmans, le brigandage est, en effet, organisé ; il y a des chefs de razzia. Ali-Diaba, auquel Crampel a eu affaire, est un de ces chefs de bande. Il relève de l'autorité de Snousi, sorte de petit sultan qui se trouvait à El-Kouti, lors du passage de Crampel.

» D'après Moussa-Sibi, les hommes et les marchandises, tout a été dirigé vers le nord. Il n'est pas douteux que nous ne trouverions rien ni personne à El-Kouti. Seulement, si nous approchons, le Sénégalais pense que ses camarades seront mis à mort, sauf les deux traîtres, à qui l'on a donné une case et des femmes.

» Moussa-Sibi m'assure qu'il y a beaucoup de musulmans chez Yabanda et que ce sont les mêmes qui ont pris part aux assassinats, car ils ont en leur possession des objets ayant appartenu à la mission. Ils sont venus sous prétexte de commerce, mais en réalité pour observer. Ils se sont divisés, les uns demeurant au centre, d'autres marchant vers l'est, d'autres vers l'ouest. On peut les surprendre, mais ce ne sera pas commode, car ils sont sur leurs gardes, et leur intention est de fuir dès le matin vers le nord.

» Je donne à Moussa des vêtements et l'un des fusils de rechange que j'ai eu soin de prendre. Comme je suis certainement en présence des assassins, ma résolution est prise : je vais attaquer et poursuivre sans merci ces brigands. Yabanda a promis de venir me chercher dans la nuit et de me conduire vers eux. Nous nous couchons tous de très bonne heure ; à neuf heures un quart, deux hommes de Yabanda viennent nous dire que les musulmans, inquiets, n'attendront pas le jour pour fuir ; aux premiers rayons de la lune, qui se montre vers trois heures, ils lèveront le camp.

» Je prends aussitôt les mesures de combat : les porteurs resteront à la garde du camp ; les Sénégalais partiront immédiatement. Quoique la nuit soit très noire, nous marchons rapidement à travers les hautes herbes et les marais boueux. Nous gardons un profond silence. Au bout d'une heure et demie, nous arrivons auprès des plantations. Les musulmans sont campés auprès d'un grand champ de mil. Nous commençons à ramper prudemment ; on aperçoit la lueur des feux. Nos hommes, stylés à l'avance, s'écartent d'eux-mêmes en tirailleurs. L'ennemi est là, aux aguets, et le moindre bruit peut tout perdre. Malheureusement, les musulmans couronnent un petit mamelon, de sorte que quelques-uns seulement sont directement sous notre feu. Les fusils des blancs doivent donner le signal. Au premier coup de feu, les Sénégalais tirent, puis se lancent à la baïonnette. Les bandits qui ont échappé au premier choc se perdent dans la nuit, la poursuite est impossible. Nous campons sur les lieux en attendant le jour. Il n'y a que onze morts. Un petit garçon de cinq ans est venu se réfugier auprès de nous. De notre côté, un seul homme, un rengagé de la mission Crampel, Souffla, a la tête traversée d'une balle. Nous rendons la liberté à deux esclaves enchaînés. Tous les objets abandonnés par les musulmans sont ramassés : une vingtaine proviennent de la mission Crampel. »

Un vieux marabout, qui était parmi les prisonniers, refusa de parler. Il savait tout ce qui s'était passé lors de l'assassinat de Crampel, assassinat dont il avait été un des instigateurs. Il fut fusillé, ainsi qu'un de ses complices.

M. Dybowski poursuivit son chemin vers le nord-ouest. Après une marche de dix-sept jours à travers un pays ravagé, il arriva, harassé de fatigue et affamé, dans la région des rivières Konga, M'poho, C...ela et Kemo, qui se jettent dans le coude de l'Oubanghi.

« A quelque distance de Kemo, où j'ai établi un poste, par 6° de latitude, je vis, écrit-il, venir à moi un nègre qui se dit être le chef du village. Je lui fis aussitôt des cadeaux considérables consistant en verroteries, pièces de coton et autres menus objets. Et nous convînmes de nous traiter mutuellement en amis.

» Je me gardai cependant de pénétrer dans le village avant d'avoir reçu les gages de paix que les chefs donnent toujours aux étrangers.

» Bien m'en a pris. Le lendemain j'appris que j'avais eu affaire à un faux chef et que le véritable n'était pas du tout disposé à me recevoir. Il y avait même une bruyante discussion dans le village.

» Le vieux chef inclinait plutôt à me recevoir. Mais un jeune homme, vêtu d'une magnifique peau de panthère, s'agitait beaucoup devant les milliers de nègres accourus, et voulait s'opposer violemment à mon séjour dans sa tribu.

» Je postai alors des sentinelles autour de mon camp, baïonnette au canon, pour contenir les indigènes, et je me retirai sous ma tente, — ce qui est considéré comme un signe de grand mécontentement. Et j'attendis.

» Enfin le chef me fut annoncé. Il m'apportait une poule blanche, gage de paix et d'amitié. Dès qu'il fut entré dans ma tente, il arracha des poignées de plumes à la pauvre bête encore vivante et me les passa dans la moustache et dans la barbe.

» J'étais désormais un ami.

» Je pus conclure avec le chef de cette région de la Kémé tous les traités politiques et commerciaux qui nous assurent la possession du pays.

» Ces pays sont très peuplés, entièrement fertiles; des centaines d'hectares, à la suite, sont cultivés; les cultures sont analogues à celles du Sénégal. Beaucoup de produits sont exploitables, tels que les gommes de toutes sortes, l'ivoire, le caoutchouc. Le café y croît très bien, mais est encore à l'état sauvage. »

Rapportant une collection magnifique d'animaux, de plantes et d'échantillons ethnographiques, M. Dybowski est rentré en France. Sa santé, minée par la dysenterie, l'a contraint à ne pas poursuivre l'exploration qu'a continuée M. Maistre avec cinq cents porteurs et quarante miliciens.

La mission Monteil.

Le commandant Monteil était chargé de parcourir la boucle du Niger de Ségou-Sikoro à Say, et d'explorer la ligne frontière franco-anglaise du Niger au lac Tchad, soit de Say à Barrocca.

Après avoir quitté Ségou-Sikoro, le commandant Monteil se rendit à San, petit État indépendant situé entre le royaume de Ségou, les États de Tiéba et le Dafina. La ville de San est à proximité du Mayel Balevel, et elle est le centre d'un commerce assez actif. Son influence dans la région est considérable. Ses chefs ont conclu avec notre explorateur un traité de protectorat.

De San, la mission gagna Sikasso, capitale des États de Tiéba, notre allié, et elle se rendit, à l'ouest, au pays des Bobo. Le 20 mars, le commandant Monteil concluait une convention, à Boussoula, avec les chefs des Bobo-Dioulassou. Il a pu constater une immigration assez importante de Peulhs dans le pays des Bobo.

C'est alors que le commandant Monteil remonta au nord pour explorer le Dafina, dont le territoire s'étend à l'est du Ségou et du pays de San, au nord du Bobo et du Gouroussi et à l'ouest du Mossi. A Lanfiera, la ville principale du Dafina, M. Monteil fit alliance avec l'almamy Karamoko, dont l'autorité politique et religieuse est considérable dans le centre de la boucle du Niger et qui a des relations très suivies avec les chefs indigènes des pays situés entre le Dafina et le Niger. Karamoko consentit à placer le Dafina sous le protectorat français. Les Peulhs de cette région sont hostiles aux Toucouleurs et à l'ancien sultan de Ségou, Ahmadou.

La mission quitta Lanfiera le 15 avril 1891, et arriva, le 28 du même mois, à Waghadougou, la capitale de la confédération du Mossi.

Le Mossi est une fédération de nombreux petits États, dont les chefs ou nabas ont toujours assez bien accueilli les voyageurs français Binger et Crozat. Le commandant Monteil resta plusieurs jours à Waghadougou et s'avança ensuite, vers l'est, en pays complètement inconnu, la région de Waghadougou à Say n'ayant pas encore été parcourue par un Européen.

La mission visita plusieurs nabas du Mossi, ceux de Boussouma, de Ouégou, et parvint à un pays nommé le Liptako, dont la capitale, Dori, est un marché important faisant un grand commerce avec Tombouctou. C'est le grand marché de sel de cette partie de la boucle du Niger.

Assez éprouvée par la perte de plusieurs animaux porteurs, enlevés rapidement par la peste qui ravageait tout le bassin du Niger, la mission quitta Dori, le 1er juin, pour gagner Zebba, la capitale du Yagha, à travers un désert de 80 kilomètres. Là, M. Monteil tomba très gravement malade, et son compagnon, M. Badaire, fut également atteint de la dysenterie. Les animaux achetés à Dori furent encore enlevés par la maladie; il fallut s'en procurer de nouveaux pour reprendre la marche vers le Niger. Le 19 juillet, le commandant partit de Zebba et, après avoir traversé le Torrodi et le Ouro-Gueladzio, il arriva enfin à Say.

Le roi de Say, dont les territoires et la capitale sont situés sur la rive droite du Niger, accueillit très bien la mission. La ville n'a pas l'importance qu'on lui attribue ordinairement, car son marché est difficilement approvisionné de marchandises européennes, le cours du Niger en aval étant parsemé d'obstacles qui rendent la navigation impossible.

Trois routes mènent de Say au Tchad, une par le nord, aussi longue que celle du sud. Le commandant, malgré les objurgations de son ami le roi de Say, se décida pour la route du centre, la plus courte, mais la plus dangereuse par la présence des pillards de caravanes.

« A la fin d'août, écrit M. Monteil dans une lettre qu'a publiée la *Politique coloniale,* nous traversons le Niger et nous voilà entrés bravement dans ces terribles pays qui ont nom Guerma, Maouri et Kabbi.

» Tout d'abord, tout alla bien, et nous pûmes gagner Bosso, capitale du Guerma, sans encombre, mais non sans des vols continuels faits presque sous nos yeux avec une audace incroyable. L'on m'a pris ainsi un paquet contenant une tenue complète de capitaine et du linge de corps. A Bosso, l'accueil ne fut pas mauvais. Le roi de ce pays de brigands est un brave homme, très simple, mais malheureusement sans grande autorité. Aussi les vols se continuaient, et Badaire était obligé de passer presque toute la nuit debout, armé jusqu'aux dents, pour surveiller notre petit camp.

» De Bosso, nous nous dirigeons sur Ginouaé, capitale du Maouri : c'est dans ce trajet que nous avons eu le plus à souffrir. A Torso, nous avons failli employer nos armes pour passer. Heureusement, pendant que nous parlementions une dernière fois, le roi du pays, en tournée dans ses États, arrive dans ce village et apprend notre situation. Il intervient en notre faveur, et, avec son aide, nous obtenons des guides et un sauf-conduit. Grâce à ces précautions, nous avons pu, sans trop de difficultés, traverser les autres villages et gagner Ginouaé. »

On passe ensuite une grande rivière qui a débordé et qui couvre une plaine de douze kilomètres, et l'on atteint Argoungou, la capitale du Kibbi.

« Argoungou est une grande ville située sur les bords de la rivière Mayo N'Kabbi. C'est une sorte de place forte placée à l'avant-garde du pays, qui est constamment en guerre avec l'empire de Sokoto. La ville de Sokoto vers laquelle nous marchâmes ensuite, est à 120 kilomètres de la capitale du Kibbi ; nous y arrivâmes vers le milieu d'octobre. C'est une très grande ville, avec une enceinte de murs en terre ; la plus grande partie de l'intérieur de la ville est occupée par des champs de mil. Le commerce est nul. Les habitants, ruinés, comme partout, par la peste bovine, sont dans la plus grande pauvreté. Lamédioulbé, sultan de Sokoto, fut enchanté de notre arrivée, qui lui avait été annoncée; des bruits venus de fort loin lui avaient appris que nous faisions voyage dans le but de lui rendre visite, et il nous reçut tout à fait bien. Après plusieurs jours de repos à Sokoto, nous partons pour Kano, distant de vingt journées de marche. Nous passons d'abord à Zaouau, chef-lieu de la province de Zamfara, et le 25 novembre nous entrons à Kano.

» Kano est bien plus important que Sokoto. Entourée d'une enceinte de huit mètres de haut, la ville est construite de grandes maisons carrées en terre, avec des rues larges et propres. On a de l'eau en abondance.

» Le marché est très important; on y trouve en très grand nombre les marchandises européennes les plus diverses. Il y a beaucoup de traitants arabes de Constantine, de Tunis et surtout de Tripoli. C'est le point terminus des caravanes venant de la Méditerranée et passant par Koukaoua et Zinder. »

M. Monteil a conclu des traités avec tous les chefs des pays de Sokoto et du Bornou, et il a établi les véritables frontières du Sokoto qui limitent, d'après la convention du 5 août 1890, la sphère d'action de la compagnie royale du Niger, c'est-à-dire de l'Angleterre. Sa mission avait une grande importance et a constitué un grand succès.

La mission Binger et Crozat.

M. le capitaine Binger s'était, en 1888-1889, jeté dans la brousse et, de Bammako à Kong, il avait ouvert à la France des pays jusqu'alors fermés à son influence; lorsqu'il parvint à Grand-Bassam, il put avec raison dire qu'il avait relié les côtes de l'Atlantique au haut Niger. Le 11 janvier 1892, chargé de la délimitation des frontières de la Guinée française et des Achantis, il débarquait, venant de Marseille, sur la plage d'Assinie, cette langue de terre large de trois cents mètres à peine entre l'océan et un bras du grand lac d'Aby.

Le docteur Crozat partait de Kong vers les États de Tiéba,

qu'il avait déjà explorés avec fruit, pour se rendre au Sénégal par Bammako, et refaire ainsi à l'inverse le premier voyage de Binger. Cependant celui-ci, s'avançant sur le Diammara, concluait un traité plaçant ce pays sous le protectorat de la France. Arrêté avec son auxiliaire, M. Marcel Monnier, dans le Baoulé, tout près de la rivière Isi, chemin le plus direct de Kong au littoral, M. Binger a dû, non sans peine, regagner le bassin du Comoé. Mais les communications sont établies, et le commerce de ces contrées riches descendra sur nos comptoirs de Grand-Bassam et d'Assinie.

Voici la description faite, par M. Marcel Monnier, de Krinjabo, que le lac d'Aby sépare seul de nos possessions :

« Quarante-huit heures, c'est plus qu'il n'en faut pour connaître son Krinjabo sur le bout du doigt. Cette capitale — un grand village — peut avoir cinq à six mille habitants. L'aspect en serait presque séduisant pour peu que l'on déblayât les maisons en ruines dont les monceaux de terre et de paille pourrie font piteuse mine auprès des constructions neuves. Celles-ci, généralement flanquées d'un enclos de bananiers, sont tenues avec une propreté inattendue. Le sol battu est soigneusement balayé chaque matin. Sur une cour carrée s'ouvrent des chambres garnies de nattes et protégées du soleil et de la pluie par un avant-toit très surbaissé. Au centre de la cour, une petite cage en treillis. C'est la case du fétiche. Elle renferme quantité d'objets hétéroclites : ossements, écuelles brisées, bouteilles cassées, que sais-je encore ? En quoi ce bric-à-brac possède une salutaire influence sur la demeure et le propriétaire, c'est ce qu'il serait malaisé de définir. Le noir lui-même paraît n'avoir là-dessus que des idées assez vagues. Aux questions qui lui seront posées à ce sujet, il restera bouche bée, non par réserve calculée, mais parce que, pour lui, le fait n'a pas besoin d'explication. C'est « fétiche, » et voilà tout.

» La plupart des habitations sont, à l'intérieur, revêtues à hauteur d'homme d'un badigeon obtenu en broyant une argile dont les gisements sont à peu de distance, sur la berge de la rivière Bia. La couleur, identique au rouge pompéien, provoque chez le visiteur de la maison barbare comme une hallucination, d'un classicisme incohérent : Pompéi restauré par les nègres.

» De promenade aux alentours il n'est pas question ; le village est bloqué par les bois. On n'y accède que par la rivière. »

Dans ce pays original, où la feuille de tabac, estimée cinq centimes, sert de monnaie, on n'est pas exempt de maladies. Il y en a même beaucoup. Le médecin nègre est très occupé et très considéré, bien qu'il tienne du charlatan et du griot.

Ses spécifiques sont : cautérisations au jus de piment pratiquées en capricieuses arabesques sur toutes les parties du corps ; incantations baroques dans lesquelles le spécialiste imite tour à tour, avec une perfection rare, les gémissements d'un patient et les cris des animaux les plus divers. La mélopée est appuyée par le chœur des assistants et les roulements du tam-tam. Ces petites fêtes ont lieu la nuit, devant un auditoire nombreux, et durent parfois plusieurs heures.

Si le malade meurt, les lamentations tapageuses ne cessent pas durant quarante-huit heures, l'espace compris entre le coucher du soleil et son lever restant spécialement affecté aux pétards et à la mousqueterie. Chacun, en entrant dans la demeure du défunt, apporte son offrande, des fruits, etc. Tout cela est déposé devant la bière, auprès de laquelle on rassemble les ustensiles qui servaient au défunt, ses colliers, bracelets, fétiches, calebasses, — et jusqu'à sa seringue, l'instrument de Molière, les infusions pimentées jouant un rôle prépondérant dans la vie du noir. Autour du cercueil creusé dans un tronc d'arbre et recouvert d'un pagne, deux pleureuses se roulent avec des cris horribles ; les assistants accompagnent ces lamentations d'un marmottement nasillard.

M. Marcel Monnier nous fait un récit intéressant de ses excursions en Guinée, et nous trace en passant quelques pittoresques croquis.

Voici le portrait d'Akassimadou, le roi de Krinjabo, et des détails sur la réception :

« Au bord de la crique où nous prenions terre, une vingtaine d'individus attendaient : l'un d'eux faisait flotter au bout d'une perche les couleurs françaises. Il y avait là plusieurs chefs et l'un des porte-canne du roi : son équipement se composait d'un bâton de bedeau à pommeau doré et d'un képi de colonel. Les salutations rapidement échangées, nous nous acheminions, en file indienne, vers la capitale.

» Le roi, qui veut bien faire les choses, nous a logés chez lui. Non pas dans son palais — Akassimadou, monarque ennemi du faste, n'a point de palais — mais dans un local spécialement destiné aux blancs de passage à Krinjabo. L'idée est large, le local étroit. C'est une bâtisse construite sur le modèle des factoreries, mais de dimensions beaucoup plus restreintes. Imaginez une sorte de caisson reposant sur un soubassement en pisé haut de trois mètres. L'intérieur est divisé en quatre compartiments. Dans chacune des pièces deux personnes peuvent tenir sans être trop mal à l'aise : à trois, c'est un encombrement ; à quatre, une cohue. Une échelle de meunier donne accès à la galerie couverte qui fait le tour de l'édifice.

» A peine installés, nous nous rendons chez le roi, au débotté. Simple affaire de politesse. Pour le moment, il n'est nullement question du motif de notre visite. Des compliments de bienvenue, une enquête sommaire sur les santés réciproques, rien de plus. « Tu vas bien !..... Moi aussi. — J'en suis charmé.... » Et l'on se sépare.

» Le roi est infiniment moins bien logé que bon nombre de ses sujets. La case est exiguë, disjointe, branlante; le chaume de palmes a connu des jours meilleurs. Tout à côté se trouve un appentis en bambou, de quelques pieds carrés, fermé sur trois côtés. C'est là qu'ont lieu les réceptions. Le prince est d'apparence très valétudinaire. Il est affligé d'une paralysie partielle; sa faiblesse est telle qu'il ne s'exprime qu'à voix très basse; mais peut-être ne faut-il voir, dans ce susurrement, qu'une attitude, le désir d'être compris au simple mouvement des lèvres. Akassimadou doit avoir dépassé la soixantaine, — un âge avancé pour un noir. Il avait revêtu, pour la circonstance, un costume d'ordre composite : tunique d'administrateur colonial et bicorne de général avec plumet tricolore; un long pagne dissimulait ses jambes impotentes. »

De Krinjabo, M. le capitaine Binger gagna Nougoua, point extrême de la navigation sur le Tanoué. Il s'était ensuite rendu à N'Gakin.

« Fiencadia, chef de N'Gakin, est un homme de soixante-dix ans, un peu perclus — bien qu'il ait plus d'une fois déployé devant moi, parmi les racines et les branches encombrant les sentiers aux environs de son village, une agilité inattendue. Par moments même, il procédait par bonds, comme un jeune lapin. Cette allure, il est vrai, s'expliquait par la présence de quelques chemins de fourmis, les terribles magnans, dont les morsures donnent aux plus vieilles jambes une ardeur juvénile. Lors de notre réception, il avait étalé tous les joyaux de la couronne : pépites d'or breloquant aux bras et aux mollets; un long collier en grosses verroteries de Venise. A l'unique touffe qui lui reste sur l'occiput était suspendue une lourde pendeloque en or martelé qui, à chaque mouvement de tête, sonnait sur le crâne luisant avec un bruit de battant de cloche. La physionomie du vieillard est sympathique, sa tenue assez digne. Au bout d'une perche, un drapeau français était déployé au-dessus de la case, un drapeau aux couleurs pâlies, donné par les premiers blancs qui aient visité la localité, il y a cinq ou six ans, lors du passage de la mission Brétignière, venue pour tracer un avant-projet de délimitation entre la Guinée française et les possessions britanniques de la côte d'Or.

» Si l'étape de Nougoua à N'Gakin a été dure, celle de N'Gakin à Kokourou est terrible. Je n'ai pas souvenir d'un terrain semblable. La végétation en masque les reliefs, de proportions surprenantes. Ce ne sont que ressauts, ravins profonds encaissés entre des parois presque verticales; un exhaussement confus de collines dont les crêtes s'élèvent de quatre-vingt-dix à cent mètres au-dessus des plaines environnantes. A peine peut-on relever çà et là quelque indication de système, une apparence de chaîne régulière. C'est le chaos, autant du moins qu'il est permis d'en juger dans l'ombre qui voile tous les contours. Impossible, même d'un de ces sommets, d'obtenir une vue d'ensemble du terrain parcouru. Sur les cimes comme dans les bas-fonds, les arbres festonnés de lianes opposent aux regards tendus vers l'espace un impénétrable rideau.

» Le sol parfois compact, hérissé d'énormes blocs de quartz, se métamorphose, quelques pas plus loin, en une pâte fondante de marne rouge. De sentier, point. Les pas ne laissent aucune empreinte sur l'épais tapis de feuilles qui couvre le sol. On chemine à tâtons, ceux qui marchent en tête ralliant leurs camarades par de fréquents appels, des sons de trompe. Souvent une partie de la colonne s'égare; une demi-heure, sinon davantage, s'écoule avant qu'on soit retombé sur la bonne piste. Les indigènes eux-mêmes ont peine à s'y reconnaître. Les gens de N'Gakin nous ont avoué que leurs chasseurs se perdaient fréquemment dans les bois et qu'il fallait envoyer des hommes à leur recherche.

» Dans cette ombre, supposez un entrelacement inouï de racines, d'arbres écroulés, de broussailles épineuses; dans le pli de chaque vallon, un marigot aux eaux dormantes où l'on s'enlise jusqu'à mi-jambe; des haleines fétides montant des couches de feuilles pourries, des monceaux de bois mort, de tous les détritus végétaux en décomposition. Ajoutez les exhalaisons de la pomme-cadavre qui mêle à tout cela sa puanteur de charnier, et vous aurez une idée, bien faible encore, de cette jungle africaine. En réalité, elle est indescriptible. Décrit-on un cauchemar?

» Six heures de marche dans cet enfer, et nous arrivions presque épuisés aux cabanes de Kokourou, occupées seulement par quelques femmes, qui se livrent au lavage de l'or dans un marigot voisin, pour le compte de Fiencadia. Bien misérables, ces trois ou quatre abris de palmes, à demi enfouis sous la futaie, avec une centaine de pieds de bananiers aux alentours pour toute culture. Tels quels nous les avons salués comme le port dans la tempête. Une heure après nous, arrivait le vieux chef, ficelé dans un pagne suspendu à une perche que deux hommes robustes portent sur l'épaule. J'en suis à me demander comment cette chaise à porteurs, si primitive soit-elle, a pu passer par ce chemin sans nom.

» En deux heures et demie, par une sente non moins accidentée, nous gagnions Assuakourou (Dissou de la carte Binger). L'ancien village de Dissou, aujourd'hui abandonné, se trouve à cinq ou six milles plus à l'ouest. Pendant ces deux étapes, nous avons passé à gué *cinquante-sept* cours d'eau. Dans ce nombre ne figure que pour une unité chacune des rivières dont le lit même sert de sentier sur une distance plus ou moins longue. »

IX.

Les massacres de l'Ouganda.

M. d'Arminel et Louis avaient mis à jour leurs études sur le Congo; ils dissertaient sur les inadmissibles prétentions des agents de l'État libre lorsqu'ils apprirent que M. de Poumayrac et un garde-pavillon français avaient été tués par des noirs.

— L'État libre appelle cela « des incidents de frontière; » ce sont des crimes qui ne resteront pas impunis, s'écria Louis.

— Tu as raison, mon fils; je regrette pour la Belgique qu'elle marche dans la voie tortueuse des intrigues anglaises et allemandes.

— Stanley jalouse Brazza.

La conversation s'était arrêtée un instant lorsque M. d'Arminel poussa une exclamation douloureuse.

— Quelle infamie! et quel malheur!

— Quoi donc, mon père?

— Tiens, lis ce journal. L'Ouganda est en feu. Les Anglais protestants, alliés aux Bagandas musulmans ont chassé le roi Mouanga. Les stations des missionnaires de Buganda, au nombre de six, desservies par dix-sept missionnaires, quatorze prêtres et trois frères, ont été détruites. Près de cinquante mille néophytes ou catéchumènes, disséminés dans les provinces du Buganda, ont été dépouillés, ou ont eu leurs maisons livrées aux flammes. Plusieurs milliers de femmes et d'enfants ont été réduits en esclavage, ou ont péri dans les eaux du lac. Une trentaine de chapelles, construites dans les principaux centres chrétiens, sont en cendres. Celle de la capitale, véritable monument pour le pays (60 mètres de long sur 25 de large), a eu le même sort.

Environ deux cents jeunes esclaves rachetés sont tombés au pouvoir des protestants. Six missionnaires sont prisonniers au fort.

— Et Jean?

— Sain et sauf, grâce à Dieu, dit M. le curé du Tuco. Un petit mot, venant de la Maison Carrée, d'Alger, m'apprend que notre cher ami a gagné Kiziba avec Mgr Hirth.

— Sait-on les causes exactes de cette révolution?

— On les connaît d'une manière précise et qui défie tous les démentis britanniques.

La Compagnie de l'*East-African* leva le drapeau des protestants qui voulurent l'imposer au roi; celui-ci s'y refusa. Des agressions se produisirent; Mouanga fut dépouillé de la moitié des îles Sésé; on ravagea des villages catholiques, tandis qu'un attentat était perpétré contre le souverain. Le fort anglais protégeait ces déprédations, ces crimes, qui restèrent impunis. Mais un catholique ayant, en état de légitime défense, tué un protestant, le capitaine Lugard, qui venait de recruter dans l'Unyoro mille Nubiens déserteurs des troupes d'Émin-pacha, prétendit exiger sa condamnation. Mouanga parlementait, lorsque le dimanche 24 janvier, des coups de feu retentirent. Les catholiques ripostèrent, et un protestant tomba. Les capitaines Lugard et Williams, — deux noms à retenir — avaient « leur cadavre. » Une mêlée épouvantable s'engagea; cinq fois les catholiques, qui combattaient avec succès, bien qu'à armes inégales, montèrent à l'assaut du fort; mais les munitions manquant, ils se replièrent sur le palais du roi, pour l'emmener avec toute sa cour dans leur retraite. Ils étaient vaincus.

AMAZONE. — MITHA, LA PLUS ILLUSTRE

Le roi avait évacué l'enceinte royale et, protégé par les catholiques, avait atteint le bord du lac, à dix kilomètres de là. Le capitaine Williams, sorti du fort avec les Nubiens, fit arracher le drapeau qui flottait sur la demeure de Mouang[

Pendant ce temps, la résidence de la mission, Roubag[était livrée aux flammes, et la fusillade se mêlait aux ho[reurs de l'incendie. Mgr Hirth et ses prêtres baptisèrent le catéchumènes ; dans une dernière absolution reçue et donné[ils attendirent la mort. Les pillards accouraient de la cap[tale en cendres. Deux heures après, le capitaine Lugard avec une troupe nombreuse, arrivait, et les missionnaire[prenaient le chemin du fort Kampala.

Des pourparlers étaient engagés par les chefs du protestan[tisme anglais avec Mouanga, réfugié sur l'îlot de Bulingugw[Les missionnaires furent conduits auprès du roi par les ger[du fort, afin de le presser de revenir dans sa capitale. Recon[naissance du drapeau de la compagnie l'*East-African* comm[pavillon national, attribution des principales charges au[protestants, telles étaient les conditions imposées pour sa re[tauration. Mouanga les repoussa, et sous la grêle des balle[sous le feu de la mitrailleuse anglaise, il s'embarqua, entraînan[avec lui Mgr Hirth, tandis que les catholiques, fidèles défen[seurs du souverain, essayaient encore de refouler l'ennem[

Les autres missionnaires, saisis par les Bagandas, fure[dépouillés de tout ce qu'ils avaient, même de leurs chapeau[et ramenés sur le continent. Là, les Anglais les firent pr[sonniers, et les conduisirent au fort, où les mauvais trait[ments se succédèrent jusqu'au 8 mars, date à laquelle i[purent gagner le Kiziba.

La barque qui portait le roi et l'évêque, mais ne conten[ni eau ni provisions, aborda après un jour et une nuit [navigation à l'île Sésé. Comme à Bulingugwé, les fusillade[les noyades, le feu, avaient ravagé l'île, et les chaînes d'e[claves se garnissaient de tous les malheureux victimes [la fureur sanguinaire du capitaine Williams et de ses émul[

en massacre. Il faut exterminer les catholiques, s'était-il écrié, et sa voix n'avait eu que trop d'écho.

Pendant vingt jours, ces scènes de dévastation ont duré; pendant vingt jours l'Ouganda, jadis si prospère, a été livré aux fureurs sanguinaires des musulmans et des protestants. Ces derniers, cependant, ont fini par craindre de ne plus pouvoir dominer ce déchaînement de barbarie dont ils avaient été les complices. Ils ont offert le trône aux nièces du roi qui, avec leurs fils, se trouvaient à Notre-Dame de Kamoga. Le capitaine Williams a employé promesses et menaces, mais tout a été inutile. Nous ne voulons pas de vos honneurs, ont-elles répondu, car nous tenons à notre liberté de catholiques plus qu'au titre royal, qui appartient à Mouanga.

Et comme les princesses étaient sur un territoire soumis à l'influence allemande, le sectaire britannique n'a pas pu employer la force. Les Allemands donnant des leçons de civilisation aux Anglais ! Quelle humiliation pour ces derniers !

L'Ouganda voulait son roi légitime, et la Compagnie *East-African* a été obligée de le rappeler. Mais, hélas ! les ruines sont nombreuses, et les conditions de retour sont dures pour les catholiques. Mouanga s'est fait protestant et n'est que le prisonnier des Anglais, qui, tout en désavouant la Compagnie *East-African*, l'ont subventionnée et continueront avec elle ou d'autres agents officieux des intrigues criminelles.

Nous croyons, à ce résumé très exact des faits, devoir joindre les extraits suivants de la lettre de Mgr Hirth, qui envisage avec la fermeté de la résignation chrétienne la situation malheureuse de l'Ouganda :

« La navigation n'est plus libre sur le lac depuis que toutes les barques des îles de Sésé ont été prises par les protestants et que la voie de terre par le Buddu est rendue presque impraticable, les marais étant grossis par les grandes pluies.

» Les 50,000 chrétiens semés dans l'Ouganda et cette masse de catéchumènes qui n'avaient encore reçu que quelques éléments d'instruction, que vont-ils devenir ?

» Ils sont condamnés à l'hérésie. Les conditions que le fort anglais, sous la pression des protestants, vient d'imposer aux catholiques, qu'ils parquent dans la seule et unique province du Buddu, ne nous permettent plus de communiquer avec nos derniers catéchumènes.

» On poursuit également et les chefs et le peuple ; le fort anglais, il faut lui rendre cette justice, essaie d'interposer sa protection et de juger les délits ; mais, à chaque nouvel effort tenté, il se voit obligé d'avouer son impuissance. Il a entrepris, depuis deux mois, de faire escorter par des soldats, de Mangi à Buddu, les bandes de catholiques qui émigrent de tous les points du pays ; mais combien de ces malheureux ne peuvent bénéficier de cette protection et sont arrêtés en route !

» Tout le long du Nil, dans les forêts et les marais qui bordent le fleuve à sa sortie du lac Nyanza, il y a plusieurs milliers de catholiques ; ils mourront de misère, ou, s'ils sortent de leur retraite, ils deviendront la proie des vautours qui les guettent.

» Mais c'est contre nos grands chefs surtout qu'on s'acharne.

» Leur pieux prosélytisme est trop connu pour ne pas leur attirer un redoublement de haine. Quantité de ces chefs, les plus influents, ont été chassés et privés de leurs gouvernements donnés à des protestants. Les membres de la famille royale sont moins épargnés que les autres.

» Rien qui n'ait été tenté pour faire abjurer la vraie religion à plusieurs princesses aussi riches qu'influentes. Il faut citer surtout la princesse Rubuga, sœur du roi, pieuse et noble chrétienne.

» Avant la persécution, elle partageait avec le roi, son frère, l'administration et les revenus du royaume, à titre de reine, suivant l'usage du pays.

» Quelque temps seulement avant le 24 janvier, elle épousa le Mugasi, général en chef de toutes les armées du royaume, favori du roi, et chrétien aussi accompli que brave guerrier.

» Notre princesse, montrant un courage et un dévouement dignes des nobles sentiments de son époux, avait sacrifié, dès les premiers massacres, sa dignité et tous ses biens, et prenant le chemin de l'exil pour garder sa foi, avait suivi les catholiques. Elle se trouvait avec son époux dans l'îlot de Bulingugwé quand les protestants vinrent y poursuivre le roi et capturèrent les nombreuses barques qui s'y étaient réfugiées.

» Au plus fort de l'attaque, croyant que son mari s'exposait à une mort certaine pour la délivrer, elle sacrifia sa propre liberté et se livra volontairement comme esclave pour sauver celui qu'elle aimait et qu'elle savait être le principal soutien du roi! Dieu bénit cet acte héroïque; le Mugasi eut la vie sauve, mais en même temps commença pour la princesse Rubuga la servitude la plus dure; elle fut traînée, captive, dans la capitale où les hérétiques triomphaient. »

Mgr Hirth décrit ici les tortures auxquelles elle fut soumise, et la tentative faite pour l'obliger à renoncer à ses croyances. Le roi Mouanga remonta peu après sur le trône. Devant l'opiniâtreté de sa sœur à rester chrétienne, il dut lui accorder ce qu'elle demandait : quitter la capitale et rejoindre les catholiques en route pour l'exil.

La princesse vit bientôt son cortège se grossir d'une foule de femmes chrétiennes, n'attendant que l'occasion pour aller rejoindre leurs maris à Buddu. La caravane compta bientôt de 200 à 300 personnes. Quel appât pour les protestants, qui voyaient passer cette proie facile, pour les chefs surtout, pleins de haine pour les catholiques, et dont la rapacité était excitée par l'espoir de s'enrichir de nouveaux esclaves !

Il ne fut pas difficile aux plus forcenés d'entre eux d'arracher au faible Mouanga la permission de tomber sur ce troupeau de femmes sans défense.

La paix était signée pourtant depuis plus d'un mois et les officiers du fort anglais avaient promis la sécurité des routes ; mais, cette fois encore, les noirs se moquèrent de leur autorité comme, avant l'explosion de la persécution, ils avaient ri de leur prétendue responsabilité dans les jugements en vue.

« Arrivée presque à la frontière du Buddu, écrit le Père Biard de Meng, la caravane fut subitement assaillie. Il n'y avait que quelques hommes, on ne put songer à se défendre ; ceux que les protestants purent saisir furent dépouillés, les femmes furent toutes enlevées et conduites dans les villages ; six enfants à la mamelle furent jetés dans les broussailles.

» Les agents européens se sont indignés au récit de ces actes de sauvagerie. Je leur ai demandé de punir les coupables ; on m'a répondu qu'on le ferait plus tard. Un petit nombre de femmes seulement ont pu être retrouvées. Les vrais coupables ont été acquittés. »

Mgr Hirth continue sa lettre par le récit des humiliations que les missionnaires ont dû subir :

« Pour le moment, dit-il, la lutte nous sera impossible ; nous devons borner notre action au Buddu, région marécageuse actuellement ravagée par la peste.

» Au moment où j'écris, les païens ont pris les armes ; les chrétiens remporteront peut-être la victoire, mais quelle victoire ! Ils ne trouveront ici qu'un pays ruiné ; c'est la famine et la désolation dans cette province. Plus que jamais la peste sévira. »

Le vénérable évêque-missionnaire signale en ces termes les déprédations commises par les bandes grossissant sans cesse des musulmans provenant de l'ancienne troupe d'Émin-pacha, et appelés à Mengo par le capitaine Lugard.

« Ces Nubiens, dit-il, formeraient, assure-t-on, un camp volant de plus de dix mille personnes. La dévastation du pays serait bientôt achevée, mais au profit de qui ? Les bruits plus récents nous apprennent que ces Nubiens, mécontents maintenant des arrangements conclus avec la Compagnie de l'*East-African*, murmurent et se révoltent.

» Voilà la situation qui vient d'être créée au nord du Nyanza par la compagnie anglaise. Elle se complique encore d'un soulèvement général de toute la populace païenne, qui, évidemment, a reçu un mot d'ordre secret et se déclare l'ennemie de tous ceux qui professent une religion nouvelle.

» Elle dispose de forces considérables ; tout le nord du Nyanza, c'est-à-dire la moitié de ses côtes, depuis le Kavirondo à l'est jusqu'à Kagera à l'ouest, est en feu. Dans l'Usoga, où le protestantisme vient de pénétrer aussi par la force, il y a eu déjà des combats sanglants. Un capitaine anglais y promène en ce moment son canon avec un corps de près de mille réguliers, sans compter l'armée des Bagandas protestants. L'Angleterre commence à éprouver les funestes effets de l'importation des fusils et de la poudre ; bientôt il faudra amener de la côte des régiments entiers pour contenir ces noirs qu'on se fait maintenant un jeu cruel d'armer et d'exciter les uns contre les autres. »

L'éloquente malédiction du cardinal Lavigerie restera

comme une flétrissure indélébile au front des bourreaux, et l'Angleterre, en répondant par des équivoques aux protestations de la France, a assumé devant le monde civilisé et devant l'histoire une responsabilité nuisible à son honneur national.

ÉPILOGUE

Par une belle matinée d'automne, le paquebot chargé du service des côtes occidentales d'Afrique était en partance à Bordeaux.

Les voyageurs terminaient rapidement leurs adieux et montaient à bord.

Une religieuse avait quelque peine à se séparer des tendres embrassements de sa famille.

— Que Dieu veille sur toi!

— Et qu'il vous protège!

Le sifflet retentit.

La sœur s'embarqua. On pleurait autour d'elle; elle pleura, elle aussi.

Mlle Nadèje d'Arminel, devenue sœur Marie, se rendait au Congo avec plusieurs de ses compagnes. Son père, sa mère, ses trois frères l'avaient accompagnée jusqu'au bâtiment.

Ses vœux étaient comblés. Elle emportait les bénédictions de sa famille, gage de celles du Ciel.

Trois mois plus tard, Louis d'Arminel épousait la jeune orpheline du Huerca.

Le mariage eut lieu dans l'église paroissiale de Trie, mais le curé du Tuco voulut le bénir. Le futur, entouré de ses frères en grand uniforme, portait, comme eux et comme son père, le ruban de la Légion d'honneur, qui récompensait les services et les travaux scientifiques de l'explorateur.

Ce jour-là même parvenait à Victor d'Arminel la lettre ci-après d'un de ses anciens camarades de bord :

« Devant Kotonou,
» Mon cher ami,

» Me voici encore devant Kotonou ; *ça chauffe* à terre. J'ai pensé que tu recevrais avec plaisir quelques renseignements sur nos opérations militaires, qui ont pour conclusion la prise d'Abomey.

» Tu te demanderas d'abord quel peut être l'effectif des troupes que le colonel Dodds a sous la main. D'après les renseignements que j'ai pu recueillir, nous avons en ce moment au Dahomey un peu plus de 3,000 combattants, soit : 1 bataillon de légion étrangère à 800 hommes, 1 compagnie d'infanterie de marine à 150 hommes, 5 compagnies 1/2 de tirailleurs sénégalais représentant plus de 750 combattants, 3 compagnies de volontaires sénégalais, 450 hommes ; 2 compagnies de tirailleurs haoussas, 400 hommes ; 2 escadrons de cavalerie, 200 sabres ; 2 batteries d'artillerie, 250 à 300 hommes ; 1 section du génie, etc.

» Naturellement, toutes ces troupes ne sont pas engagées dans la colonne. Il y a une compagnie de tirailleurs sénégalais à Grand-Popo, deux compagnies et demie de tirailleurs à Kotonou.

» Grâce à la présence de nos avisos et du *Mytho* en rade de Kotonou, on a pu réduire la petite garnison. Mais Porto-Novo doit être gardé de son côté ; une compagnie de tirailleurs et les deux compagnies de haoussas sont restées dans la capitale de Toffa.

» Dans ces conditions, la colonne de marche comprend 950 soldats européens d'infanterie (légion et marine), 4 ou 5 compagnies de Sénégalais (soit 6 à 700 hommes), les

200 spahis et 300 à 400 hommes d'artillerie et du génie, sans compter naturellement les auxiliaires indigènes, sur lesquels, toutefois, il est prudent de ne pas faire trop de fond.

» Quant à l'artillerie, le corps expéditionnaire possède 12 canons de 8 de montagne, 12 pièces de 4 de montagne et 9 hotchkiss. Une partie arme les fortifications de Kotonou et de Porto-Novo, mais le colonel Dodds a pu prendre avec lui un matériel capable d'écraser, par la supériorité du tir et des projectiles à la mélinite, le feu des canons de Behanzin, que les Dahoméens savent utiliser maintenant grâce aux instructeurs spéciaux envoyés à Abomey par les traitants allemands de ce matériel de guerre, fourni en échange de « travailleurs libres » — tu sais que cela veut dire esclaves — pour le Cameroun et autres lieux.

» La colonne, après de brillants combats dans lequel le commandant Faurax, un officier d'autant de foi que de courage, a trouvé une mort glorieuse, a franchi le 2 octobre l'Ouémé. La voilà sur la rive droite. Les Dahoméens avaient massé des troupes considérables à la hauteur du gué de Tohoué. Le colonel Dodds s'attendait à une résistance sérieuse, mais le passage s'est effectué sans difficultés. L'ennemi s'était retiré à une dizaine de kilomètres du fleuve, dans une position assez forte, défendue par de l'artillerie ; il s'est concentré auprès de Poguessa, ville située à environ trente kilomètres d'Abomey.

» Le 4 octobre, après trois heures d'un combat acharné, les Dahoméens avaient été complètement battus à Gbédé. Ils se sont enfuis en laissant plus de 2,000 morts sur le champ de bataille. Le 6, à Poguessa, nouvelle déroute des Dahoméens.

» Je t'envoie sous cette forme la nouvelle de la prise d'Abomey et de la défaite définitive de Behanzin.

» Je ne te dirai point : pends-toi, brave d'Arminel, nous

avons vaincu sans toi, car, bien qu'à Kotonou, je ne suis guère qu'un spectateur. La campagne, sauf les opérations de la côte et quelques descentes à terre, aura été conduite et menée à bien par nos braves soldats d'infanterie de marine et leurs dignes auxiliaires.

» La petite saison des pluies a gêné les opérations, mais avec de l'énergie on est venu à bout de tout.

» Adieu et au revoir bientôt, mon cher ami, je te serre cordialement la main.

» André K....

» P. S. — Mon cher ami, les victoires succèdent aux victoires. Sur les quatre lignes de défense établies par les Dahoméens, trois ont été emportées; les charges à la baïonnette méritent l'admiration de tous. Le colonel Dodds a marché ensuite contre Sabovi, où il est parvenu le 10 octobre. Les positions avaient été évacuées avec précipitation. Le 12, au delà d'Oubomedi, nos troupes prirent contact avec l'ennemi, qu'elles poursuivaient sans relâche, et le culbutèrent avec une telle vivacité que Behanzin abandonna même ses blessés. Du 12 au 16, série de succès éclatants qui devaient être couronnés quelques jours après par le triomphe de nos armes à Apka, la destruction de la dernière ligne de défense établie derrière la rivière Kato, et enfin par la prise de Cana et d'Abomey. C'en est fait de Behanzin et de son prestige. »

Vive la France ! s'écrièrent ensemble toute la famille d'Arminel et le vieux curé, qui ajouta : Dimanche, dans l'église du Tuco, nous chanterons le *Te Deum*.

MADAGASCAR

Victor d'Arminel, comme nous l'avons dit dans le cours de ce volume, avait appartenu à la station navale de Madagascar. Son journal de bord contenait, sous une forme succincte, des notes très exactes sur la grande île africaine. Nous croyons devoir les reproduire ici, car elles sont un utile complément de la *France au pays noir*.

Le percement de l'isthme de Suez a enlevé une notable partie de son importance, comme point de ravitaillement, à Madagascar. Aujourd'hui, nos navires de guerre ou nos paquebots ne doublent plus le cap de Bonne-Espérance, si justement surnommé le cap des Tempêtes et par les parages duquel, je puis en porter témoignage, les navires *dansent* singulièrement, bien qu'ayant diminué leur toile. Néanmoins, la grande île africaine est un joyau qu'il ne serait ni bon ni prudent de laisser à la disposition de nos voisins les Anglais, car elle sert de poste avancé pour nos possessions asiatiques, et elle est l'utile voisine de la Réunion en même temps que le centre de nos possessions insulaires éparpillées le long de ses côtes.

Je ne veux point, dans cette notice, retracer l'histoire complète d'un pays très connu par les relations des missionnaires, par les récits des voyageurs et par les rapports officiels. Mais une erreur trop commune en France consiste à supposer que, lorsqu'on parle de Madagascar, il s'agit d'une petite île perdue sur le flanc oriental de l'Afrique, et il se trouve des orateurs pour rabaisser ainsi, par ignorance, le prix des conquêtes d'outre-mer qu'au milieu de ses malheurs notre pays a pu conserver. Madagascar a une longueur de 1,500 kilomètres sur une largeur de 500 kilomètres. Sa superficie est d'environ 591,964 kilomètres carrés, sa population d'environ quatre millions d'habitants. Une chaîne de hautes montagnes partage l'île en deux versants, et les fleuves qui y prennent leur source vont se jeter soit dans le canal de Mozambique, soit dans l'océan Indien.

Le plus long cours d'eau, l'Ipoka, passe à Tananarive, et n'a pas moins de 150 lieues de longueur. Le climat, malsain sur les côtes, est très chaud; mais sur les plateaux, notamment sur celui de l'Imérina, la température est moins élevée, et le froid y fait sentir ses rigueurs relatives pendant l'hiver. La végétation est luxuriante sur le versant oriental ; dans l'intérieur, au contraire, le sol rocailleux se trouve à peu près stérile. La flore et la faune ont fourni d'agréables spécimens aux naturalistes. Le café, l'indigo, l'orseille, le copal, la cire, y sont abondants. Le riz, le froment, le maïs, l'orge, la patate, la canne à sucre, le caoutchouc, y viennent très bien, ainsi que la vigne, le figuier, l'oranger, le citronnier, l'arbre à pain, l'ananas, etc. N'oublions pas le tabac et la soie produite par des cocons qui, dit Le Gentil, atteignent la grosseur de la cuisse d'un homme.

Les bœufs y sont très nombreux; c'est de Madagascar que les îles Maurice et de la Réunion tirent leur provision de viande.

La population se compose d'éléments très divers; mais la

prépondérance appartient aux Hovas, peuplade d'origine malaise, qui, de sa capitale, prétend gouverner l'île entière. C'est avec elle que nous avons traité, et l'instrument diplo-

ESCLAVES MALGACHES VENDANT DES POULETS

matique indique, — ce qui est une erreur fâcheuse et préjudiciable, — la souveraine des Hovas comme reine de Madagascar.

Le type féminin est loin d'être laid : les yeux sont vifs, mais un peu bridés, le nez pas trop épaté, la bouche relativement fine, et, si ce n'était son teint foncé et olivâtre, le visage ne s'éloignerait pas d'une façon trop désagréable de la figure européenne. La coiffure est artistiquement disposé[e] et encadre très agréablement les traits.

La femme malgache porte le deuil avec piété, car le cult[e] des morts est en grand honneur parmi ces populations livrée[s] à l'idolâtrie. Les Malgaches sont couverts de *gris-gris* pou[r] se préserver de tous les maux ; ils tremblent devant les sor[-] tilèges des devins. Cependant, chez les Hovas, les métho[-] distes ont fait proscrire les idoles, mais l'interdiction officiell[e] n'a pu bannir des cervelles saturées de paganisme les ridi[-] cules ou honteuses superstitions.

II

L'époque à laquelle Madagascar fut connue des Européen[s] semble être le commencement du xvi° siècle. L'honneur d[e] cette découverte revient au Portugais Soares; les Hollandai[s] et les Anglais firent des tentatives d'établissement, mais san[s] grand succès. Le génie de Richelieu comprit l'utilité de pré[-] parer entre les mains de la France un contrepoids à la puis[-] sance coloniale de l'Angleterre, et le capitaine dieppois Ri[-] gault reçut pour dix ans la concession de Madagascar et de[s] îles adjacentes, que les marins normands avaient déjà visi[-] tées. C'est cette concession, en date du 24 juin 1642, qu[i] constitue la base de nos droits. Il est admis, en effet, d'un[e] manière incontestable, que tout pays habité par des sauvage[s] devient la propriété du premier occupant capable d'y faire [] œuvre de civilisation. C'est sur ce principe que repose la [] politique coloniale de tous les peuples. Je ne puis raconter [] ici les phases diverses de l'occupation poursuivie par la Com[-] pagnie des Indes orientales avec Pronis, Foucquembourg e[t] Flacourt. Je me contente de dire que la Compagnie était ar[-] rivée, non sans désastres, au terme de sa concession, et que sa réorganisation sous la présidence du maréchal de la Meilleraye ne fut pas plus heureuse. Les Français, par les révoltes successives des indigènes, se trouvaient bloqués dans le fort Dauphin. Colbert organise la colonisation officielle. Le roi, la reine, les notabilités du royaume s'inscrivent sur les listes du grand ministre, et, en 1664, la nouvelle Compagnie reçoit un édit de concession perpétuelle, avec les droits de souveraineté absolue. L'année suivante, Madagascar prend le nom d'Ile Dauphine; sur le sceau que Louis XIV offre au conseil de la colonie sont gravés ces mots : *France orientale*. Cette fois encore, la tentative échoua. Six ans après, la Compagnie, ruinée malgré les cinq millions versés par le roi, renonça à son privilège pour consacrer ses ressources au commerce de l'Inde.

En 1670, Madagascar était remise à la couronne, au nom de laquelle l'amiral Jacob de la Haye en prit possession le 4 décembre de la même année. En 1672, le massacre de la petite garnison de Fort-Dauphin eut lieu. Les gouverneurs n'avaient pas su se concilier les sympathies des populations. Dans la nuit de Noël furent égorgés nos malheureux compatriotes; quelques-uns purent se dérober à leurs assassins et gagner l'île Bourbon (de la Réunion), dont les premiers colons étaient aussi des Français déportés de Madagascar à la suite d'une mutinerie militaire.

Louis XIV, aux prises avec l'Europe entière, ne pouvait songer à châtier les auteurs de la rébellion qui avait ensanglanté Fort-Dauphin, mais par plusieurs arrêts Madagascar fut proclamée et maintenue possession française. Sous Louis XV et sous Louis XVI, les essais de colonisation continuèrent. En 1750, la reine Béti céda à la France l'île de Sainte-Marie et tout le territoire de la grande terre située entre la baie d'Antongil et Foulpointe. Elle épousa le caporal

Labigorne. En 1767, M. de Mondave rétablit la colonie de Fort-Dauphin, et son excellente administration aurait produit d'heureux fruits si la métropole avait secondé son représentant, qui fut obligé de quitter l'île en 1769, victime du mauvais vouloir des gouverneurs de l'île Maurice, alors encore île de France. En 1774, un aventurier hongrois, qui avait acquis durant la guerre de Sept Ans et dans la lutte de la Pologne contre la Russie un grand renom de vaillance, fut chargé par le duc d'Aiguillon d'une expédition à Madagascar. Il réussit dans sa tâche, prit au nom de la France possession de toute la côte orientale, fortifia Angoutzy, Féneriffe, Foulpointe, Tamatave, Manahar et Antsirak, et se concilia les bonnes grâces des indigènes, qui l'acclamèrent dans un *kabar* (assemblée solennelle), tenue en octobre 1776, *ampandzaka* (chef souverain) et lui confièrent la mission d'aller en France conclure un traité pour l'exportation des produits de l'île. A Paris on l'accueillit mal; il se rendit alors en Angleterre et en Autriche, où il ne fut pas mieux reçu. Sept ans après, sur le conseil de Franklin, il s'embarque pour les États-Unis. Cette fois il opère pour lui-même : une maison de Baltimore lui fournit hommes et pacotille; en 1784, il aborde à la côte occidentale et de là à la baie d'Antongil. Les naturels le reconnaissent, l'absence n'a diminué en rien leurs sympathies. Benyowski se fixe à Ambohirafia ; ce n'est plus la France qu'il sert. Bientôt, à propos d'un conflit avec une factorerie relevant d'un commerçant de Maurice, il entre en hostilité ouverte, et le 22 avril 1786, il est tué au moment où du fort Mauritiana il pointait un canon pour repousser soixante soldats du régiment de Pondichéry qui montaient à l'assaut.

La Révolution n'abandonna pas les droits nationaux sur Madagascar, qu'elle décréta département français; mais les missions de MM. Lescallier et Bory de Saint-Vincent méritent à peine une mention. C'est cependant d'après le rapport de ce dernier qu'en 1804 Napoléon, voulant donner à notre pays une position forte dans la mer des Indes, fit de Tamatave le centre des possessions françaises à Madagascar et envoya M. Sylvain Roux, en qualité d'agent général chargé de créer des milices et d'organiser des batteries sur les principaux points du littoral. Ces projets n'avaient pas eu le temps d'être réalisés que l'Angleterre, qui s'emparait en 1810 de l'Ile de France et de Bourbon, prenait Tamatave et contraignait tous nos établissements de la grande terre à capituler.

En 1815, Madagascar, comme Bourbon, nous fut rendue malgré la mauvaise foi du gouverneur de l'Ile de France, devenue Ile Maurice. Farquhart, — c'est le nom de ce fourbe ennemi, — avait prétendu que le traité de Paris considérait Madagascar comme une dépendance britannique. Son gouvernement dut le désavouer ; alors il s'adressa au roi des Hovas, Radama, et lui persuada que son royaume « n'avait pour limites que les eaux de la mer. » Il spécula sur l'ambition effrénée du jeune souverain et parvint à conclure un traité par lequel l'Angleterre, reconnaissant Radama Ier roi de Madagascar, s'engageait à payer au souverain une pension annuelle de 2,000 dollars ; à lui fournir 1,000 livres de poudre, 108 fusils, des effets d'équipement, un uniforme avec chapeau et bottes et deux chevaux. Des instructeurs anglais devaient organiser l'armée. En échange, Radama promettait l'abolition de la traite sur tous ses territoires, acceptait la présence auprès de lui d'un agent du gouvernement anglais, à la fois conseiller et surveillant, — ainsi que des missionnaires protestants chargés de l'éducation de ses enfants.

Le premier agent anglais, un simple sergent, nommé James Hastic, était bien digne de la besogne de discorde dont il était chargé. Il avait pour auxiliaire le pasteur méthodiste

Jones, investi du pouvoir de fonder des écoles et de pousser les Hovas au protestantisme en haine de la France. Bientôt une proclamation royale déclara nulles toutes les concessions faites à la France, et un corps de 4,000 hommes, parmi lesquels des officiers et soldats anglais, fut dirigé contre Foulpointe, qui fut pris sans coup férir. Radama en personne vint ensuite assiéger Fort-Dauphin, gardé par un officier français et cinq soldats qui furent, au mépris de tout droit des gens, massacrés pendant un armistice. C'en était trop! La France résolut de venger ce crime; mais, lorsque l'expédition mouilla en rade de Tamatave, Radama Ier était mort, à peine âgé de trente-sept ans. Ranavalona, sa veuve, lui succéda. Elle se montra au début peu docile à la tutelle anglaise; elle persista, toutefois, dans l'hostilité de son mari à notre égard. Tout en déclarant nul le traité signé entre Radama et l'Angleterre, elle refusa de reconnaître nos droits. Le bombardement et la prise de Tintingue et de Tamatave par la division du capitaine de vaisseau Gourbeyre amenèrent la reine, malgré l'échec que le défaut du nombre nous occasionna devant Foulpointe, à proposer la paix. Il est vrai qu'elle changea promptement d'avis. La révolution de Juillet vint porter une atteinte funeste à notre influence. Au moment où il aurait fallu frapper un grand coup, l'ordre vint d'évacuer Madagascar. Sans la crainte de livrer les indigènes aux colères des Hovas, Sainte-Marie aurait aussi été abandonnée, tant le nouveau gouvernement mettait d'empressement à se concilier les bonnes grâces de l'Angleterre.

Jusqu'en 1840, le *statu quo* se prolongea. Toutefois le gouverneur de Bourbon, l'amiral de Hell, voulant « envelopper Madagascar dans les plis tutélaires du pavillon français, » négocia la cession à la France des îles de Nosy-Bé, Nosy-Mitsiou, Nosy-Cumba, Mayotte, et la mise sous notre protectorat des territoires allant de la baie Passandava au cap Saint-André et de ceux du nord de la Grande-Terre qui appartenaient aux Antankares. L'initiative d'un serviteur intelligent du pays corrigeait ainsi la déplorable condescendance du gouvernement pour les rivaux opiniâtres de notre grandeur traditionnelle.

En 1845, Ranavalona publia un édit rendant obligatoire pour tous les étrangers la *loi de Madagascar*, les soumettant, par suite, aux corvées de la reine, à tous les travaux, y compris ceux des esclaves, à l'éventualité d'être vendus eux-mêmes comme esclaves en cas de dettes; leur interdisant tout commerce avec l'intérieur, leur prescrivant l'obéissance à tous les officiers, même de rang inférieur, et enfin les contraignant à subir la loi du *tanghen*, épreuve judiciaire qui consistait à absorber le suc du fruit de ce nom, suc qui, pris à une certaine dose, peut coaguler le sang et occasionner d'affreuses convulsions et d'horribles souffrances.

Quinze jours étaient accordés aux étrangers pour se soumettre ou pour quitter l'île. Ils s'arrêtèrent à ce dernier parti; tandis que leurs propriétés étaient livrées au pillage et au feu, ils se réfugièrent à bord de nos navires de guerre, embossés devant Tamatave. Le courageux marin, qui fut plus tard l'amiral Romain-Desfossés, ordonna, de concert avec le capitaine Kelly, commandant la corvette anglaise le *Conway*, le bombardement de la batterie du port. L'escalade fut même tentée; mais les assaillants, à peine au nombre de trois cents et manquant de munitions au plein de l'action, ne purent pénétrer dans le fort. Dix ans après, on pouvait voir encore, hideux trophée! dix-huit têtes d'Européens, hissées sur le rivage à la pointe de longs pieux. Les Hovas avaient éprouvé de grandes pertes; mais ils s'attribuèrent la victoire, dont la reine accueillit la nouvelle en dansant avec tout son camp, — elle était alors en voyage de plaisir, — au bruit de cinq salves de canon.

Le gouvernement français se borna à déclarer que la France n'abandonnait aucun de ses droits sur Madagascar; ce fut là l'insuffisante satisfaction donnée à l'indignation nationale. Le ministère redoutait les clameurs de l'opposition et tenait à ne pas mécontenter l'Angleterre. N'avons-nous pas vu l'histoire se répéter?

Cependant les Anglais, en gens pratiques, pensèrent qu'il y avait lieu de ressaisir l'influence qui leur avait échappé. Ils payèrent environ 80,000 francs à la reine comme indemnité du bombardement, ne réclamèrent rien pour les nationaux dont les biens avaient été ravagés, et finirent par obtenir en 1856 qu'un résident serait réinstallé auprès de la reine. Pendant ce temps nos soldats versaient leur sang en Crimée pour le plus grand avantage des intérêts britanniques, et Napoléon III surenchérissait sur l'anglomanie du roi Louis-Philippe. Oui, pendant que la valeur française changeait en victoires les hésitations des troupes de lord Raglan, le gouverneur de Maurice osait féliciter Ravanalona du triomphe remporté par les Hovas contre M. d'Arvoy, établi à Ambavahatoby. L'exploit était héroïque : assailli par deux mille Hovas, notre compatriote, plusieurs de ses compagnons et un groupe d'alliés sakalaves avaient été égorgés; leurs cadavres mêmes ne furent pas respectés! Vers cette même époque, le lieutenant de vaisseau Périer d'Hauterive et quatre matelots français furent traînés à Tananarive et ne purent éviter l'esclavage qu'en se rachetant au poids de l'or. Rien n'y fit; les missionnaires catholiques étaient martyrisés, comme M. de Solages, le préfet apostolique de Bourbon, venu pour évangéliser Tananarive en 1832; Louis-Philippe ne bougea pas; de même d'autres confesseurs de la foi étaient outragés et égorgés sous l'empire. Napoléon III ne semblait pas s'apercevoir de ces forfaits. Et cependant il avait dit : « Partout où va le drapeau de la France, une grande cause le précède, un grand peuple le suit. » Encore, s'il avait pu profiter de la bonne influence qu'avaient prise enfin deux Français, MM. de Lastelle et Laborde, auprès de Rakoto, l'héritier présomptif! Le premier possédait à Mahéla de vastes établissements agricoles, et une véritable flotte était employée à exporter le riz de ses plantations. Le second avait fondé de nombreuses usines, et occupait dix mille ouvriers tant dans ses forges, fonderies, que dans ses fabriques de savon et de divers autres produits industriels. Tous deux avaient trouvé le moyen d'intéresser la reine à leurs travaux, et de faire agréer par son fils leur projet de fondation d'une société à capital considérable pour l'exploitation des forêts et des mines de l'île qui, comme garantie, serait placée sous le protectorat de la France. Un négociant de Bourbon, M. Lambert, fut chargé de se rendre auprès de l'empereur afin de soumettre le plan élaboré à son approbation. Napoléon III mit comme condition à son adhésion que l'Angleterre donnerait son consentement et que la Compagnie serait composée, en parties égales, de Français et d'Anglais. M. Lambert dut donc conférer avec lord Clarendon. Celui-ci, digne héritier de Farquhart, dépêcha à Madagascar le méthodiste W. Ellis, qui connaissait le pays pour y avoir séjourné.

Cet émule du pasteur Jones était à peine arrivé à Tananarivo qu'un délateur à ses gages dénonçait à Ranavalona une conspiration ourdie par MM. de Lastelle, Laborde et le prince Rakoto, en vue d'assurer le trône à ce dernier par un régicide. La reine récompensa généreusement Ellis et entra dans une violente fureur contre tous les blancs, qui furent expulsés et dépouillés. On les promena pendant quarante jours à travers les pays les plus malsains avant de les conduire au lieu de leur embarquement.

Ce n'était point assez pour apaiser le courroux de la souveraine. Elle ordonna le massacre des chrétiens, et, — conséquence qu'on n'avait pas prévue, — comme il n'y en avait guère d'autres que les méthodistes, ceux-ci devinrent les victimes de l'infâme machination d'Ellis, qui fut, à son tour, expulsé. Le sang avait coulé à flots; la terreur régnait dans le royaume soumis aux fureurs du Néron femelle. Aussi, quand le 18 août 1861 Ranavalona mourut, ce fut comme une délivrance pour Madagascar.

L'avènement de Rakoto sous le nom de Radama II fut suivi du rappel de MM. Lambert et Laborde; mais Ellis était revenu de Maurice, et il allait continuer sa malhonnête besogne. A l'intérieur, la nouvelle politique fut douce, quoique pas toujours adroite. M. Laborde, qui avait été nommé consul de France, n'eut que voix consultative; il se servit utilement de son crédit pour faire autoriser le séjour des étrangers et le libre exercice de la religion catholique. En Europe, M. Lambert faisait reconnaître la Compagnie de Madagascar avec des privilèges importants, mais qui ne constituaient aucun avantage particulier pour la France.

M. Laborde fut le constructeur du château royal de Tananarive, qui, bâti sur des proportions gigantesques, a été modifié en 1868 par M. Caméron. Celui-ci a substitué la pierre au bois. Les tourelles qui dominent les galeries à trois rangs d'arcade encadrent la toiture; mais ces changements manquent d'harmonie et de grâce. Ce château est la demeure de la reine.

Le traité du 3 octobre 1862 ne devait pas, du reste, être respecté; le parti des vieux Hovas, c'est-à-dire des anciens favoris de la cruelle Ranavanola, s'était coalisé avec les méthodistes pour en empêcher l'exécution.

Le roi fut accusé d'avoir vendu le pays à des étrangers ; des convulsionnaires (dont les convulsions étaient grassement rétribuées) parcouraient les rues en se disant les interprètes de la reine défunte, et surexcitaient ainsi l'imagination populaire, déjà si dégradée par les pratiques païennes. Le 12 mai 1863, le roi, attaqué par les conjurés et refusant de trahir ses amis, fut étranglé avec une écharpe. Ellis, qui avait inventé le faux complot contre la reine, fut accusé, par l'opinion des gens les plus sérieux, d'avoir poussé à l'assassinat du roi qui, a-t-il écrit avec cynisme, avait nui au royaume. Ce fut, du reste, le sentiment exprimé par les autres méthodistes. La veuve de Radama II, proclamée sous le nom de Rosoaherina, déclara nul le traité de 1862 avec la France. Elle obéissait aux instigations du ministre Rainivouninahtriony (un nom bien long pour désigner un odieux personnage).

L'Angleterre dominait dans l'île ; elle conclut un traité de commerce, et laissa les États-Unis obtenir un accord de négoce avec les Hovas. Mais la France fut mise à l'écart ; on lui paya seulement une indemnité d'un million. Ce ne fut que le 4 août 1868, quatre mois après la mort de Rosoaherina, sous l'héritière du trône, sa cousine Ramona, ou Ranavalona II, que fut signée une convention peu avantageuse pour nous et dont une loi allait annuler les seules clauses favorables. Il n'en restait que l'imprudente reconnaissance, par une fâcheuse rédaction, de la reine de Madagascar.

Cependant, notre consul, M. Laborde, étant mort, son neveu voulut aliéner une partie de ses immeubles, notamment par une cession à la mission catholique placée aujourd'hui sous la direction de Mgr Cazet.

Le traité de 1868 était formel : tout Français pouvait acquérir des biens mobiliers ou fonciers, et à sa mort les biens étaient transmis à ses héritiers. Le gouvernement hova, poussé par les méthodistes, souleva des difficultés et accueillit en riant les protestations du consul français. Ce n'était là que le début des intrigues et des sévices contre la France. Des matelots arabes, de nationalité française, avaient été assassinés et la cargaison de leur boutre pillée ; il fallut beaucoup de peine pour obtenir une faible indemnité. D'autre part, des rois soumis à notre protectorat dans le nord-ouest de l'île avaient été amenés à venir faire acte d'hommage entre les mains de la *reine de Madagascar*, et, à leur retour, le drapeau hova était arboré sur leurs domaines. M. Baudais, notre représentant à Tananarive, avait dû se retirer à Tamatave, où il vint se concerter avec le capitaine de vaisseau Le Timbre qui, la canne à la main, alla abattre les pavillons hovas et fit couper les mâts de pavillon de la baie de Passandava. Les populations n'opposèrent aucune résistance. Quelques jours après, M. Baudais apprenait que son chancelier, M. Campan, par placards affichés sur la porte du consulat de Tananarive, avait été menacé de mort ; son corps devait être « livré en pâture aux chiens. » Cet odieux factum n'avait été arraché que tardivement, et sur les plus énergiques protestations de notre courageux agent. La mission catholique avait été maltraitée en la personne d'un Père, jeté à bas de son cheval et frappé par de lâches assaillants. Enfin, le directeur d'une plantation appartenant à un négociant de Marseille avait été assassiné tout près de son habitation. M. Baudais avisa de ces crimes et des périls courus par nos nationaux, menacés de mort, le gouvernement français ; mais l'astuce se mêlait à la violence, et le premier ministre hova annonça officiellement l'envoi d'une ambassade chargée de visiter le gouvernement de la République française, ainsi que les autres gouvernements amis. C'était le moyen dilatoire imaginé par les méthodistes pour soustraire leurs complices et dupes au juste châtiment de leurs forfaits. L'ambassade se confina dans des arguties, des subtilités, et, n'ayant pas réussi à Paris, se rendit à Londres. Le cabinet britannique poussa l'impudence jusqu'à écrire, dans une note à notre ministre des affaires étrangères, que le gouvernement de Sa Majesté ne désirait ni mettre en avant sa médiation, ni imposer ses offices au gouvernement français.

M. Duclerc, alors ministre des affaires étrangères, répondit en termes fermes et dignes, qui étaient à la fois une leçon et un avertissement. Les ministres britanniques se le tinrent pour dit.

Il fallait agir. M. de Mahy, alors ministre de la marine, envoya l'amiral Pierre à Madagascar, avec la mission de chasser les Hovas de toute la côte comprise entre Majunga et la baie d'Antongil. Conformément à ces instructions, les Hovas ayant refusé de reconnaître nos droits et d'accorder satisfaction aux héritiers Laborde, Tamatave fut bombardé le 10 juin 1883 par notre division navale, et occupé par nos marins. Les Hovas se retirèrent à l'intérieur. Comme réponse à ce fait de guerre, le gouvernement de Tananarive, poussé par le pasteur-photographe Parret et autres méthodistes, décida l'expulsion des Français habitant la capitale. Ceux-ci, non sans péril pour leur vie, durent gagner à pied Tamatave, au milieu des insultes de soldats chargés de les outrager plutôt que de les protéger.

Un incident vint d'une manière fâcheuse compliquer l'action de notre flotte. M. Shaw, méthodiste anglais, ayant tenté d'empoisonner les soldats, fut arrêté et transporté à bord d'un de nos navires de guerre. Le ministère français, au lieu de couvrir la ferme conduite de l'amiral, céda aux intrigues qui avaient trouvé de l'écho à Londres. M. Shaw fut remis en liberté et reçut 25,000 francs d'indemnité! C'était le désaveu de l'amiral Pierre, qui, malade, découragé, demanda son rappel et mourut en mer quelques jours avant l'arrivée en France. La faute s'aggravait d'un deuil.

La reine Razafeudrehezi (Ranavalona III) venait de monter sur le trône, vacant par le décès de sa tante, lorsque l'amiral Galiber prit le commandement de la division navale. Des négociations engagées à la demande des Hovas n'aboutirent pas, après des pourparlers qui durèrent jusqu'au commencement de 1884.

Je ne veux pas traiter la question politique, et c'est pourquoi je me bornerai à dire que l'attitude du parlement et du ministère a nui beaucoup, par ses incohérences, par ses hésitations, à l'œuvre militaire poursuivie avec vaillance. Comment oublier qu'il se trouva des Français, — en petit nombre, il est vrai, — pour oser demander l'évacuation de Madagascar !

Tandis que le commandant Pennequin infligeait aux Hovas une éclatante défaite près d'Ankaramy, l'amiral Miot, qui avait succédé à l'amiral Galiber, dirigeait une reconnaissance offensive contre Farafate. D'autre part, le consul d'Italie à Tamatave reprenait, à titre officieux, pour le gouvernement hova, des négociations qui aboutirent. Notre gouvernement ratifia, après corrections, les clauses acceptées par l'amiral Miot et M. Patrimonio, qui avait remplacé comme agent diplomatique M. Baudais; et la paix fut conclue.

La reine Ranavalona fut reconnue pour reine de Madagascar; mais l'île entière fut placée sous le protectorat de la France, dont le résident général habite aujourd'hui Tananarive. Des consuls résidents furent établis dans les principales villes ; la baie de Diégo-Suarez nous a été cédée en toute propriété. L'occupation de Tamatave a été maintenue jusqu'au complet paiement d'une indemnité de 10 millions à répartir, par nos soins, entre nos nationaux victimes de la guerre. Quant à nos alliés les Sakalaves, on les confia, un peu naïvement, à la « bienveillance » des Hovas.

Ce traité est loin de donner satisfaction aux droits séculaires de la France, et nous ne croyons pas à sa durée, car la mauvaise foi de nos ennemis de la veille subsiste, et les méthodistes anglais sont toujours là pour créer à nos compatriotes, particulièrement à nos missionnaires, si longtemps persécutés, des ennuis continuels et des dommages sérieux.

Mais un homme s'est trouvé qui a valu, à lui seul, une armée pour la France, et qui, par son indomptable énergie, a su assurer le respect du drapeau : c'est M. Le Myre de Vilers, le premier résident général. D'un courage à toute épreuve, il a acquis dans sa carrière laborieuse le sang-froid et l'expérience qui font la force du diplomate et complètent si bien la fermeté du patriote.

M. Le Myre de Vilers est le fils d'un colonel de cavalerie. Il est né à Vendôme le 17 février 1833. En 1849, il entra à l'école navale et fut décoré comme officier de marine. Démissionnaire en 1861, il entra deux ans après dans l'administration : sous-préfet de Joigny, puis de Bergerac, il devint en 1869 préfet d'Alger. Durant la guerre, nous le retrouvons enseigne, attaché comme officier d'ordonnance à l'amiral de La Roncière Le Noury qui commande en chef la division des marins défendant Paris. Il est nommé, pour ses brillants services, lieutenant de vaisseau, et, en 1871, il reçoit la croix d'officier de la Légion d'honneur. Il rentre dans l'administration comme préfet de la Haute-Vienne, passe ensuite à la direction générale des affaires civiles et financières de l'Algérie et prend place au conseil d'État.

En 1879, il gouverne la Cochinchine, et la promotion au grade de commandeur récompense le ministre plénipotentiaire près la cour d'Annam. Le voilà, enfin, appelé au poste dans lequel ses éminentes qualités vont s'affirmer avec éclat. Le résident général à Madagascar, promu grand officier de la Légion d'honneur, ne quitte ses fonctions qu'après avoir appris aux Hovas que la France, si cela devient nécessaire, substituera sa loyale souveraineté à un protectorat dont on lui conteste à chaque instant les droits très nets et indiscutables. Les électeurs de la Cochinchine, ayant gardé bonne mémoire de leur ancien gouverneur, le choisirent le 6 octobre 1889 pour leur député.

A la Chambre, M. Le Myre de Vilers a déjà utilement pris part à des discussions importantes. Il parle avec précision et est très écouté. Il s'est assis à la gauche gouvernementale ; mais il se lève souvent et se retrouve à droite, où l'accueil le plus sympathique lui est fait.

En terminant cette notice, il m'a paru juste de rendre un respectueux hommage aux deux hommes qui, dans notre siècle, ont le plus contribué à la conservation de notre prestige dans la grande île africaine : l'amiral Pierre et M. Le Myre de Vilers. Mais je manquerais à un devoir bien cher si je n'ajoutais pas que les missionnaires, à Madagascar comme partout, ont été les pionniers intrépides, persévérants, de la civilisation catholique. Il faudrait des volumes pour raconter ce qu'ils ont souffert, ce qu'ils ont accompli sur cette terre lointaine. On peut résumer leurs travaux en disant qu'ils ont versé leur sang, dépensé leur vie pour Dieu et pour la France.

Les îles françaises.

Entre la côte orientale d'Afrique et la côte nord-ouest de Madagascar se trouvent les îles Comores, comprenant Mayotte, la Grande-Comore, Anjouan et Mahéli.

Mayotte. — Cette île fut cédée en 1845 au commandant

SOLDAT HOVA

Passot, pour le compte de la France, par Ardrian-Souli, le souverain du pays. Le prix de la cession fut payé en argent et en rhum.

Le climat est malsain, les Européens ne peuvent sans péril séjourner plus de deux années consécutives dans ce pays, dont l'humidité est excessive. La chaleur y est modérée ; la température moyenne ne dépasse pas 25 degrés durant la saison chaude ou saison des pluies (novembre à avril).

La contenance de l'île, qui a pour capitale Dzaoudé, est de 34,000 hectares, dont 10,000 seulement sont cultivables. Une chaîne de montagnes traverse dans toute sa longueur ce sol volcanique, où la canne à sucre vient avec facilité. Le commerce a pour centre le grand village de M'Sapéré, où des négociants indiens font un grand trafic de bœufs et de riz en échange de rhums et de sucres cristallisés dont ils trouvent le placement sur la côte orientale d'Afrique.

On compte dans notre possession de Mayotte 10,000 habitants de couleur : Mahoris, Malgaches, Comoriens et Arabes. La population blanche atteint à peine le chiffre de deux cents âmes.

La Grande-Comore. — Aussi grande dans sa superficie circulaire que la Réunion, cette île, peuplée de 80,000 Mahoris et Arabes, tous musulmans, s'est rangée sous notre influence à la suite des exactions anglaises, qui amenèrent, en 1883, par la suppression des transports de riz de Madagascar, une horrible famine. On évalue à 60,000 le nombre des victimes.

Anjouan. — Ce sont encore les Mahoris et Arabes musulmans qui, au nombre de 20,000, occupent cette île, située à soixante milles de Mayotte, et qui mesure 49 kilomètres de longueur sur 33 de largeur.

Mahély. — En 1869, la reine de ce pays, petite-fille de Radama, premier roi de Madagascar, visita Paris. Son royaume ne compte que 6,000 habitants et mesure 20,000 hectares.

J'ai parcouru avec plaisir la plus petite des Comores; l'air y est sain et la terre fertile.

Nosy-Bé. — C'est au milieu d'îlots nombreux qu'émerge cette île, qui a 22 kilomètres de longueur sur 15 de largeur. Le pays est très montagneux et les sept lacs qu'on y rencontre ne sont que les cratères de volcans effondrés.

La population, mélange de Comoriens, de Malgaches, de Hovas et d'Africains, ne dépasse pas 9,510 habitants, dont 238 seulement de race blanche.

Le sol est très fertile et le climat relativement sain.

Le commerce est très actif avec Madagascar et la Réunion.

La capitale Hellville (qui tire son nom de l'amiral Hell, gouverneur de Bourbon, lorsqu'en 1841 Nosy-Bé fut occupée par la France) offre un joli aspect avec sa belle église, ses écoles, ses casernes et sa jetée sur la mer.

Dans les Comores, la population totale s'élève à environ 650,000 habitants.

Sainte-Marie de Madagascar. — Depuis 1750 nous occupons cette île, qui est habitée par 6,000 pêcheurs et cultivateurs d'origine malgache. Elle n'appartient aux pays noirs que par son voisinage avec les côtes orientales de Madagascar, où les races sont, du reste, très mélangées. Le climat est mauvais, et les ressources insuffisantes. Sainte-Marie de Madagascar n'est distante de la grande île que par un canal d'une dizaine de kilomètres. Ses 17,000 hectares de contenance se répartissent entre 50 kilomètres de longueur et 3 kilomètres de largeur.

A Sainte-Marie, comme dans les Comores, l'action du prêtre catholique se fait sentir, et je salue, en même temps que le clergé paroissial et les missionnaires, les sœurs de Saint-Joseph de Cluny qui, comme les Frères, forment une vraie légion coloniale.

Les îles Glorieuses. — Il y a quelques années, le groupe des îles *Glorieuses*, situé au nord de Madagascar, avait été concédé à M. Calteau.

Le 23 août 1892, M. le capitaine de vaisseau Richard, commandant en chef de la division navale de l'océan Indien, entouré de l'état-major du *Primauguet*, a pris solennellement, au nom de la France, possession de l'île Glorieuse, de l'île du Lise et des Roches vertes.

« Une section de la compagnie de débarquement étant sous les armes, le pavillon français a été arboré devant les habitants de l'île, employés et serviteurs de M. Calteau, actuellement disparu, concessionnaire des îles Glorieuses.

» Une garde de pavillon, composée du quartier-maître de canonnade Jules-Antoine Revelly, inscrit à Brest, f° 4,121, et du matelot malgache Bomba, inscrit à Sainte-Marie sous le n° 1,274, a été provisoirement constituée.

» Le pavillon français, arboré, a été salué de vingt et un coups de canon par le *Primauguet*. »

Le procès-verbal, — dont nous venons de citer les termes, — lu devant les habitants rassemblés, parlant tous le français, mais ne sachant pas écrire, a été signé, pour faire foi, par les officiers et aspirants présents.

Sur cette bonne nouvelle que je reçois au Tuco, à la veille de reprendre la mer, je termine ces quelques pages ; je les laisse comme un souvenir affectueux à mon frère Louis, afin que ce cher explorateur, dans les charmes de sa nouvelle existence, n'oublie pas le marin qui l'aime de tout son cœur.

TABLE DES MATIÈRES

	Pages
Prologue	1
I. En route pour le Sénégal	10
A Saint-Louis	10
La pénétration française. — Hygiène. — Les deux frères sous la véranda	21
Les races diverses. — Les griots. — Mœurs et superstitions.	26
Sur le fleuve	36
A Médine. — Les coutumes. — Habitations. — Les fourmis et les termites. — Mariages et funérailles	43
Les héros de Médine. — Faidherbe, Holle et Al-Hadji Omar.	49
Réponse à une lettre intéressante. La mission Galliéni. — Un voyage en chameau	55
La mission Galliéni (suite). — A Kita. — Nama, le sorcier. — L'ânesse sacrée. — La photographie et les noirs. — Le palabre de Louis d'Arminel	63
Route pénible. — Le guet-apens de Dio	68
La jonction. — A Bammako. — Sur le Niger. — Captivité de la mission à Nango. — Curieuse fête militaire	74
Le retour de la mission. — Rencontre des deux frères d'Arminel. — Leurs impressions. — Les projets de Louis.	80
II. Sur la côte occidentale d'Afrique. — Au bas Niger	84
Au Gabon. — La chasse aux éléphants. — En pays Pahouin.	108
Au Fernand-Vaz. — Les gorilles. — Le courrier de France à bord	126
Le retour en France. — Un homme à la mer	138
Au Tuco. — Une chasse fatale	144

III. Au Soudan. — Les premières campagnes. — Koniera. — Niafadié 151
    A la cour de Samory 174
    Mahmadou-Lamine. — Ahmadou. — La colonne Archinard. 183
IV. A la table de famille. — Le Père Jean. — La R. M. Javouhey. 190
V. Les Pères blancs. — Dans l'Ouganda. — Les esclaves. . . 201
VI. Encore le Soudan. — Prise de Nioro. — Fuite d'Ahmadou. — Les victoires du colonel Archinard 227
    Chez les Frères de la Mennais 234
    La fin de la campagne 247
VII. Au Dahomey. — Les amazones. — Behanzin. — Les grandes coutumes. — Les captifs. — Le P. Dorgère et le traité. — Les victoires françaises 250
    La maladie de Louis. — Entrée de Nadèje au couvent . 270
VIII. Au Congo. — M. de Brazza 284
    La mission de Brazza 305
    La mission Mizon 307
    La mission Monteil 319
    La mission Binger et Crozat 323
IX. Les massacres de l'Ouganda 331
    Épilogue 341
    MADAGASCAR 345

BESANÇON. — IMPR. ET STÉR. PAUL JACQUIN.

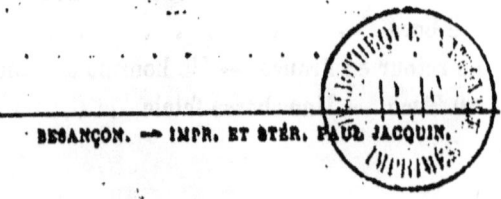

www.ingramcontent.com/pod-product-compliance
Lightning Source LLC
Chambersburg PA
CBHW070445170426
43201CB00010B/1218